ミネルヴァ日本評伝選

民間に存在するすべての精神的所産

早川孝太郎

須藤 功著

ミネルヴァ書房

刊行の趣意

「学問は歴史に極まり候ことに候」とは、先哲荻生徂徠のことばである。

歴史のなかにこそ人間の智恵は宿されている。人間の愚かさもそこにはあらわだ。この歴史を探り、歴史に学んでこそ、人間はようやくみずからの正体を知り、いくらかは賢くなることができる。新しい勇気を得て未来に向かうことができる。徂徠はそう言いたかったのだろう。

「ミネルヴァ日本評伝選」は、私たちの直接の先人について、この人間知を学びなおそうという試みである。日本列島の過去に生きた人々の言行を、深く、くわしく探って、そこに現代への批判を聴きとろうとする試みである。日本人ばかりではない。列島の歴史にかかわった多くの異国の人々の声にも耳を傾けよう。

先人たちの書き残した文章をそのひだにまで立ち入って読み、彼らの旅した跡をたどりなおし、彼らのなしとげた事業を広い文脈のなかで注意深く観察しなおす――そのとき、はじめて先人たちはいまの私たちのかたわらによみがえってくる。彼らのなまの声で歴史の智恵を、また人間であることのよろこびと苦しみを、私たちに伝えてくれもするだろう。

この「評伝選」のつらなりのなかから、列島の歴史はおのずからその複雑さと奥ゆきの深さをもって浮かび上がってくるはずだ。これを読むとき、私たちのなかに新たな自信と勇気が湧いてきて、その矜持と勇気をもって「グローバリゼーション」の世紀に立ち向かってゆくことができる――そのような「ミネルヴァ日本評伝選」にしたいと、私たちは願っている。

平成十五年（二〇〇三）九月

上横手雅敬

芳賀　徹

早川孝太郎の九州帝国大学留学を祝う集い。アチックミューゼアムの談話室で行われた。それぞれ民具を着けている。

右より前列，藤木喜久磨，原田清，早川孝太郎，折口信夫，岡村千秋，後列，山田明男，小川徹，佐々木嘉一，宮本勢助，高橋文太郎，澁澤敬三，村上清文，袖山富吉，木野内正巳。『柏葉拾遺』より。昭和８年（1933）11月４日撮影

若い頃、画家を目指していた早川孝太郎は、生涯にわたり絵を描き続けた。旅先でもこまめにスケッチをしている。

大正４年（1915）１月，25歳になって間もない，早川孝太郎の自画像とされる

右下に「1915. 1. 16 KOTARO-HAYAKAWA」の署名がある。

昭和21年（1946）元旦の試筆に描いた南天

硫黄島の祭りの時，見物人の整理にあたる「お面」

10体ほど出るという。昭和９年（1934）５月14日描く。

亥年の昭和22年（1947）３月に生まれた，次男・彌比古の５月５日の節供の祝いに描いた色紙

腹巻の沢瀉（おもだか）は早川家の家紋。

昭和17年（1942）11月号の『村』の表紙に描いた「東京近郊の農家」

早川孝太郎は農村更生協会発行の月刊誌『村』の表紙に、昭和十三年（一九三八）一月から同十九年二月まで、各地の農家の絵を描いた。

指導と援助を受けた三人。時に早川孝太郎が手助けをすることもあったが、早川を民俗学の研究者に育てた。

『郷土研究』への投稿がきっかけで教えを受ける柳田國男

昭和13年（1938）４月描く

花祭で一眠りする澁澤敬三

昭和10年（1935）１月描く

威厳のある鼻髭の石黒忠篤

昭和30年（1955）９月描く

早川孝太郎（後列右から二番目）の案内でアチックミューゼアムを訪れた夏目一平（同三番目），窪田五郎（後列左から三番目，その右は高橋文太郎），信州の人々。澁澤敬三前列左から三番目

昭和８年（1933）７月31日

福島県郡山市の大島農場でアルバムを見る石黒忠篤

早川孝太郎は石黒の左肩越しに見ている。昭和14年（1939）６月　所蔵・早川孝太郎

東栄町大字御園の花祭の「花の舞」の扇の手

撮影・須藤功　平成７年（1995）11月11日

東栄町大字御園の花祭の「三つ舞」のやちごまの手をまう少女

撮影・須藤功　平成７年（1995）11月11日

写真の澁澤敬三が中在家の花祭の舞を見続けた

撮影・須藤功

平成二十五年（二〇一三）十月二十七日、東栄町中在家の花祭は上京し、飛鳥山（北区西ヶ原）にある渋沢史料館の庭に設けた舞戸でまった。昭和五年（一九三〇）四月十三日に、澁澤邸改築と『花祭』の刊行を祝い、澁澤邸でまったことに由来する。

中在家の花祭の「榊様」が反閇を踏む

撮影・須藤功

昭和四十年代あたりまで、奥三河には昔からの生活が色濃く残っていた。農業が機械化される前の暮らしである。

親子で干柿作りをする

東栄町大字月。撮影・須藤功　昭和45年（1970）11月

叩き棒で叩いて大豆の豆を打ち出す

東栄町大字古戸。撮影・須藤功　昭和47年（1972）11月

はじめに

早川孝太郎《はやかわこうたろう》は『花祭《はなまつり》』の著者である。伝承地の人々は単に「花」という花祭は、奥三河と呼ばれる愛知県北東部の数カ所の山里に伝わる霜月の祭りで、『花祭』はその祭りを丹念に調査してまとめた前後編合わせて一七四四頁の大著である。刊行は昭和五年（一九三〇）四月だが、民俗芸能を研究する者なら一度はかならず目を通す一冊で、今も『花祭』の抄録が発行されている。

早川はこの『花祭』だけで終わっているわけではない。だが民俗学者としての早川を語るとき主体となるのはおのずと『花祭』で、それ以外の調査と研究について触れられることはあまりない。これは早川の六十七年の生涯について語る資料がきわめて少ないからで、そのため確かな人物像を描くことができない。また早川の人生についての論考には、しばしば訂正を要する記述が見られる。

「民間傳承の採集」に、「民間傳承とは何か――これは論理的には幾多の主張もありましょうが、私はこれをただ概念的に、民間に存在するすべての精神的所産―民俗―と解釈して……」と早川は書いている。

民間傳承とは民俗学の初期の呼称で、明治時代末から柳田國男《やなぎたくにお》を中心にその研究が始まった。早川と柳田のつながりは、早川が郷里のことを書いた短文を、柳田が編集していた『郷土研究』に投稿したことがきっかけである。早川は柳田の指導で後に民俗学となる民間傳承の研究に入り、終生にわたり「民間に存在するすべての精神的所産」の採集を続ける。

若いとき画家を目指していた早川は、柳田國男の知遇を得て研究を積み民俗学者となる。一貫していたのは精神的所産を通じて〝日本人の生きざまを追求する〟ことだった。それは農山漁村を訪れ、出会った人に話を聞いてなされた。「むしり取るように話を聞き出す」と折口信夫《おりぐちしのぶ》は言っているが、これは悪口ではなく、早川の民俗採集の姿勢、的確に話を聞き出す才能に感服したもので、早川を優れた民俗資料の採集者と評した人は少なくない。

折口信夫のいう「むしり取る」は、折口自身は持っていない、農山漁村の人々に通じる言葉、人々が自分たちのことを理解しようとしていると思わせる言葉を持っていたということである。この言葉は早川が山里で育ったことと、旅での体験と見聞を通じて蓄積された。

柳田國男と過ごす日の多かった大正時代に、早川は著書を五冊出した。そのうち『おとら狐の話』（柳田國男と共著）、『三州横山話』、『猪・鹿・狸』の三冊は、郷里の愛知県南設楽郡長篠村横川字横山《みなみしたらぐんながしのむら》（現・新城市《しんしろし》）での体験と見聞をまとめた民俗誌である。民俗学への出発点が郷里にあったのだが、花祭の伝承地の北設楽郡も、東三河ということでは同じだから、早川には郷里内だったはずである。

花祭の調査と研究のきっかけを作った柳田國男は、早川を澁澤敬三に紹介し、澁澤はその調査とまとめを支援した。この二人だけではなく、一緒に花祭に行った折口信夫、花祭を伝える地域の人々の協力も大きかった。

地域の人々ということで澁澤敬三は、『花祭』にはその背景、すなわち時代を越えて花祭を伝えてきた人々の信仰、経済、農業などの生活の視点からの調査と研究が欠けていると指摘した。早川には早くから伝えていたはずで、早川は『花祭』の刊行直後から奥三河の人々の生活はもとより、各地に旅をして生活に関わる話を聞き、その話の裏付けの調査をした。その一部は研究論文にしているが、多くは誰にでも分かる文章で書いた。この旅と調査と執筆は早川を優れた民俗学者にした。『花祭』は早川を学者に育てた発端の書誌でもあった。

早川は澁澤が主宰するアチックミューゼアム（屋根裏博物館）の同人となり、「アチック例会」に出席、またアチック同人を花祭に案内し、澁澤らとしばしば旅をした。各地にいた民俗や民具の研究者を澁澤に紹介している。早川が深く関わったのは民具で、旅先で丹念に民具の蒐集をするとともに、『蒐集物目安』を立案をした。

柳田國男、澁澤敬三、そして早川は石黒忠篤《いしぐろただあつ》とも強いつながりがあった。個性ゆたかな三人とのつながりは人生の転換、言葉を変えると〝日本人の生きざまを追求する〟新たな展開となった。加えて三人を通じて知人、友人ができる。その人たちとの行動や交友は残された手紙や日記、紀行文などに見ることができる。柳田國男に遠野の話をした佐々木喜善《ささききぜん》、出版の相談に訪れた八重山の岩崎卓爾《いわさきたくじ》、後にさまざまな辞典を編集する鈴木棠三《すずきとらぞう》らがいる。柳田國男のいう「郷土を研究するのではなく、郷土で研究する人」が各地にいた時代で、そうした郷土で研究する人との交友もあった。手紙のやりとりも多く、早川が残した手紙は家族関係のものを除いて一三〇〇通ほどある。このうち五六〇余通は早川が出した手紙で、受け取った人が保管してくれていた。

手紙の多いのは奥三河・下津具村《しもつぐむら》（現・設楽町）の夏目一平《なつめかずひら》との一六七通で、うち七通は夏目から、あとの一六〇通は早川が送ったものである。早川は『花祭』の執筆中に分からないことや疑問が出ると、すぐ夏目に手紙を出して調べてもらっている。同郷の友人の中で早川が最も頼りにしていた一人で、安心してどんな相談もできる人だった。初めは「民俗品」、のちに「民具」と呼ばれる生活用具の蒐集の必要なことを、澁澤敬三と共に気づかせてくれたのも夏目である。早川の民具に対する姿勢は蒐集に専念し、民具の研究とその成果の論文の執筆は後の人がやればよい、というものだった。

日記は昭和九年（一九三四）から亡くなる昭和三十一年（一九五六）まであるが、その以前は昭和六年（一九三一）の断片があるだけで、他の年月のものはない。整理して焼却したという話を聞いているが、残された日記と手紙は早川の研究者としての姿とともに、愛のある人物像を如実に語っている第一級の資料で、この評伝にも引用している。

早川は四十四歳の昭和八年（一九三三）十一月から九州帝国大学に留学し、農業経済研究室の小出《こいで》満二《みつじ》教授の指導を受ける。『花祭』に欠けている生活の面を、さらに社会経済史を通じてより深く学ばせるために澁澤敬三が奨めたものだった。

早川は大学で学びながら旅を続け、同じ福岡市にいた櫻田勝徳《さくらだかつのり》らと九州のあちこちを歩いている。

昭和九年（一九三四）には澁澤敬三を団長とする薩南十島探訪と、続いて渡った隠岐島へも行った。同年の十月には薩南十島探訪の時に渡れなかった黒島に行き、翌十年九月には一人で沖縄に渡り、さらに台湾へ足を延ばしている。

大学から東京に戻ると、早川は昭和十一年（一九三六）五月から石黒忠篤が会長の農村更生協会の一員となり、嘱託から主事となる。協会は昭和初期から続いた凶作で、どん底の生活になりつつあった農村の更生を目的として、そのための様々な救済策を試みる。満洲移民や満蒙開拓青少年義勇軍の推進もその一つで、早川もそれらの職務を忠実にこなした。

戦争が終わると、早川は農村更生協会を退いて、小出満二が初代所長の全國農業會高等農事講習所（現・鯉淵学園）の講師となる。昭和二十七年（一九五二）から、講師と併せて日清製粉から澁澤へ依頼のあった農村食生活実態調査をする。早川は全国十二カ所の調査地を選定し、その地に調査目的と調査方法の説明に行き、報告書のまとめをした。

昭和三十年（一九五五）に文化財審議委員となり、翌三十一年二月に大分県の人形芝居と宮崎県の狩猟用具、六月には秋田県の田植習俗について調査をしている。

秋田県の田植習俗の調査から帰った翌七月、早川は右肋膜内被細胞腫瘍で入院、六十七歳となって三日後の十二月二十三日に亡くなった。

宮本常一は、「早川さんほど国内を歩いた人はいない」と言っていた。だがその旅の総日数を確かめることはできない。昭和九年（一九三四）以前の日記など、旅を記録したものが残っていないからである。ちなみに昭和九年から亡くなるまでの旅の総日数は約二五〇〇日である。年間の日数で極めて少ないのは昭和十六年（一九四一）と翌十七年で、これは戦争のためもあるが、原稿の執筆に時間を注いでいたためとも思われる。単に原稿の数ということでは、早川は昭和十年代に最も多く執筆している。『大藏永常』、『古代村落の研究——黒島』、『農と農村文化』、『農と祭』などもこの年代の出版である。

戦後、早川の旅の日数はかなり多くなる。旅と結びついた仕事が多くなったことと、離れて暮らしていた家族の元へ、途中で寄り道しながら行く旅もあった。

早川が講師をしていた鯉淵学園の学生の話では、入学時の自己紹介のとき、市町村はもとより、出身地の小字まで言わなければならなかったという。それを聞いた早川には思いあたる、訪れた地がいくつもあったことだろう。

『花祭』の刊行時に書評があったのだろうか。柳田國男の「序」と折口信夫の「跋——一つの解説」がためらいとなって、あるいは誰も書いていないかも知れない。

早川の昭和十年代の著書にはよく書評がなされているが、早川が執筆した論考や人物への評価は、昭和四十六年（一九七一）から刊行される『早川孝太郎全集』（未來社）までほとんどない。評伝は民俗文化大系の一冊に三隅治男が『早川孝太郎』（講談社、一九七八刊）を執筆している。

早川孝太郎——民間に存在するすべての精神的所産　目次

はじめに

序　章　地狂言から花祭へ……1

少年の日の体験　初めての花祭　柳田國男と早川孝太郎　地狂言雑記
冬に咲く花　悪態祭

第一章　「花」の仕組みの概略……13

1　祭場の区画と役割……13

民家が祭場　舞戸を中心に　せいとの衆

2　みんなで担う祭り……18

かならず一役　役はまだある　待ちわびる舞

3　一力花と澁澤敬三……26

自費で迎える「花」　花狂いの一人　一力花を勧請　天覧の喜び

4　変わる祭日と廃絶……32

奥三河の「花」の日　太鼓が叩ける　つぶしたくない
東京の少年がまう　東京に「花」咲く

目　次

第二章　繋がる祭りと神楽……41
1　古戸の祭りと神事……41
山の上の白山祭り　「花」に続いた祭り　御神楽と鹿打ち
2　蘇った大神楽……47
人生最後の大願　三途の川を渡る　道を開く山見鬼
第三章　故郷と絵筆に込めた思い……55
1　小学生の頃まで……55
練磨された基盤　横山の山と川　二男五女の長男　初節供の凧
コウタロウサマ
2　豊橋そして東京へ……63
郷里を出る動機　弟を頼って上京　てると結婚
3　活躍した絵筆……68
紹介は映丘　新日本画頒布會　柳田が映丘を紹介　映丘の一員になる

第四章　書き続けた『花祭』……77
1　重なる業務……77
昭和三年は多忙　夏目への手紙　花祭公演中止
2　出版企画に着手……82
『設楽叢書』　企画は流れる　ひたすら『花祭』
3　新たな展開……90
入混り村調査　入混り村地図
第五章　旅と出会いと学び……95
1　行きたいところへ……95
飛島へ再び　津軽・龍飛崎へ
2　仙台の佐々木家へ……98
佐々木喜善　表紙絵のこと
3　松本で話をする……105
「話をきく會」　最も大なる感激
4　民俗に関する問状……109

目　次

問状の項目　問状による論考
5　漁民史料の整理……116
内浦の古文書　資料を提供する
第六章　民俗品から民具へ……121
1　生活用品を蒐集する……121
資料の記録　民俗品前後　ピストルもあり　『蒐集物目安』
2　蒐集する民具要目……129
『民具図彙』へ　「民具蒐集調査要目」
3　民具の定義と蒐集……142
はぶく用具　陶器を楽しむ　礒貝勇と民具　続いた蒐集
博物館に展示　民具の論考
第七章　旅あちらこちら……159
1　北へ南へ山里へ……159
昭和八年の旅　朝日村三面　九州山地を歩く　椎葉へ難儀な道
2　寺川・椿山・石神……168

四国の旅　石黒の慰安旅行　石神を発見
3　島をめぐる……174
薩南十島探訪　用意された資料　八月踊り
4　島の暮らしを調査……181
硫黄島と黒島　悪石島見聞　悪石島の農業
5　沖縄の島々をまわる……188
沖縄本島を歩く　北部・中部・那覇　宮古島の荷船　岩崎卓爾
パナリ（新城島）　八重山の民具　八重山民謡を聞く
第八章　農村救済に努める……203
1　明日の農村のために……203
農村更生協会　「郷土会」の石黒　山村更生研究会　三回で了
農家を描く
2　満蒙開拓移民……216
青少年を送る　東大総長を説得　移民を推進　募集と応募
発病する人　青少年の移民　大日向村　野人の代表

第九章　朝鮮・満洲・中国へ……233
1　主眼は作物調査……233
大陸の旅　四家房大日向村　秋の朝鮮半島
2　興亜院嘱託……241
智恵への手紙　会議は食糧問題　国内の食糧事情
第十章　信州の山村に暮らす……249
1　下條村に新家庭……249
「松屋敷」へ　穎子誕生　一人暮らし　穎子逝く
2　終戦の近い頃……263
スパイ容疑　リュックの荷　登・朝子・啓・てる　国敗れた年
不安な日々　間一髪の危機　八月十五日
第十一章　昭和二十年代の日々……277
1　学園の先生になる……277
元旦の試筆　講師となる　酵素肥料

2　別々の暮らし……284
内原と山口　知己の人々　昭和二十七年　食生活実態調査
離島振興法　いよいよ友なし　映画「花祭」　岩波映画へ

第十二章　終わりのない旅……303
1　文化財審議委員……303
民俗資料を調査　傀儡人形から　狩猟用具調査　狩猟と神楽の銀鏡
2　田植習俗調査……312
まず見舞い　初ショトメ　墓と五月節　挨拶まわりに
一期六十七年

参考文献　327
おわりに　337
早川孝太郎年譜　343
地名索引
事項索引
人名索引

図版写真一覧

早川孝太郎（昭和十四年六月）……カバー写真
九州留学を祝う集い（昭和八年十一月四日）……口絵1頁
自画像（大正四年一月描く）……口絵2頁
元旦の試筆に描いた南天（昭和二十一年元旦試筆）……口絵2頁
次男・彌比古の初節供の祝いの色紙（昭和二十二年五月描く）……口絵3頁
硫黄島の「お面」（昭和九年五月十四日描く）……口絵3頁
『村』の表紙の「東京近郊の農家」（昭和十七年十一月号）……口絵3頁
柳田國男（昭和十三年四月描く）……口絵4頁
花祭で一眠りする澁澤敬三（昭和十年一月描く）……口絵4頁
鼻髭の石黒忠篤（昭和三十年九月描く）……口絵4頁
アチックミューゼアムを訪れた夏目一平ら（昭和八年七月三十一日）……口絵5頁
アルバムを見る石黒と早川（昭和十四年六月）……口絵5頁
東栄町大字御園の「花の舞」（撮影・須藤功　平成七年十一月十一日）……口絵6頁
「三つ舞」をまう御園の少女（右同）……口絵6頁
舞を見続けた澁澤敬三の写真（撮影・須藤功　平成二十五年十月二十七日）……口絵7頁
中在家の「榊様」が反閇を踏む（右同）……口絵7頁
親子で干柿作り（撮影・須藤功　昭和四十五年十一月）……口絵8頁

大豆の打ち出し（撮影・須藤功　昭和四十七年十一月）……………………口絵8頁
早川所有の『花祭』の見返し……………………………………………3
新野の雪祭りの「さいほう」（撮影・須藤功　昭和四十三年一月）……………4
設楽町田峯の地狂言（撮影・須藤功　昭和四十年二月）……………………8
かつての大入集落の復元図（絵・中嶋俊枝）………………………………10
上手な悪態は笑いをさそう（撮影・須藤功　昭和四十三年十一月）…………11
花祭分布地図…………………………………………………………12
東栄町大字月の花宿（撮影・須藤功　昭和四十五年十一月）………………14
東栄町大字月の花祭の祭場（撮影・須藤功　昭和四十六年十一月）…………15
「ざぜち」をめぐらした東栄町大字月の祭場（撮影・須藤功　昭和四十三年十一月）……16
月の花宿の部屋割………………………………………………………17
鉞に模様をつける（撮影・須藤功　昭和四十五年十一月）…………………19
切草を作る（右同）……………………………………………………19
閏年に槻神社から下る「榊鬼」（撮影・須藤功　昭和四十六年十一月）………21
湯を沸騰させて行う「竈祓い」（撮影・須藤功　昭和四十四年十一月）………23
味噌をつけた大根を持つ「おつりひゃら」（撮影・須藤功　昭和四十五年十一月）……23
宮人と問答をする「翁」（右同）…………………………………………23
少年がまう東栄町大字月の「花の舞」（撮影・須藤功　昭和四十四年十一月）……24

図版写真一覧

東栄町大字月の「湯囃子」（撮影・須藤功　昭和四十六年十一月）……25
水を浴びせられる月の「湯囃子」の少年（撮影・須藤功　昭和四十七年十一月）……25
商店街が祭場となる東京花祭り（撮影・須藤功　平成二十年十二月）……39
東栄町大字古戸の白山祭りの「玉の舞」（撮影・須藤功　昭和四十二年十二月）……42
東栄町大字古戸の「鹿打ち」（撮影・須藤功　昭和四十四年三月）……45
東栄町大字古戸の「十五童の舞」（撮影・須藤功　昭和四十二年十二月）……46
白山の想定図（『早川孝太郎全集』第一巻）……48
白山内の浄土での僧侶による儀式（撮影・須藤功　平成二年十一月）……50
この世への道を開く山見鬼（右同）……51
無明の橋を渡ってこの世に戻る（右同）……52
新城市上空より奥三河の山波（撮影・須藤功　昭和三十八年二月）……57
山すそにある早川の生家（撮影・須藤功　昭和三十八年四月）……59
下津具村（現・設楽町）の夏目一平（撮影・須藤功　昭和三十九年十二月）……81
夏目一平に問い合わせた舞の動き図……88
東栄町大字中設楽の入混り村の図……93
羽後飛島の勝浦（撮影・高橋文太郎　昭和六年六月）……96
津軽で大草鞋を持つ澁澤敬三（右同）……97
佐々木喜善が使わなかった早川が描いた表紙用の絵……103
柳田國男著『女性と民間傳承』の口絵に使った早川の絵……104

昭和八年の「話をきく會」参会者……108
宇津峠（山形県飯豊町）で出会った親子の後姿（撮影・高橋文太郎　昭和八年五月）……123
親子の前姿（右同）……123
火打石と火打鎌（絵・小川徹）……131
イサ（揺り籠）（右同）……133
鉈（右同）……134
ニンボーと背負梯子（右同）……136
百引村（現・鹿屋市）の民具（撮影・櫻田勝徳　昭和九年十月）……139
国立民族学博物館の展示民具（撮影・須藤功　平成十五年八月）……154
鯉淵学園の研究室に収納してあった民具の一部（提供・和田文雄）……154
「吐噶喇列島の民具」挿入図……156
吊り橋の架かる十津川村池穴（撮影・高橋文太郎　昭和八年一月）……160
三面の手造りの丸木舟（撮影・高橋文太郎　昭和八年五月）……161
ダムに沈んだ新潟県朝日村の三面集落（右同）……162
三面の狩装束（右同）……162
宮崎県鞍岡村道之上（現・五ヶ瀬町）（撮影・早川孝太郎　昭和九年二月十六日）……164
宮崎県椎葉村の鶴富屋敷（撮影・高橋文太郎　昭和九年三月二十日）……166
早川が好きだった椎葉村の少年（撮影・野間吉夫　昭和十八年頃）……167
少年のおよそ七十年後（撮影・須藤功　平成二十四年九月）……167

高知県・椿山集落の景観（撮影・須藤功　昭和五十年四月）……169
椿山の焼畑の三椏（右同）……170
八戸市の小井川家のオシラ遊び（撮影・須藤功　昭和四十四年四月）……174
薩南十島探訪の巡航路……175
諏訪之瀬島の八月踊り（絵・早川孝太郎　昭和九年五月十五日）……179
隠岐の牧畑（撮影・早川孝太郎　昭和九年五月）……180
硫黄島の普段着の子供たち（撮影・早川孝太郎　昭和九年十月）……182
竪杵で粟搗き（撮影・早川孝太郎　昭和九年十月）……183
水桶を頭上で運ぶ（撮影・早川孝太郎　昭和十年六月）……186
自家製の豆腐を売る糸満の女たち（撮影・早川孝太郎　昭和十年九月）……192
薪を頭上において運ぶ宮古島の女（撮影・源武雄）……194
小学生が描いた新城島の「赤マタ黒マタ」の絵（撮影・須藤功　昭和四十七年七月）……197
新城島のイビの白亜の門（撮影・早川孝太郎　昭和十年九月）……198
「鷲の鳥節」を歌う青年（絵・早川孝太郎　昭和十年十月）……201
夜具の一種の夜衾（絵・早川孝太郎）……208
ナカニオブウ（撮影・早川孝太郎　昭和十一年十月）……209
早川が『村』の表紙に最初に描いた伯耆の民家（昭和十三年一月号）……215
早川の『村』の表紙のサイン……215
話をしてくれた四家房大日向村の浅川政吉（撮影・早川孝太郎　昭和十四年九月）……226

満洲の畑の共同作業（撮影・早川孝太郎　昭和十四年九月）……227
内原の日輪兵舎と訓練場（所蔵・早川孝太郎）……229
開拓地の耕運機（撮影・早川孝太郎　昭和十四年九月）……237
開拓地の若い母親と子供たち（右同）……237
若いお嫁さんと牛車（絵・早川孝太郎　昭和十五年十一月）……240
早川が昭和十七年五月から住んだ「松屋敷」（撮影・須藤功　平成七年一月）……250
下條村鎮西の西の極楽峠から望む南アルプス（絵・早川孝太郎）……252～253
潁子を抱く早川孝太郎（所蔵・早川孝太郎　昭和十八年春）……254
母の背の潁子（右同）……255
遠くへ行ってしまった潁子（絵・早川孝太郎）……258
顔に白布の潁子（絵・早川孝太郎）……259
元気だった頃の潁子（所蔵・早川孝太郎）……259
鯉淵学園の三人の特別学級卒業記念（所蔵・早川孝太郎　昭和二十三年三月）……279
仁位（豊玉町）を行く調査の一行（所蔵・早川孝太郎　昭和二十七年八月）……295
教えられることの多かった折口信夫（所蔵・早川孝太郎　昭和二十四年春）……297
早川が描いた銀鏡の龍房山（昭和三十一年二月）……310
銀鏡神楽に贄として奉納される猪頭（撮影・須藤功　昭和五十一年十二月）……311
小さい猪は背負って解体場所までおろす（撮影・須藤功　昭和四十四年十二月）……311
武藤鐵城（ベット）の病室（所蔵・早川孝太郎　昭和三十一年六月）……314

初ショトメとなる女の子（撮影・早川孝太郎　昭和三十一年六月）……315
ハナガオのショトメ（右同）……316
松の木の下に伊藤家十三戸の「総墓」がある（右同）……317
本荘市鮎瀬で庚申塔を写生する早川（所蔵・早川孝太郎　昭和三十一年六月）……318
稲刈りも始まっている秋の田（撮影・須藤功　昭和四十五年九月）……319

凡例

・一般には「花祭り」と書くが、本書では早川孝太郎の著書『花祭』に沿い、「花祭」と記す。
・昭和十年代の文章の漢字と文は現在のつづりにしたが、一部、当時のままのものもある。
書名と人名は正字で記した。
・年号に（　）で西暦を記したが、見開き頁内では最初の年号にのみ西暦を記した。
・本文の年齢は満年齢だが、引用文の年齢は数え年である。
・『早川孝太郎全集』月報からの引用文は、末尾に（月報○）と記した。○は各号数。
・撮影者と提供者の記名のない写真は、須藤功の撮影・提供である。
・氏名の敬称は略させていただいた。

序章　地狂言から花祭へ

『花祭』の著者である早川孝太郎を語るには、伝承地の人々は単に「花」という花祭から始めるのがやはり順当かと思われる。

少年の日の体験

「たしか十三の年の春だったと思うが」として、早川は「さかきさま」に「へんべえ」を踏んでもらった体験を、『花祭』後編の「後記」に書いている。

「さかきさま」は「榊鬼《さかきおに》」、「へんべえ」は足で踏む所作の「反閇《へんばい》」のことである。花祭があるのは奥三河と呼ばれる愛知県北設楽郡《したらぐん》で、早川の実家のある南設楽郡にはないが、近くの村で花祭を呼んだとき、父親が何か願いごとをして「さかきさま」に家に来てもらった。

一夜二日にわたって神事と舞がつづく花祭には、赤い大きな面に、木製の鉞を持った鬼が何度か現れる。鬼というと「悪者」の代表のようだが、花祭の鬼は異様な姿で禍いを祓い、村人に幸せをもたらしてくれる鬼である。その主役の「さかきさま」の足で体を踏んでもらうと病気が治る。新築予定の家では敷地を踏んでもらい敷地にひそむ悪霊を鎮めてもらう。少年の早川に対しては踏まずに跨ぐだけだったが、「跨ぐ気配を感ずるたびに、体中の血が止まるようだった」と思い返している。後に早川はこの日の光景をたびたび絵にしている。

初めての花祭

奥三河・設楽町田峯《だみね》の熊谷丘山《きゅうざん》（好恵《よしえ》）は、「早川さんの花祭の研究のきっかけは私が作った」と言っていた。田峯には田楽《でんがく》や地狂言《じきょうげん》、「はねこみ」と呼ぶ太鼓踊り、盆踊りなどがある。熊谷はそれらの調査を丹念に行うと共に隣の村の花祭も調べていた。早川が大正九年（一九二〇）の旧正月に田峯の地狂言に来た時、熊谷は書き上げていた花祭の原稿を早川に渡して本にして欲しいと頼んだ。ところが東京の印刷所に入れていた大正十二年（一九二三）九月一日に関東大震災が発生し、原稿は印刷所と共に焼失した。熊谷は出版を諦めたが、原稿を見たことで早川は花祭に足繁く通うようになったというのである。

その三年後の大正十五年（一九二六）一月十二日に、奥三河・豊根《とよね》村《むら》大字三沢山内で、早川は花祭を初めて一睡もしないで見続けた。釈迢空を号とする歌人で芸能史も研究する折口信夫の伴をしたもので、折口が亡くなった時に思いを込めて書いた「折口さんと採訪旅行」に、「この旅行なども今思うと極端な自己虐待であった」とある。二人は長野県下伊那郡日開《あさげ》村《むら》新野《にいの》（現・阿南町《あなんまち》）の雪祭りに行ったのだが、夜行列車、長時間のバス、さらに三里（十二キロ）の山路を歩いて夜中に新野に着き、うとうとする間もなく朝の三時に起こされて神社の拝殿に座った。厳しい寒さで、早川は「身も魂も凍る思いであった」と記している。

十二日は準備だけで大事な行事はないと知り、新野峠を越えて山内の花祭に行くことにした。けものが通るような細い山路を、祭りに間に合うように真っ暗な夜道を急いだ。一夜の花祭をしっかり見終えた十三日に再び山路を辿って新野に戻り、十四日から翌朝まで、凍りつくような野外での雪祭りを見てから、また奥三河に下った。花祭の人に会って、少しでも話を聞きたいと思ったからである。そのように歩きつづけたことから、「折口さんの履いていた靴が参ってしまった。底がガックリと口を開いて上下に離れた。誰も見てはいない。手拭いで靴に鉢巻きをした。それが夜目に白く蝶でも飛ぶように見える。折口さんはその時、背広の上に、和服に着るインバネスを着ていたのだ。（中略）

早川所有の『花祭』の見返し
左上に「昭和五年四月十九日　関屋宮内次官の執奏に依り　賜　天覧」と記す。図は「榊鬼」の反閇を受ける少年時代の早川。

新野の雪祭りの「さいほう」
撮影・昭和43年１月

翌日は黒川の村に出て、そこで女の案内人を雇って、岨路を御園峠へ登って本郷へ出たが、この間の五里の路も、折口さんは例の鉢巻きした靴で通した。全く無茶苦茶な旅であった」。

そうして五里（二十キロ）を歩いて本郷町（現・東栄町）にはいり、そこで昼食をすましてバスに乗った折口を見送った。早川はこの採訪旅行記の最後に、「この旅をキッカケにして、次の花祭への旅がはじまったのである」と結んでいる。

柳田國男と早川孝太郎

早川と柳田の繋がりは、早川が『郷土研究』に短文の原稿を投稿したのがきっかけだった。同誌は民俗学がまだ「民間傳承」と言われていた時、「日本人のすべての現象を根本から研究」することを目的として、柳田と高木敏雄の編集で大正二年（一九一三）三月に創刊された。発行はこの『郷土研究』のために創設された郷土出版社、編輯兼発行人は柳田の姪の夫で、柳田の学問を熱烈に支持していた岡村《おかむら》千秋《ちあき》である。ただ、まだ広く知られていたわけではないので、柳田は毎月、いくつかのペンネームで原稿を書いて頁を埋めなければならなかった。

同誌には柳田の言う、「郷土を研究するのではなく、郷土で研究する人」を育て互いに連絡し合って研究を深められるように、各地の研究者からの「報告及資料」欄が設けてあった。早川がその欄に最初に送った「三州長篠より」は、大正四年（一九一五）二月号に掲載された。ところが早川は原稿を送った封書に住所を書いていなかった。そのころ早川は東京の上野に住んでいたが、書き忘れたのか、それともわざと書かなかったのか。柳田はそのときのことを、昭和二十四年（一九四九）一月号の『民間傳承』、「民俗學の過去と將來　座談會」で語っている。

大藤　早川孝太郎さんは投稿からですか。

柳田　探すのに骨が折れたね。警察まで煩わして探したが貴族院の守衛長が見つけてくれた。それでやっと手紙を出した。

柳田は大正三年（一九一四）四月に貴族院書紀官長になっていたので、私ごとではあったが、あるいは守衛長に相談したのかもしれない。それなら何故そうまでして、早川の住所を知りたいと思ったのだろうか。「三州長篠より」は、△ニュウ木、△放歌という踊り、△臼を尊重する習慣、△守護神と水恋鳥、というわずか四編のごく短い報告だが、柳田はこれに民間傳承を書ける人、という閃きがあったのかもしれない。それにペンネームで埋めなくてはならない『郷土研究』の頁に、たとえわずかでも、まぎれもない郷土の報告が載せられるという思いもあったのだろう。

早川の手元に柳田からの手紙は残っていないが、「一度お目にかかりたい」という内容だったのではないかと思われる。その手紙を読んで早川は柳田邸を訪れたはずで、会って柳田とその学問に引かれるものがあって、早川はそれから『郷土研究』に投稿を続ける。最初に投稿した同じ年に「色々の蛇」、「三河南設楽郡より」、大正五年に「三河の院内に就いて」、「滝に関する話」、「鼬《いたち》の話」、「鳥に関する俗信」、「おとら狐の話」、「鳳來山《ほうらいざん》の叱尿《しつにょう》」、大正六年の一月号に「東部三河の農村の正月」と「臼のこと」を送っている。その二カ月後、大正六年三月に『郷土研究』は四巻十二号で休刊となる。『郷土研究』は無くなったが、柳田との繋がりが消えたわけではない。大正九年（一九二〇）二月には柳田と共著の『おとら狐の話』を玄文社から出版する。以後、大正十五年（一九二六）までに、柳田の指導を受けながら、『三州横山話』、『能美郡民謡集』、『羽後飛島圖誌』、『猪・鹿・狸』を出版する。『能美郡民謡集』には柳田が十頁に及ぶ序文を書いている。

大正十四年（一九二五）十月に出した『羽後飛島圖誌』は、写真を主とした最初の民俗誌である。その一年後の十一月刊行の『猪・鹿・狸』は、「芥川龍之介がえらく褒めていたよ」と言って、柳田がわがことのように相好《そうごう》を崩して喜ばれていたことを今もよく憶えている、と岡茂雄は「月報6」に書いている。日本に留学し、日本文学を研究していた魯迅の弟の周作人は、『猪・鹿・狸』を変わった本の名前であるとしながら、愛読書の一冊として『周作人文藝随筆抄』に挙げている。

地狂言雑記

奥三河に隣接する信濃《しなの》（長野県）南部、遠江《とおとうみ》（静岡県）西部は、長野県の諏訪湖に源を発する天龍川の中流域にある。山里であるがここには神楽、田楽《でんがく》、田遊《たあそび》、念仏踊り、地狂言などがそれぞれにあって、「民俗芸能の宝庫地帯」といわれる。最も多いのは神楽で、花祭も分類上は湯立《ゆたて》神楽の一つである。祭場にすえた湯釜に湯をたぎらせ、その湯で祓い清めるもので、花祭でもそれが大切な一番になっている。田楽と田遊は米作りの過程を神前で演じるもの、念仏踊りは亡くなった人を供養する芸能で、盆踊りも供養ということでは同じである。「地芝居」とも言う地狂言は、村人が役者になって歌舞伎などを演じるもので、村を挙げての楽しみになっていた。

花祭があるのは愛知県北東部の北設楽郡だか、隣接する南設楽郡と共に花祭の他に特色のある民俗芸能がいくつかある。特色はそれを受継ぎ守る人によって伝承されてきた。一方、やりたい人ならだれでも手を挙げることができるのは地狂言で、これは信濃でも遠江でも変わらない。

早川が初めに聞き取りに力を入れたのはこの地狂言である。それは大正九年（一九二〇）十一月に三河路を旅してきた、柳田國男の次のような話がきっかけだった。

三河の山地ことに自分（早川）の郷里を中心とした地方の氏神の拝殿と、それに並びまたは兼ね建てられた地狂言の舞台には、建築様式の上ばかりでなく、神祭りと地狂言、ひいては神事能の関係を考える上において、ことに興味を惹くものがあるといわれた。

天龍川沿いの村の地狂言の舞台は神社や観音堂の境内にある。願いを聞き届けてくれた神仏に芝居を見せて、感謝の気持ちを伝えるためである。でも早川にはまだそうした知識はなく、「あんな舞台の建て方にしても、そうした根本をなす理由が籠っているものかとむしろ不思議に感じたぐらいのものである」と書いている。

奥三河・設楽町田峯の地狂言
思い思いに見えを切る。撮影・昭和40年２月

ところが爐辺叢書《ろへんそうしょ》の一冊として出す『三州横山話』を整理してみると、その中に地狂言に夢中になっている村の人の話がいくつもある。そこで「村の人たちの心の記録として、一通り蒐めること」として、柳田にそう話した。柳田は大正十一年（一九二二）の春、ジュネーヴへ出発する直前に『地狂言雑記』と書名を決めて、それを爐辺叢書の予告にも載せた。

冬に咲く花

早川はそれから地狂言にあたるが、様々な疑問が浮かび上がる。でもすぐには解決できない。関連があるかと田楽なども調べてみたが、かえって何がなにやら分からなくなった。そうしたとき、忘れ難い記憶が絶えず心の中に繰り返されたのは、少年の日に体験した「おにさま」の「へんべえ」だった。そこで実家にくる奥三河の人に花祭の話を聞くと、みんな熱っぽく語ってくれた。花祭の禰宜《ねぎ》屋敷に奉公していたという女の人は、各種の次第まで語った。

柳田に地狂言の話のついでにこの花祭のことを話すと、『地狂言雑記』の末尾に「話に聞いた範囲内で、次第だけでも記述に留めるように注意せられた」。だが地狂言と花祭の関連がつけられないので、そのまま記す気にはなれなかった。それでも奥三河から来たという人を訪ね、根掘り葉掘り聞いて花祭の準備や次第などについてはどうにか手帳に書き留めることができた。

そうしているうち大正十五年（一九二六）になり、一月十二日に折口信夫と新野の雪祭りに行き、さらに豊根村の山内まで足を延ばして初めて花祭を実際に見た。その旅から東京にもどると柳田國男が澁澤敬三を紹介してくれた。そこでそれまでの経緯と見てきたばかりの花祭の話をすると、澁澤は徹底的に調べて完全なものにするように言った。それから早川は花祭に深く身を入れる。

花祭は天龍川を遡ってやって来た熊野修験者によってもたらされ、それを奥三河の人々が受け継いで自分たちのものにしたとされる。それらの年代の特定はできないが、その歴史はおよそ七〇〇年、山里の人々は現在の暦では十二月頃になる霜月に花を咲かせ続けてきた。

花祭の「花」について、折口は「なりもの、前兆を示す、一種のさきぶれの事」とする。作物は花が咲いて実を結ぶ、「花」はその花、意識しているのは稲の花で、次第の終わりの方にある「花育て」は、花から実への成長を象徴するとされる。

各地に伝わる民俗芸能を訪ねて研究をつづけた、早稲田大学英文科教授の本田安次《ほんだやすじ》は、「花山祭り」が略されて「花祭」になったとする（『日本の祭と藝能』）。

花山祭りはかつて七戸あったが今は住む人のいない、園村《そのむら》大字大入《おおにゅう》の花山家で行われていた花山権現を祀る祭りだった。花山はわずか一年九カ月で譲位した第六十五代の花山《かざん》天皇のことで、寛和二

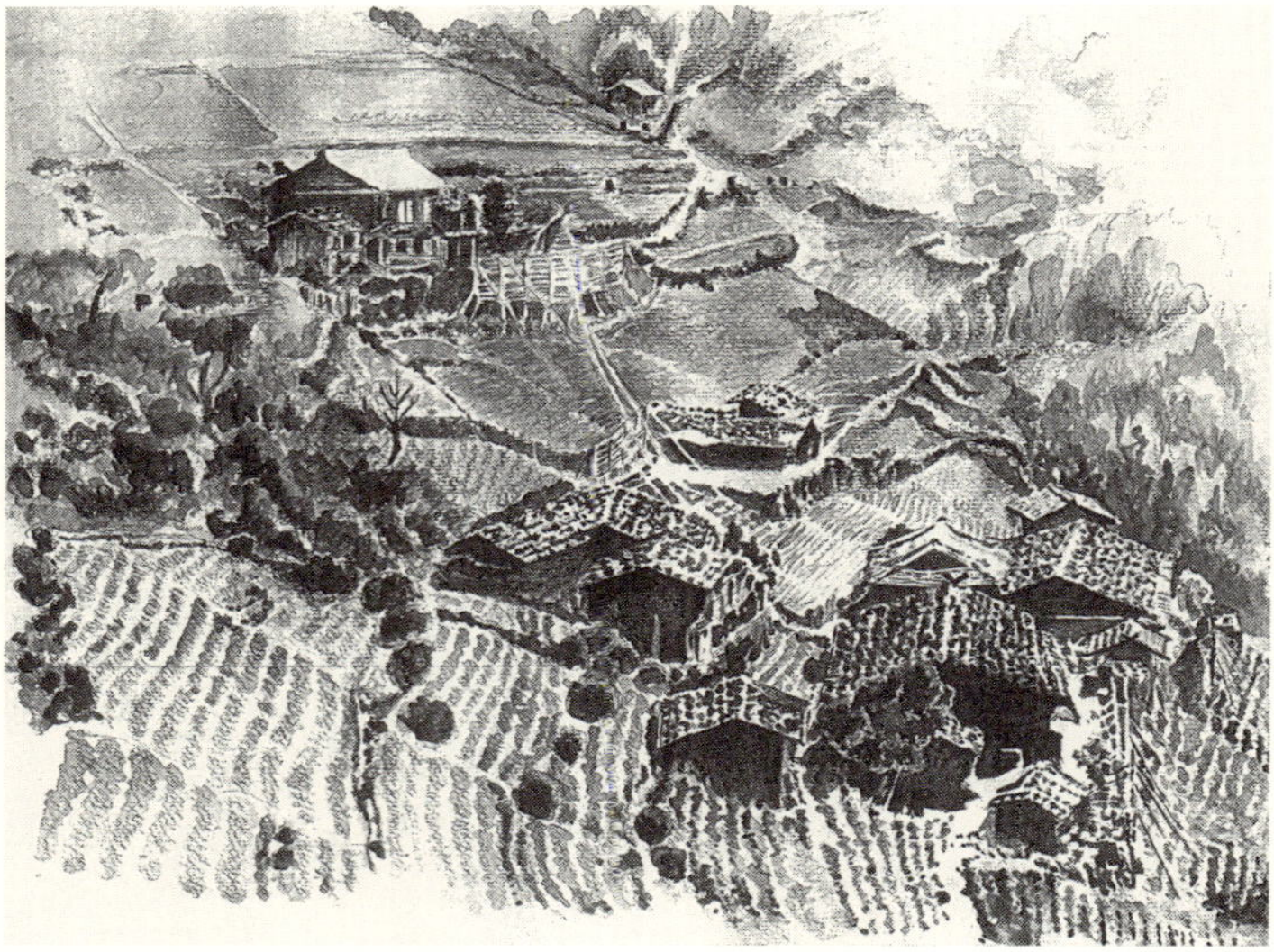

かつての大入集落の復元図　手前の二軒が草分けの家。絵・中嶋俊枝

年（九八六）六月に十九歳で花山寺に入山して花山院《かざんいん》と呼ばれた。

花山院はこの大入で没したという伝説があり、大入は「王入」、「皇入」とも書いた。花山祭りは花山院を慰めるために始まったという。本田は花祭がもしこの花山祭りでないなら、祭場に吊るす切華、切草など、五色の紙での作り花を言う綵花《さいか》の「花」ではないかとも書いている。

「花」に対する早川の解釈はないようである。事実を重ねて一つの結語を導き出す早川の姿勢からすると、確かな資料の伝わっていない花祭の「花」については、語るのを避けたのかも知れない。

悪態祭

祭りには通称の他に別名がある。天龍川流域の祭りに多かったのは「木の根祭り」の名である。夜を通して行われる祭りでは、その夜に限って男女が自由に木の根を枕にすることが許されていたことからついた名称である。

花祭の別名は「悪態祭《あくたいまつり》」で、舞をまう祭場の舞戸ではどんな悪態、悪口も自由に言ってよかった。澁澤敬三は祖父・澁澤榮一の子爵を継承するが、舞戸ではそうした人にもまったく遠慮がなかった。着ている外套（オーバー）を指して、「その外套どこで盗んできたか」などと言った。澁澤はそんな悪態をニコニコしながら聞いて、「花」を楽しんだ。早川のことを、「また座敷乞食《こじき》が来ている」と言ったという。戦争が終わって間もない頃の花祭では、戦地から帰ってきた元兵士の間で悪態から喧嘩になることもあったらしい。

上手な悪態は笑いをさそう
東栄町大字月。撮影・昭和43年11月

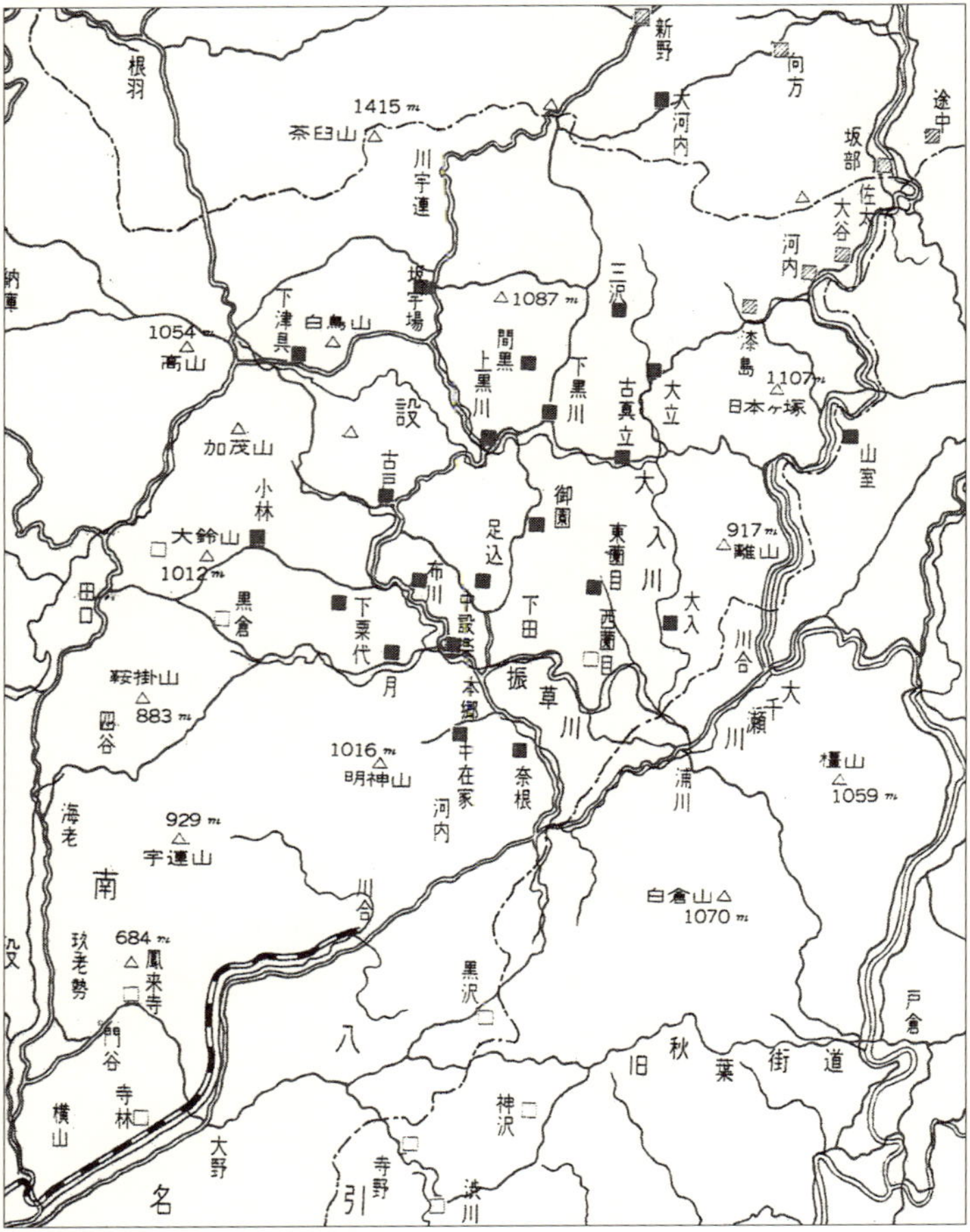
新野
向方
途中
根羽
大河内
1415m
茶臼山
坂部
佐太
大谷
河内
川宇連
坂宇場
三沢
1087m
下津具
白鳥山
1054m
高山
漆島
1107m
日本ヶ塚
間黒
上黒川
下黒川
古真立
大立
設
加茂山
古戸
山室
大入川
御園
足込
小林
大鈴山
1012m
東薗目
917m
離山
布川
田口
黒倉
下粟代
中設楽
下田
大入
西薗目
川合
鞍掛山
883m
四谷
月
本郷
振草川
大千瀬川
1016m
明神山
中在家
奈根
櫃山
1059m
浦川
河内
海老
929m
宇連山
南
川合
白倉山
1070m
玖老勢
684m
鳳来寺
黒沢
門谷
戸倉
八
旧秋葉街道
寺林
神沢
横山
大野
寺野
名
引
渋川

花祭分布地図

第一章　「花」の仕組みの概略

1　祭場の区画と役割

民家が祭場

　早川孝太郎が花祭の調査をしていたころの祭場は「花屋《はるや》」、「舞屋《まいや》」、「花宿《はなやど》」などといった民家だった。何か祝いごとのあった家や子供のすこやかな成長を願い、あるいは病気が全快したので、そのお礼にと申し出て、自分の家を祭場にしてもらった。家を新築すると花宿をするのは当然とされていた。花宿をすると、その家は集落で一目置かれるようになり、また昔を語る時、あの家が花宿をやった年と言うだけで、集落の者なら何年前か分かった。

　そうした花宿も生活が変わり、奥三河でも養蚕が盛んになるにつれて、新築の家の花宿も次第に当然ではなくなる。これには次第の「湯囃子《ゆばやし》」の時、清めとして家の中にも湯水が撒かれるが、そのため新しい部屋が汚れるのを嫌ったこともある。そうしたことから年によっては花宿の申し出がなく、

幟も立てられた東栄町大字月の花宿
撮影・昭和45年11月

花祭の世話役が目星をつけた家と交渉し、受けてくれるように頭を下げなければならなかった。

花宿は戦後もなお続いたが、いつまでというのは集落によって一様ではない。須藤が昭和三十八年（一九六三）から行くようになった東栄町大字月の場合は、集会所（公民館）と民家の花宿が隔年ごとで、これは昭和四十年代の中頃までつづいた。集会所でも花宿でも神事や舞はまったく同じだが、神がお出でになるという感じと、また盛り上がりでは花宿の方がはるかに大きい。遠くにいる親戚もやってきて花宿を盛り上げようとする。

ある年のある家の花宿の時の話である。親戚も加わって、花宿を無事に終えた祝いの打ち上げをしている時、女たちが「じゃぁー」と言って舞をまい始めた。花祭は準備も舞も食事作りもすべて男だけでしていた頃だったから、みんな驚いたが、いつ覚えたのかその舞が見事に上手だったことにまた驚き、呆れ、拍手を送り、打ち上げはさらに賑やかに盛り上がったという。

舞戸を中心に

祭場には用途によって部屋割りがなされる。その名称は花宿でも集会所でも変わらない。舞をまう舞戸（まいと）、神々を迎え祀る神座（かんざ）、面や祭具を置く神部屋（かんべや）、花（御祝儀）などを受ける会所、食事などを調理する饌所（せんじ）があり、屋外に庭燎（せいと）と呼ぶ大きな炉を設け、夜通し焚火を絶やさない。見物人は時々その焚火で体を温めて、また祭場にはいる。

東栄町大字月の花祭の祭場
舞戸に竈をすえてある。撮影・昭和46年11月

花宿の舞戸はその家の庭に小屋掛けして設ける。広さは二間（約三・六メートル）四方ほどで、その真ん中に湯釜をかけた竈《かまど》がすえてある。竈を清めるために入れた火を絶やさないようにして、舞はその竈のまわりを廻る形でまい続けられる。

竈の真上に湯蓋（ゆぶた）と白蓋（びゃっけ）、そのまわりに一力花（いちりきばな）と添花（そえばな）を吊るす。舞戸の上部が本田安次の言う、五色の紙で作る切華、切草の綵花で埋まるのである。

それだけではなく、四隅に立てた柱に榊

上部に「ざぜち」をめぐらした東栄町大字月の祭場　撮影・昭和43年11月

を結び、上には「ざぜち」をつけた注連縄《しめなわ》を張りめぐらす。ざぜちは白紙に駒《こま》、燈籠《とおうろう》、鳥居などの絵型を切り抜いたもので、絵型は集落により異なる。

上部に綵花と、ざぜちをつけた注連縄を張ったこの舞戸は、神々も見守る花祭の中心の場で、舞戸に入るには四隅の柱に結んである榊の葉で身を清めなければならない。

せいとの衆

祭場には見物席もあるが、元気な村人や仲間になりたいと思っている見物人が舞戸に入り、舞を真似たり、舞人の舞を上手だとかもっとしっかりまえとか言ったりする。その人たちを「せいとの衆」という。「せいと」は屋外に設けた焚火のことで、そこで体を温めて舞戸にはいると、花祭を賑やかにする者、祭員のようにみなされて「せいとの衆」と呼ばれる。許されている悪態をいうのもこの「せいとの衆」で、今もまれに笑いを誘う悪態が飛び出したりする。

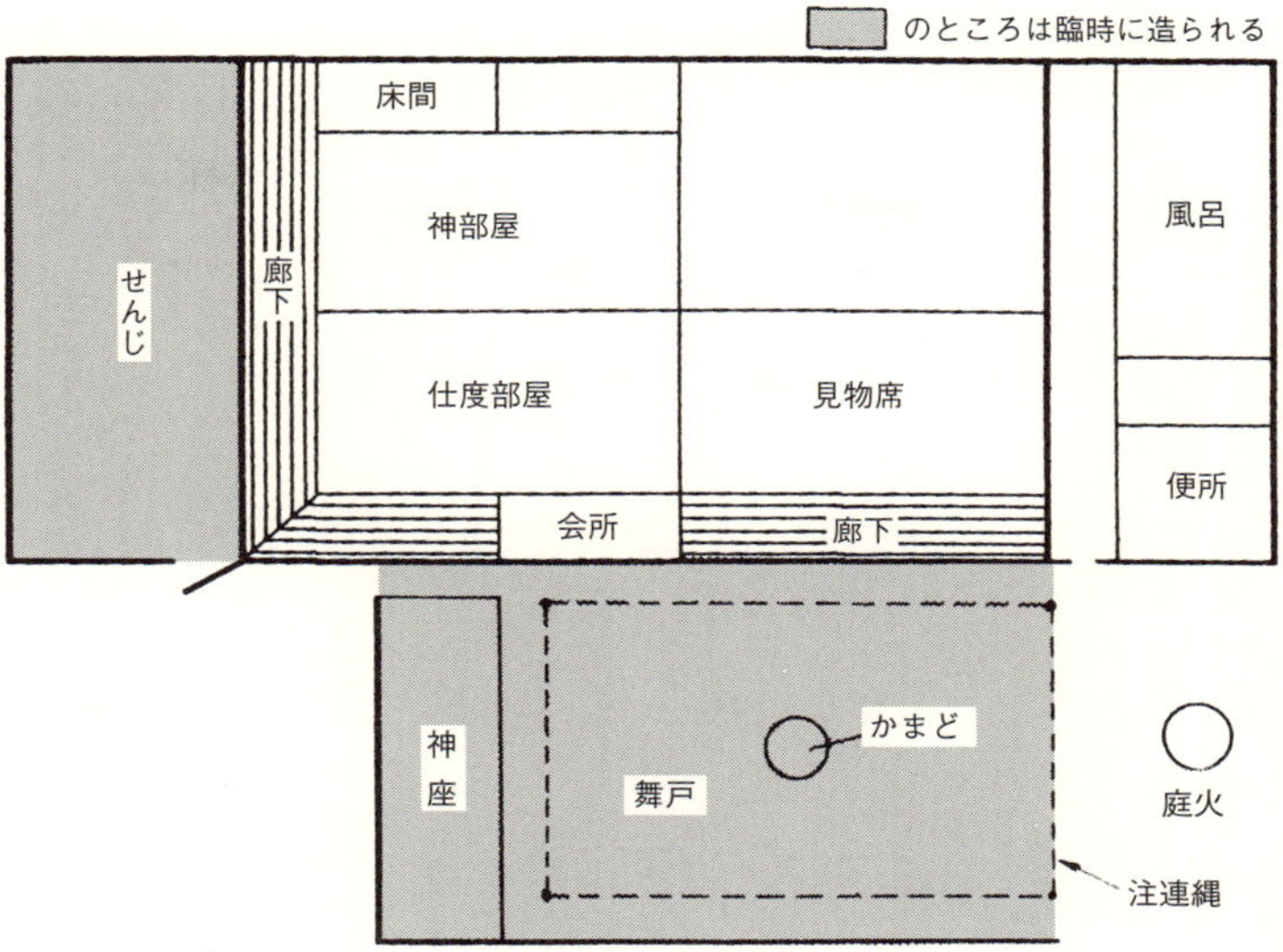

月の花宿の部屋割

早川が訪ね歩いていた頃、舞戸に女は入れなかった。入ってはならなかった。自分の子供の舞を母親は遠くからそっと見た。

女を入れないということではせんじも同じだった。男たちだけで飯を炊き、野菜を刻んで菜を作って花役に食事を出し、来てくれた客人や参観者に酒肴を添えて男たちが接待した。

それは昭和四十年代の初め頃から変り始める。町へ出る家族が多くなって男手が足らなくなり、女の人に手伝ってもらわなければならなくなる。

子供も少なくなり、東栄町大字月では、昭和四十八年（一九七三）から「花の舞」を女の子もまうようになった。

舞戸の上座に置く神座には氏神と諸国の神々を祀り、花太夫、宮人《みょうど》、氏子総代らが座る。花祭の舞は太鼓の響きでまうので、太鼓は花太夫か宮人でなければ叩くことができない。神部屋には面や祭具などが置いてある。舞人はその隣の部屋で舞の衣裳を着けてもらい、次第によって面を着け、神となって舞戸に出る。

2　みんなで担う祭り

花祭を執行する花役の名は集落によって少し異なる。東栄町大字月では、祭りを司る花太夫を中心に、宮人、氏子総代、花頭、祭典係、年行事、笛吹らの花役が花太夫を支えて祭りを進める。

かならず一役

御殿山《ごてんやま》（七八九メートル）の山腹と山麓にある月には小字にあたる組が五組あって、昭和三十年代には五組で九〇戸近くあった。花太夫は御殿山の中腹にある槻神社の神官で、屋号が「宙《そら》」であることから、普段は「宙《そら》の兄さん」と呼ばれた。

毎年みんな出るわけではないが宮人は九家あって、花太夫と共に「世襲花屋敷」と言われた。榊鬼の面を預かり、榊鬼をまう「榊屋敷」が一家ある。舞はどの花役もまうが、湯蓋などを作る切草、神事の滝祓い、高嶺祭り、辻固め、神入れ、竈祓い、湯立てなどと前段の舞、そして一夜続いた舞戸での舞が終わった後の五穀祭り、龍王、荒神祭り、外道狩りは花太夫と宮人で行う。

この花太夫と宮人を支えるのが集落の一人ひとりで、月ではどの家もかならず一役を持つ決まりになっている。閉校になって今はないが、月小学校の先生でも月に住所を移していると一役あてた。

氏子総代は祭りを見守る五組の代表、各組から一名の花頭は会所に詰めて花（御祝儀）や来客の受付をする。祭典係は九人いて、舞う人を決めたり、次第が滞ることのないようにする。四人の年行事は神部屋で次にまう人に衣裳や面をつける。笛吹は神座で打ち出す太鼓のそばで笛を吹き、舞を盛りたてる。ここまでは花祭に直接か関わる花役だが、各家は割りあてられた作り物を作り、作業に出て花役を支える。

次は昭和四十四年（一九六九）の月の一役である。

飯焚	三人	花役や来客に出す飯を炊く。
釜塗	二人	舞戸の中央にすえる竈を作る。
湯蓋割	一人	湯蓋などに使う木桁を製材所で作ってくる。
花張	八人	一力花、添花を作る。
斧作	二人	鬼の持つ鉞を作る。
幣串	一人	幣をさす竹串を作る。
水くみ	一人	湯囃子に使う水を汲んでくる。
火番	一人	竈の火を焚く。
菰作	十人	宮人や榊鬼がまうときに使う菰を編む。

鉞に模様をつける
撮影・昭和45年11月

切草を作る
撮影・昭和45年11月

榊取　一人　舞戸の柱に結ぶ榊を取ってくる。
小屋掛　十三人　花宿の庭に小屋をかける。
手縄　四人　注連縄用の縄をなう。
せんじ　五人　食事のときのおかずを作る。
わらじ　二人　榊鬼が履く草鞋を作る。
機械縄　購入
書記　二人　会所で受けた花（御祝儀）を記帳する。
片付け　八人　小屋をはずしたり衣装を洗ったり、祭りのあと片付けをする。

消防団員は花役ではないが、焚火の見張りや場内警備で祭りの当日は朝早くから祭場に詰めている。でもすぐに用事はないので、せんじで野菜を刻んだり煮物の火加減を見たり、しばらく手伝いをして過ごす。

役はまだある

今はないが昔は「松割」と「あまの番」という役もあった。松割は釜の竈の上で燃やす松明を作るもので、まだ電気のなかった時代には、その松明の明かりで舞をまい、神事を行った。竈の蓋は今は鉄板だが、昔は松明を燃やすために平たい石を用いた。その石を探してくるのも釜塗の役だったが、なかなかなくて苦労したものだという。

「あまの番」は氏神の御神体の守り役で、森（槻《つき》神社をいう）で御神体を神輿に遷す時に立会い、祭

閏年に槻神社から下る東栄町大字月の「榊鬼」　撮影・昭和46年11月

場の神座に安置されるとはその前に座った。古くはあま（天）とする天井裏に座ったが、下で燃やす松明の煙で非常にけむたく、朝そこからおりてきたときの顔は真っ黒だったという。今は花太夫がその役をかねている。

一役とは別に、各家で必ず出すことになっているのは草履《ぞうり》、薪《まき》、松明《たいまつ》である。花役は役物不要として花太夫、宮人、区長、氏子総代、祭典係、花頭、年行事、笛吹、幣串、榊取、せんじはこれらを出さなくてもよい。

これは花役は祭りの準備に時間を取られるということがある。祭りの三日ほど前から花宿で準備に入り、祭りが始まると、準備したものを手際よく出して舞が滞ることのないようにする。

そうした中でもホッとする一時がある。他の集落にはないが、月では閏年《うるうどし》に榊鬼が槻神社から笛・太鼓の囃子で御殿山を下る。つけているのは榊鬼の面だが、いかにも神さまが山からお出でになるという感じがする。静かな山里では、その笛と太鼓の音は麓にも聞こえるので、誰もが、

〝あぁ、さかきさまがお出でになる〟

と思う。麓に下ると榊鬼は頼まれた家をまわって「へんべえ」を踏んで、花の舞の頃に舞戸に戻り、舞を少しだけまって神部屋に入る。次第に「榊様」とある榊鬼の本番は日が変わってからである。

次は昭和四十年（一九六五）頃に書かれた月の花祭の次第である。

一　すっとり	十一　志めおろし	二十一　花の舞	三十一　獅子
二　刀立	十二　湯立	二十二　山割	三十二　ひいなおろし
三　切草	十三　ぞうげむかへ	二十三　三ツ舞	三十三　花そだて
四　うちきよめ	十四　撥の舞	二十四　榊様	三十四　宮渡り
五　瀧祓	十五　さるごばやし	二十五　おっつりひゃる	三十五　五穀祭
六　高嶺祭	十六　とうごばやし	二十六　ひのねぎ	三十六　荒神休め
七　辻固め	十七　志きばやし	二十七　四ツ舞	三十七　龍王
八　神入れ	十八　御神楽	二十八　おきな	三十八　外道がり
九　切目の王子	十九　一の舞	二十九　湯囃子	
十　天の祭	二十　地固め	三十　もきち	

味噌をつけた大根を持つ「おつりひゃら」 東栄町月。撮影・昭和45年11月

湯を沸騰させて行う「竈祓い」 東栄町月。撮影・昭和44年11月

宮人と問答をする「翁」 東栄町大字月。撮影・昭和45年11月

待ちわびる舞

舞で人気のあるのは「花の舞」、「榊様《さかきさま》」、「湯囃子《ゆばやし》」などで、これは月とは限らず他の「花」でも同じである。

「花の舞」は六、七歳の少年が初めてまう舞で、間違わずにまうかどうか心配な親と共に、しっかりまって、ずっと「花」を支えてくれる一人になってくれるかどうかみんなで見守る。上手下手はともかく、懸命にまった少年には「よかったぞ」と声をかけて励ます。月では三人でまうが、三人の舞の呼吸がぴったりあった舞は、練習の厳しかったであろうことが想像されて、見ていてまこと気持ちがよい。

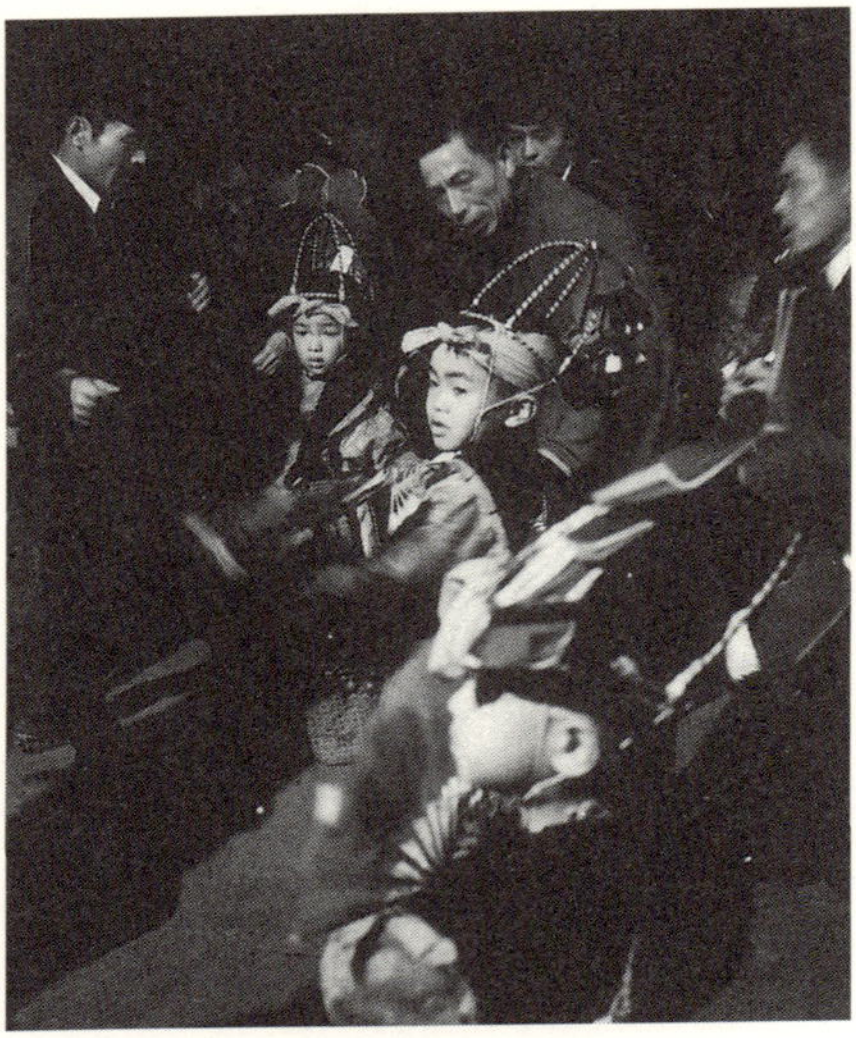

少年がまう東栄町大字月の「花の舞」
撮影・昭和44年11月

「花の舞」は花祭の基本の舞である。左手に鈴は変わらないが、右手は扇、盆、湯桶と変わり、この右手の採り物ごとにまう三人の少年も変わる。「花の舞」をしっかり身につけた少年は「三ツ舞」、「四ツ舞」と少しずつ難しい舞に取組むが、それはその子の成長と重なっている。何年か前に真剣な顔で「花の舞」をまった子が、もう「三ツ舞」、「四ツ舞」かと思い、そして次はどの子が舞庭に出てく

湯で清める東栄町大字月の「湯囃子」
撮影・昭和46年11月

水を浴びせられる月の「湯囃子」の少年
撮影・昭和47年11月

るかと、みんな期待しながら待っている。

「榊様」は榊鬼で竈の前でへんべえを踏みながらまう。漢字では「反閇」と書き、中世の貴族は出かけるとき、行く道筋の邪気を祓うために反閇を踏んだ。舞戸で踏む反閇は、集落のあちこちに潜んでいるかもしれない悪霊を祓うもので、その様子を見て人々はまた一年、この集落はしっかり大丈夫だと安心する。

「湯囃子」は「湯囃子の舞」をまう四人の少年が、舞戸の竈で沸騰させた釜の湯を、稲藁《いなわら》を束ねた「ゆたぶさ」にたっぷり浸し、湯を撒き散らして祓い清める。少年たちは舞戸から飛び出して、たまたま目の前にいた人にも浴びせる。その湯を掛けられると風邪を引かないとされるが、生温かといっても水だから、少しでも浴びたら冬だけにたまらない。ゆたぶさを持った少年が迫ってきたら、とにかく逃げるしかない。女の子が必死に逃げる光景はなんともおかしく、思わず笑ってしまう。

3　一力花と澁澤敬三

自費で迎える「花」

話は少し戻るが、花宿での花祭は年に一度の定例のもので、費用は集落のみんなで負担した。一方に何か強い願いを抱いた人が、自分の家を祭場に月日を指定し、全費用を持ってやってもらう「一役花」とも言った「一力花」があった。負担が大きいためよくあったわけではなく、最近では大正十年頃、豊根村大字古真立《こまたて》字分地の佐々木清文《ささきせいぶん》氏の屋敷で行われたくらいのものである、と早川は『花祭』前編の概説に次のように書いている。

立願の動機は子供の成育を祈るにあったと聞くが、祭事だけに前後三日を費やし、関係者から親類縁者、それに諸方から集った一般の見物と、押し掛けた客は無慮三〇〇余人に及んだ。ちなみに同氏宅はひどい僻地で、わずか五戸しかない部落である上に、よそから入る者は二里余りの険路を上下せねばならぬが、なおかくの如き盛況であった。それらの人々に祭時中ことごとく酒飯を振舞うのであるが、その折、肴に用いた数の子が、四斗樽一〇幾個を要したというから、他は推して知るべしである。見物客が座敷に溢れて、床が落ちるほどの騒動を演じたそうである。

今はこうした費用を持ってやってもらう一力花はないが、別の形で見られる。東栄町大字月の舞戸の上部には「一力」と名札のついた切草が見られる。願いごとのある人が献納した切草で、奉納したそれぞれの人の希望した舞をまう。その舞は正式な次第の間に挟むので、さっき終わったはずの舞をまたまっている、どうしてだろうと思う人もいる。さらにこの一力の舞が入るために、月の花祭は他の花祭より時間が延びて、すべて終わるのは二日目の夕暮れ近くになる。

舞戸に吊るされた一力の切草は、月では三十二番の「ひいなおろし」が終わると下げおろし、次の三十三番の「花そだて」に献納者に返す。それを受け取って家に帰るときの献納者の顔は、ホッとしたような安堵感に満ちている。それは花祭を終えた時の花役の顔にも見られる。冬の一夜、「花」を無事に咲かせることのできた安心感であろう。

花狂いの一人

奥三河で一夜二日の花祭を見て、そのとりこになってしまう人は今もいるし昔もいた。早川に花祭を徹底的に調べて完全なまとめにするように言った澁澤敬三もその一人で、自ら「花狂い」と言った。

澁澤敬三は日本の近代的経済社会の基礎を築いた澁澤榮一の孫で、日本銀行総裁、大蔵大臣など多くの要職についている。一方でアチックミューゼアム（屋根裏博物館）を主宰して、学者や研究者を支援した。早川も支援を受けて調査をつづけ、花祭の大著をまとめることができた。
澁澤の旅譜には昭和三年（一九二八）一月に豊根村大字上黒川の花祭とあるが、それは間違いで、早川の案内で澁澤が初めて見るのは翌四年一月、本郷町大字中在家《なかんぜき》（現・東栄町）の花祭である。

昭和四年一月十六日消印　封書

一昨日澁澤さんに遇ひましたよくよく三河が愉快だったと見え次々に話はつきません程でした。石黒さんにはもう話したさうです。さうして今一度参りたいなど、申してゐました。

早川が原田清へ送った手紙である。原田は花祭のある本郷町中在家とひとつづきの三ツ瀬に住む大山林地主で、早川は前年、昭和三年一月に豊根村上黒川の花祭で初めて会った。その時の手紙に、「過般花祭見学の途上量らずも御目にかかり十年の知己も及ばざる御待遇に預かり何とも感謝に不堪候」とある。以後、早川は終生にわたりいろいろやっかいになる。早川だけではない、澁澤もその同行者も原田家で度々やっかいになっている。原田の日記には、訪れた時の早川や澁澤の様子が書かれている。
澁澤は民俗民芸叢書『花祭』（抄録）の「早川さんを偲ぶ」に次のように書いている。

その内とうとう私も早川さんに連れられて、花祭見物のファンとなり、本郷の中在家を振り出しに、御園《みその》・足込《あしごめ》・東園目《ひがしそのめ》・古戸《ふっと》・上黒川等に数年間連続出かけ、終いには折口信夫教授・土屋喬雄教授や有賀喜左衛門《あるがきざえもん》教授等の先輩学友、またはアチック同人多くを誘い出すほどになり、そのお陰で花祭の外にも北設楽中心に一円夏冬にかけて隈なくといってもよいほど歩きまわり、原田清、佐々木嘉一・夏目一平・窪田五郎・夏目義吉等同地方の人々との親しい交りを結ぶに至り、本郷町在の振草川に臨む大崎屋の旧館等、今もってなつかしい想出の場となってしまった。また早川さんと相談して民具を蒐集し出したのもこの地方が最初である。

こんな機縁から早川さんの花祭研究の熱はますます上昇していった。生来持って生まれた観察力・直視力・洞察力、綜合力を画家として練磨された基盤の上に駆使され、それに加えて芸文上のすぐれた表現力(『猪・鹿・狸』等は芥川龍之介氏が、その方面でもすぐれたものとしていたく賞めていた)を発揮され、それにも増して、異常な心身上の精力と健康と兼備して全身を打ち込んだから、出来上がって見て吃驚するほどの大作が具現したのであった。

澁澤は早川らといくつかの集落の花祭を訪れているが、よく足を運んだのは中在家である。気兼ねなく休憩のできる原田家が近いということもあった。

一力花を勧請

中在家の祭日は十二月中旬の土・日だったが、昭和六年(一九三一)からは一月三・四日に、その三年後の昭和九年から同十九年(一九四四)まで一月二・三日にする。これは昭和五年(一九三〇)四月十三日に中在家の花祭を東京に勧請執行した澁澤が、正月なら中在家を訪れて花祭を見ることができるだろうとして、中在家の人々が配慮したものだった。
中在家の花祭が上京してまうのは、澁澤邸の改築竣工祝いを兼ねた『花祭』（定価廿五圓）の出版記念で、『柏葉拾遺』に澁澤は「一力花を勧請執行」と書いている。
招待客は柳田國男、泉鏡花《いずみきょうか》、金田一京助、石黒忠篤、新村出《しんむらいずる》、小林古径《こばやしこけい》ら五十名ほど、それに「外数十名來會」とあって、中に関屋宮内次官がいた。次官は澁澤の妻の親戚で、その次官の執奏により『花祭』は天覧に供されることになる。

天覧の喜び　限定三〇〇部の『花祭』には一連の番号を符り、参百部之内第1冊は柳田國男、第2冊は折口信夫、第3冊は澁澤敬三、早川自身は第10冊を手元においた。奉献は第101冊として、四月十九日に宮内庁に赴いて手続きをした。

二頁の写真の左肩に書かれた「昭和五年四月十九日　関屋宮内次官ノ執奏ニ依リ　賜　天覧」は、宮内庁に手続きを終えて帰ったすぐ後に書いたのだろう。原田清はその喜びを墨書している。

昭和五年四月十三日
東京芝区三田綱町澁澤敬三氏邸ニテ岡書院坂口氏ヨリ此書ヲ受ク　三百部限定出版ノ第五十一冊也
第一冊ハ柳田國男先生　第二冊ハ折口信夫先生　第三冊ハ澁澤敬三先生所蔵の由而シテ澁澤邸ニ於ケル中在家花祭実演執行ハ此日午后五時ヨリ十時迄異状ノ盛観　大成功ニテ此夜　関屋宮内次官ノ参観セラル、アリテ早川氏ノ此著ハ宮内省ニ献上ノ沙汰アリテ夜ノ覧ニ供セラル、事トナリタリ早川氏ノ名誉ハ言フモ更也　我北設楽郡ニモ光アルノ愉快禁ズル能ハザル也四月十九日著者早川氏宮内省ニ奉献ノ手續ヲ完了セラリタリトノ通知ニ接セリ三百部限定出版ノ内第百一冊也ト云ウ　巻末ニ記シテ子孫又ハ後学ノ徒ニ此光輝ヲ傳フル也　昭和五年四月廿六日夜

三ツ瀬　原田　清記

上京した中在家の一行は、澁澤邸の庭に臨時に設けた舞屋でまった。泉鏡花は見た花祭の光景を短編小説『貝の穴に河童のいる事』に書いている。また当時のフィルムでは夜の撮影はできないため、澁澤は翌日、庭で再演してもらって十六ミリで撮影し、写真も撮った。上野下谷の宮本馨太郎は四月十三日の午前中に家に来てもらい、榊様などを撮影している。

ごく新しいことだが平成二十五年（二〇一三）八月から東京都北区の飛鳥山にある渋沢史料館で、渋沢敬三没後五〇年企画展「祭魚洞祭」が開催された。「祭魚洞」は澁澤敬三の雅号である。中在家の花祭がその企画展に八十三年ぶりに上京し、十月二十七日に史料館前に設けた舞台で「花の舞」や「榊鬼」をまった。それらの舞を澁澤敬三の写真が見続けた（口絵七頁）。昭和五年（一九三〇）のいきさつを知っている者には感慨深い一力花だった。

4　変わる祭日と廃絶

奥三河の「花」の日

早川は花祭は奥三河に二十カ所、遠江に二カ所、花祭とよく似ている信濃の祭りの一カ所を入れて二十三カ所としている。

奥三河の二十カ所は天龍川支流の大千瀬川から分かれる大入川筋の十一カ所と、振草川・奈根川筋の九カ所である。大入川を北に辿ると豊根村に、振草川・奈根川沿いに西に進むと設楽町になる。花祭はこの二つの川筋で区別されていたとして、早川は「単に記述の便宜から二つの系統、すなわち二系統に分けることとし、一を川の名により大入系《おおにゅう》、一を振草系《ふりくさ》とし、以下すべてこの称を用いることとする」と『花祭』前編の概説に記し、以下、早川はこの二つの系統に沿って書いている。

『花祭』前編には祭日の順に記した「花祭一覧表」がある。そのうち奥三河の一覧と現在の祭日、祭場を次に記す。祭日と祭場の記載のないのは無くなったところである。御殿村、振草村、三輪村、本郷町、園村は現在は東栄町、下津具村は設楽町である。豊根村は変わらない。

日時	地名	現在の祭日	祭場
十二月　二日	御殿村大字中設楽	十二月第一土・日曜日	生活改善センター
七日	御殿村大字月	十一月二十二・二十三日	月公民館
十日	振草村大字古戸	一月二・三日	古戸会館

十日	三輪村大字奈根	十一月最終土・日曜日	河内長峰神社境内
十二日	振草村大字小林	十一月第二日曜日	諏訪神社境内
十二月中期日不整	本郷町大字中在家	十二月第二土曜日	老人憩の家明寿荘
一月　二日	豊根村大字大立		
二日	園村大字御園	十一月第二土・日曜日	御園集会場
二日	御殿村大字布川	三月第一土・日曜日	布川公民館
三日	振草村大字下粟代	一月三・四日	生活改善センター
三日	豊根村大字坂宇場	十一月第四土・日曜日	八幡神社
四日	園村大字足込	十一月第四土・日曜日	足込公民館
五日	園村大字東園目	十一月第三土・日曜日	老人憩の家「東園目荘」
五日	豊根村大字上黒川	一月三・四日	熊野神社・舞堂
七日	豊根村大字下黒川	一月二・三日	ほのぼの会館
十日	豊根村大字古真立		
十二日	豊根村大字三沢		
十六日	豊根村字間黒		
一月中期日不整	園村大字大入		
旧暦一月十五日	下津具村大字下津具	一月二・三日	白鳥神社

二十カ所のうちなくなっている四カ所は豊根村である。三沢は早川が初めて花祭を見た山内だが、平成七年（一九九五）に、間黒は山内の翌年を最後に両者とも過疎のため花祭ができなくなり、長く続いたその歴史を閉じた。古真立は新豊根ダム建設のためにどの家も移住したために、昭和四十六年

(一九七一)が最後となった。大立はそれより早く昭和四十年(一九六五)にやはり過疎でやむなく廃絶しなければならなかった。

一覧にはないが豊根村大字古真立分地にもあった。そこの花祭は佐久間ダム建設のため昭和三十年(一九五五)一月が最後となった。

太鼓が叩ける

分地の人々は移住した豊橋市西幸町の御幸《みゆき》神社に分地の氏神の諏訪神社を合祀して、昭和三十五年(一九六〇)一月からそこで花祭を再開した。豊橋に住んでいた須藤は、昭和三十九年(一九六四)一月十日にに御幸神社の花祭の取材に行った。そこで忘れられない光景に出会った。

「お前の太鼓ではまえん、かわれ」

「いや、かわらん」

目の前で喧嘩が始まった。

「なにー」

「絶対にかわらん」

手が出て、今にも取っ組み合いになりそうになったが、まわりの人たちが間にはいってひとまずおさまった。開拓地の西幸町には、豊根村の二カ所の集落を主に周辺の集落からも入植していて、御幸神社の花祭は出身集落の異なる人々による混成の祭りになっていた。

〝テーホヘテホへ、テホトヘテホへ〟と打ち出される太鼓の音はみな同じようだが、叩く速度や間の取り方が集落によって微妙に異なり、集落が違うと呼吸が合わなくなって、まい続けるのが難しいのだという。

「ずいぶん頑張ったな」

「そりゃな、村じゃ太鼓は叩かせてもらえんだがな、ここじゃ遠慮なく叩けるでの」

村の昔からの花祭では、太鼓は氏神をはじめ神々を祀る神座におかれ、祭りを司る花太夫か花太夫を補佐する役の宮人（みょうど）でなければ叩くことができない。それは神座にあがることのできる者ということでもある。それが御幸神社では気がねなく叩けるし、自分の太鼓でまう人がいるのだから、少しくらいの文句で桴を手放すことはできなかったのだろう。

現在の東栄町でただ一つなくなっている旧園村大字大入は、七戸が昭和二十六年（一九五一）頃から離村してできなくなった。早川は期日不整にしているが、本田安次は昭和十四年（一九三九）一月二日に大入を訪れて記録している。

花祭の祭日は旧暦（太陰太陽暦）の頃はみな十一月、いわゆる霜月だった。天龍川中流域に多いこの時期の神楽を「霜月神楽」とも呼ぶのは、この旧暦十一月が祭日だったからである。旧暦が現行の新暦（太陽暦）になる明治五年（一八七二）以降、花祭の祭日を集落ごとに新暦にするが、どこもおおよそ霜月、元の旧暦十一月に近かった。

つぶしたくない

早川が奥三河に足しげく通っていた大正時代から昭和初期にかけては、林業を中心に養蚕や椎茸の栽培などそれなりに山仕事があって人口も多く、子供もかなり大勢だった。花祭で少年が最初にまうのは「花の舞」だが、子供が大勢のころには、まいたいと思っても長男でなければまえなかった。それは戦後もしばらく続いたが、昭和四十年代から変わり始める。山仕事が減って若者は町に出て働くようになり、町で結婚して戻らないので山里での出産がまれになって山の集落には子供がいなくなる。

東栄町大字月は昭和四十二年（一九六七）に祭日を十二月七・八日から十一月二十二・二十三日に変更した。須藤はたまたま近くの集落にいて土地の人の話からそれを知り、あわてて月へまわった。そしてどうして変更したのか花太夫に聞いた。

「十一月は霜月だろう。今は勤労感謝の日というだが、明日二十三日は昔なら新嘗祭、花祭は豊作を神さまに感謝する祭りだから、新嘗祭と合ってるだに」

でもこれは都合のよい説明、本当の理由は月でも勤め人が多くなって、十二月七・八日の平日だと出られる人が限られて、「祭りができなくなる心配が出てきたんだヨ」と、小声で付け加えた。月の変更が賢明だったのは翌日が勤労感謝の日で、年による日の変更のないことである。

昭和六十四年（一九八九）一月七日に昭和天皇が崩御された後、花祭の多くが土・日曜日に祭日を変更した。御園では昭和天皇の病状に配慮して正月二日の花祭を中止し、大喪の礼を終えた一カ月後の平成元年三月二十五日に行った。そして同年十一月の第二土・日曜日に再度やった。それは祭日をこの十一月に変更することにしたからである。

早川の日時に十二月より一月が多いのは、正月には帰省者が多いので舞も頼めるし、舞戸も大勢の

「せいとの衆」で賑わうからだった。ところが高度経済成長期以後、帰省する人が次第に少なくなって、それはあまりあてにできなくなった。出産がなくなった御園でも子供が少なくなり、花祭の後継者の心配もあった。そこで最初の花祭にしてテレビの取材を受け、御園を広く知ってもらおうという心積もりもあった。

どこの山里でも今は若い人がいなくなり、また家を継いだ長男へきてくれる嫁さんもまれになって、山里の祭りや民俗芸能は後世へ伝えるのが難しくなりつつある。それでもなお続いているのは、

〝オレたちの代ではつぶしたくない〟

という、山里に今いる人たちの強い意思と責任感である。祭日の土・日曜日への変更は祭りの日の若い人の帰省と、あちこちから大勢の人にきてもらい、花祭を見てもらいたいということでもあるのだが、御園では東京の人の希望に協力して舞の指導をしたことが、やがて御園を離れていた若い人たちの意識を新たにすることに繋がった。

東京の少年がまう

御園が指導したのは東京都東久留米《ひがしくるめ》市の「東京花祭り」である。それは同市の南の小金井市に住む少年の話で展開する。少年の父親は音楽家、母親は小学校の先生で、二人は各地の民俗芸能をよく訪ねている。御園の花祭を見たのは少年がまだ二歳になる直前だったが、家に帰ると譜面台の支柱を手に鬼さまの舞を真似てまっていた。

父親は二年後に御園の花役に、それとなく子鬼をまわせてもらえないかと頼んでみた。するといとも簡単に「あぁ、いいだに」と言った。そうして少年は四歳を迎える直前にお目見え（初舞台）を果

たした。子鬼は望めば誰でもまえるので、御園の人はお目見えとは思っていないが、それを見て目に留めていた御園の助太夫《すけだゆう》が、少年が小学一年生になるのを待って、昭和六十二年（一九八七）の暮れに少年を御園に招き「花の舞」の習いに参加させた。少年は翌年一月二日の本番でしっかりまった。

御園小学校は少子化で閉校となる話は前からあったが、正式に決まるのは昭和天皇の大喪の礼の後の三月に花祭を行った少し前で、翌平成二年（一九九〇）三月末日をもって一一四年の歴史を閉じることになった。そこで助太夫は両親に、しっかり預かるので閉校まで少年をこちらで学ばせないかと電話した。話を聞いた少年はすぐ明日にでも行きたいと言ったが、両親はまだ小学三年生の子を預ける不安があった。それでも少年の意思を尊重して行くことに同意した。ただ準備もあってすぐの転校は無理で、五月の連休中に御園に入り、連休明けから御園小学校へ行くことにした。そうして少年は御園の子となり、翌年の三月末まで楽しく学びながら山里の生活と御園の子として花祭を体験した。

東京に「花」咲く

少年が中学一年生の平成五年（一九九三）一月三十日に、御園の花祭は東京の大手町にあったＪＡホールで公演した。社団法人全国農協観光協会主催の「民俗芸能と農村生活を考える会」に出演したのだが、「せいとの衆」までは連れて行くことができなかった。それでは盛りあがりを欠くのでそれを少年の両親のグループにお願いした。

グループはその少し前から八月に御園で合宿して舞を教えてもらっていた。そのためあたかも御園から一緒に来た「せいとの衆」かのように溶け込んで、舞台を盛りあげた。ただグループの誰も残念に思ったのは、期待していた「花の舞」がなかったことである。学校の都合で子供が来られなかったこともあったが、打上げの交流会で、「御園にはこのあと子供がいないよ」という話と共に、少年が「花の舞」をまったことから、花太夫は「舞はよその者でも伝承していけると思った。本格的に教わりたいというところには、喜んで協力したい」と言った。

商店街が祭場となる東京花祭り　撮影・平成20年12月

それを受けてグループは自分の子供やまわりの子を誘って教えてもらうことにした。八月には御園に行って合宿、九月から小金井市で練習を始めて、都合のよい日に御園からきてらって指導を受けた。そして平成五年十二月二十五日の土曜日に、第一回〝仮称〟「東京花祭り」を東久留米市の滝山小学校の図書室で行った。

第三回から〝仮称〟を取って「東京花祭り」とし、平成二十四年（二〇一二）に第二〇回を開催した。この間に教えてもらった舞は御園の舞のすべてと言ってもよく、東京でまうだけではなく、御園の十一月第二土・日曜日の花祭でも、次第の中で東京の少年たちも女の人も御園の人と一緒にしっかりまった。そのため御園の「花の舞」は子供がいなくてやれなくなる不安が消えた。そればかりでなく、他の舞もまう人の心配がなくなった。

そうした動きを聞き、また目にした御園から町に出ていた若者たちは、よその人たちが真剣にやってくれているのに、自分たちは何もしていない。これは恥ずかしいことだと反省し、若者たち次第に祭りに帰って来てまうようになった。そのため「東京花祭り」の出番は少なくなったが、東京の人たちが御園の花祭の継続に貢献したのは確かだった。

第二章　繋がる祭りと神楽

1　古戸の祭りと神事

東栄町の北部にある古戸《ふっと》には花祭の他に、白山《はくさん》祭り、御神楽《みかぐら》、鹿打ち、種取りなどの祭事がある。白山祭りは花祭の伝承と関わりがあるのではとする説もあるが、確かにはなっていない。

山の上の白山祭り

古戸には田楽もあったが、明治六年（一八七三）を最後に途絶えた。早川は残されていたその田楽の次第書と面、祭具を記録するとともに、往事を知っている人に話を聞いて『花祭』後編に古戸田楽について記載している。米作りの過程を模擬的に演じて豊作を願う田楽は、東栄町では足込《あしごめ》・河内《かわち》・中設楽《なかしたら》・三ツ瀬・御園・東園目にあった。一カ所、西園目だけは今も続いている。田楽と同じような田遊は奥三河を含む東三河にまだいくつか見られる。果たして昔から田があったかどうかと思うような山里に、こうした民俗芸能が伝わっているのである。

白山祭りは古戸集落の西北にある、古戸の人がいう権現山に鎮座する白山神社の祭りである。早川は「海抜一〇〇〇米近い峻嶮な山で、頂上に近く懸崖を擁し社殿がある」と書いている。菊理媛命《きくりひめのみこと》・伊邪那岐命《いざなぎのみこと》・伊邪那美命《いざなみのみこと》を祀り、麓の登り口から神社まで一時間ほどかかる。祭りは山の神、みさき様、高嶺《たかね》祭り、聖《ひじり》様、住吉様、がらん様とつづき、社殿下の広場で「神寄せ」のあと舞を六番まう。

その中で榊葉を口にくわえた宮人と、三宝においた「お玉」を捧げ持った二人でまう「お玉の舞」は、ことに大事な舞とされる。袱紗《ふくさ》で包んである直径六センチほどの「お玉」はかなりの重さで、石のようである。聖様の御本体で、同じような玉が厨子《ずし》内に四、五十個納められている。年によってどれが御本体だか定め難いが、花太夫には分かるのだという。早川はその玉を見せてもらおうと訪れたが、祭りの日でなかったので果せなかった。

東栄町大字古戸の白山祭りの「玉の舞」
撮影・昭和42年12月

古戸の花祭は旧暦では十一月十五日、白山祭りは同月の七日から十三日までだった。と言って祭りが毎日あったわけではない。七日から参籠堂《さんこうどう》に入り、十三日を満願の日として祭りが行われた。参籠堂には三河の信者だけではなく、信濃、遠江からも来て一週間籠った。信者は牛馬を飼っている人が多かった。白山権現は牛馬の守り神とされていたからで、七日になると権現山の登り口あたりは馬でびっしり埋まったものだという。

信者の食事や沐浴などは古戸の青年たちが世話をした。早川はその世話の大変だったことを、体験者に聞いて書き留めている。神社の周りには水場がないため、山の下まで幾度も水を汲みに行かなければならなかったからである。また参籠堂の中央にある爐の周りを夜になると信者が囲み、互いにあらん限りの悪態を吐きあった。「悪態祭」の別名のある花祭と同じことが、参籠堂でも行われていたようである。

十三日の「お玉の舞」などを終えると、御輿を奉じて山を下り、花宿に落ちついた。するとそこで花祭に入る時の「かたなだて」が行われた。それが、

「花」に続いた祭り

白山の参籠から、「玉の舞」「かたなだて」と、それぞれ関連があったが、現在では花祭と白山の祭りは、日時の関係等から二者別になってしまった。しいて関連をもとめれば、花祭の行事間に一部の者が参加するくらいのものである。

と早川は書いている。古戸は旧暦十一月十五日の祭日を明治四十二年（一九〇九）に新暦十二月十日

にして、白山祭りを十二月七日から十三日とした。どうしてそうしたのかは分からないが、花祭が白山祭りの途中になった。そのため旧暦の時には白山祭りから花祭へと続いていたのが二者別になってしまった。早川が訪れた時にはすでにそうなっていた。

白山祭りでは少年たちも手伝いをした。「飯盛り」と呼ばれた。昭和六年（一九三一）生まれの人が小学校六年生の時と言うから、昭和十七年（一九四二）だろうか、飯盛りを七日間つとめた。十日の晩は花祭を見るため山を下りたが、翌日は朝飯に間に合うように山に帰った。花祭が白山祭りの間にあるため、手伝いの少年は花祭で終日を過ごすことはできなかった。『東栄町誌　伝統芸能編』に書かれていて、結びに次のようにある。

　機械化が進み、一般農家の牛馬の飼養がなくなり、養蚕も振るわなくなるとともに参籠者も激減した。祭典も十二月七日から十三日までの七日間あったものを、九日から十一日までの三日間に縮小され、さらに十日の一日のみとなり、現在は十二月第二土曜日に行われている。

白山祭りが十二月十日の一日だけになるのは、昭和三十六年（一九六一）に古戸の花祭が一月二・三日になった時だろう。早川はその五年前に亡くなっているが、もし健在だったらおそらく「完全に別々の祭りになってしまった」と語ったことだろう。

東栄町大字古戸の「鹿打ち」　左の的を生まれ児の親が作る。撮影・昭和44年３月

現在、白山祭りの翌日に「御神楽」がある。御神楽は花祭の舞の一番になっているところもあるし、一夜の祭りになっているものもある。古戸の御神楽は、無事に成長して十五歳を迎えた少年少女の願果しの舞が大事な一番になっている。

御神楽と鹿打ち

願果しは願懸けがあってのことで、古戸では旧暦二月の初午（現在は近い日曜日）に、氏神の八幡神社境内にある諏訪社前で行われる「鹿打ち」でなされる。

鹿打ちは杉の葉で作った雄雌の鹿と、円形と角型の的を宮人が弓矢で射る神事である。「大的」と呼ぶ円形の的と角型の「マミ的」は、前年の鹿打ち以降に生まれた子供の親が無事に育つことを願い、すなわち願懸けをして的張りをするのである。

的は鹿打ちに使うものだが、〝生まれ子があり

願果し，東栄町大字古戸の「十五童の舞」
撮影・昭和42年12月

ましたよ〃と氏神へ的で示して奉告するものでもある。的と一緒に男児ならば酒一升（一・八リットル）、女児なら手料理を重箱に詰めて添える。生まれる子が多かったころは酒も手料理もたくさんあった。それは豊猟への思いに繋がった。また的張りには初めて狩りに出て猪や鹿を射止めた若者の、初矢の祝いの意味もあるとされる。

鹿打ちに続いて種取りがある。諏訪社の前の土を、木枝で作った長さ十センチほどの小さな鍬《くわ》で掘り、白米と混ぜてこれを五つの包みにわけて五穀《ごこく》の種とする。五穀は一般には米、麦、稗《ひえ》、粟《あわ》、黍《きび》をいうが、古戸では昔から大事な作物だった大豆と小豆を入れて、粟と黍をはずしている。

小さな鍬は花の木（樒《しきみ》）で家の男の人数だけ作り、それに五穀の種と、鹿打ちの鹿を作った杉の葉を添えて恵比寿さまに供える。鹿打ちも願懸けも、種取りも豊かな暮らしへの願いである。

初午の日の鹿打ちに、元気に育つことを願って親が的張りをしてから十五年、願果しの御神楽は冬の日に八幡神社の拝殿で行われる。五番ある舞のうちの「十五童の舞」をまうことで願いは成就する。

これは元服式であると共に、また〝生まれ清まり〟を意味するという。

昔は「七歳までは神の手の内」として、七歳までに亡くなると「神さまが手元に戻された」とか「神さまの元にもどった」とかいって葬式をしないのが普通だった。これには昔は早死にする子が多かったこともある。

花祭で七歳の頃に最初の「花の舞」をまうのは、無事に大きくなっていることを神さまに伝え、手の内から解きほぐして欲しいと願うもの、「十五童の舞」は、もう大丈夫と神さまが生命を保証したもので、古戸の先々代の花太夫はそれが〝生まれ清まり〟なのだと言う。そしてそれは大神楽の浄土入りに通ずるともいった。

2 蘇った大神楽

人生最後の大願

早川は奥三河に三種類の神楽があるとする。御神楽、花神楽（花祭）、大神楽（神楽）である。大神楽はほぼ七年ごとに五、六カ村が一つになって祭場を設け、三日三夜、年によって七日七夜にわたって神事と舞の続いた神楽である。次第もたとえば下津具（現・設楽町）は九七番、古真立（旧・豊根村）の大神楽は花祭の四倍ほどの一四二番あった。費用もかなりのもので、「昔から米百俵金百両薪百間」と称したといい、早川は「土地は山深く、人は少なく、経済状態も極度に貧弱であった地に、このような行事が繰り返されていたことは、むしろ不思議とするほかない」と書いている。

残された記録から行われた年代の分かる大神楽は下津具（現・設楽町）、坂宇場《さかうば》・上黒川・下黒川（以上、現・豊根村）、古戸（現・東栄町）で、古真立（旧・豊根村）と中設楽（現・東栄町）には口伝書が数通あるが、大神楽があった年代は分からない。最後の大神楽は安政三年（一八五六）十一月に豊根村下黒川で行われた。早川が聞き取りを始めたとき、この最後の大神楽を実際に見た人が五人いた。いずれも八十歳半ばで、見たのは十三歳から十五歳の時である。見ていないが、しっかり話を聞いている人が四人いて、早川はその人たちの話から、細部まではともかく大神楽のおおよその形は描いている。

早川が描いた白山の想定図（『早川孝太郎全集』第１巻）

その大筋は人生の四度の大願で、まず数え年二歳の誕生式の「生まれ子」、元服の古い形とも考えられる十三歳の「生まれ清まり」、「扇笠」は分からないが、最後は六十一歳の「浄土入り」の式で、この四度の大願をきちっと果たすと「神子《かみこ》」あるいは「神楽子」と言われ、死後に浄土に入ることができると言うのである。

「浄土入り」については見た人の印象が強く、記憶の確かだったこともあるが、早川は大神楽の中で最も大事な式であることに気づき、丹念に話を聞いて浄土を現す白山の想定図を描いている。この「浄土入り」は死んで浄土へ行くのではなく、浄土から再びこの世に戻る式、すなわち生まれ変わって新たな人生の出発点に立つこと、長生きの約束でもあった。

宗教民俗学研究者の五來重《ごらいしげる》は、早川のこの大神楽の調査を高く評価している（月報2）。

早川さんの『花祭』は、その原型を示す七年目ごとの大神楽を実見した人々の証言をあつめえた点で、もっとも大きい価値がある。これがなかったら花祭の芸能史的・宗教史的本質は、永遠に忘却の彼方に埋没したであろう。（中略）民俗資料というものは、庶民の生命を媒介として伝承されるものだけに貴重であるが、これを危機一発でうけとめるは早川さんのような研究者がおらなかったら、永遠に失われてしまったであろう。

三途の川を渡る

この「浄土入り」が、最後の大神楽から一三四年経った平成二年（一九九〇）十一月二十三日に、同じ下黒川で「三河大神楽」として再現された。役場前の広場に役場の建物を利用して舞戸を設け、少し離れて青柴をめぐらした四方十五メートルほどの白山を造った。四隅の柱に龍頭をつけ、中央に吊るした白紙のくも（湯蓋状）から伸びる百綱には、大勢の人から寄せられた祝儀袋がびっしり結ばれた。この白山に入るには三途の川に架けられた無明の橋（経文の橋）を渡るが、罪深い者は途中で落ちるとされる。

白山内の浄土での僧侶による儀式　撮影・平成２年11月

白山での次第は「山立」から「舞下し」まで十八番。七番は白山祭りの御神楽にもあった「聖の舞（玉の舞）」、八番は「舞上（花の舞）」、九番の「四ッ舞」に続いて「浄土入り」となる。

白装束に身を包み、緊張している様子の老若男女の神子は二十人ほど、六十歳以上の人は竹皮の笠をかぶる。それより若い厄年の人は、開き扇を三つ合わせて円形にした、早川が分からないと書いている「扇笠」を頭につけている。それぞれ先端に五色の花飾りをさした竹竿を手にする。

女の人もいるがこれは平成だからではなく、「三界に家なし」といって女に成仏の道はない、浄土（極楽）には行けないと言われた江戸時代にも、大神楽では男女の別なく浄土への道が開かれていた。

神子たちは「花育て」の歌ぐらを唱えながら舞戸を幾度かまわってから白山に向かった。無明の橋の手前で足を止めると、そこに用意されていた一本箸の飯を食べた。一本箸の飯は人が息を引き取った時に、逆さ屏風を立てて頭のところに供える「枕飯」と言われるもので、それを食べることは死者になることを意味する。浄土は極楽といってもあの世だから、ひとまずこの世を去ることを悟らせるのである。

死者は無明の橋を渡り始める。さして長い橋ではないのに足運びは慎重、ためらっているようにさえ感じられる。未知の世界、それも死者の国に渡るという不安だろうか、松明に照らされたどの顔もこわばって見える。

この世への道を開く山見鬼　撮影・平成2年11月

道を開く山見鬼

白山に入った神子たちはくもを吊るした祭壇の前に正座、そこに僧侶がやってきて鉦を叩きながら読経を始めた。読経がすむと僧侶は右手に持った手桶に笹の葉を浸し、一人ずつ頭上で笹の葉を振って水向けをした。引導を渡したのである。

僧侶の水向けが終わると、一行は祭壇を背に座り直した。ほぼ同時に大きな鉞を手にした山見鬼が松明に導かれて入ってきた。伴鬼も一緒である。

〝テーホヘテホヘ　テホトヘテホヘ〟

花祭で聞き慣れた、でもいつもとは違うような響きの笛・太鼓の囃子で山見鬼がまい始める。

無明の橋を渡ってこの世に戻る　撮影・平成2年11月

鉞を左右に振ってへんべえを踏み、手を腰において胸を張ったりするのは花祭と変わりないが、ここでの山見鬼はへんべえを踏んで、神子たちが〝この世〟へ戻る道を開くのである。

開かれたこの世への道を辿り、神子たちは無明の橋を戻り始めた。白山に入るときには見られなかった、どの顔もみんな晴れやかで足取りも軽やかである。

「おっ、ご苦労さん」

声をかけられた神子の口元がほころんだ。

「赤ちゃんが出てきた」

「えっ、どこ、どこ」

赤ちゃんといった人は「浄土入り」のことをよく知っている人である。数え年六十一歳の還暦の神子は、赤ちゃんになって白山から帰ると言われているからである。

一行は無明の橋から舞戸に入り、竈祓いの湯を「産湯」としてて笹竹で振りかけてもらった。それでまぎれもなく生まれ変わったことになる。

全員が産湯を浴びると、歌ぐらを唱えつつ竈のまわりをまわり始めた。一回、二回、三回、四回、五回となるにつれて歌声しだいに大きくなって、やがて竹竿で打合いを始めた。バシッ、バシッとすさまじい響き、それは騒然とする鬼の舞の時の舞戸のようでもあるが、無事に浄土入りを済ませた歓喜のようでもあった。

第三章　故郷と絵筆に込めた思い

1　小学生の頃まで

練磨された基盤

『花祭』の前編は花祭で、後編は神楽、御神楽、田楽、地狂言雑記、山村手記、各地の記録などでまとめてある。早川孝太郎が柳田國男に言われたのは、地狂言を主に調査をしてまとめ、花祭はその付録の形で次第だけでも書き添えるということだった。それが逆になって「地狂言雑記」は『花祭』の付録のようになっている。

早川は『花祭』後編の「後記」に、「天龍川奥地に残存した各種の祭りの採訪を始めてから、うかうかとするうち、もう七年経ってしまった」と書いている。柳田の紹介で澁澤敬三に会って、花祭を主体に各種の祭りや民俗芸能の調査に取り組むのは大正十五年（一九二六）からで、『花祭』の刊行はその五年後（昭和元年は六日しかないので）、単純な計算ながら原稿執筆の時間を除くと、調査にかけた年数は最初の山内（豊根村）の花祭から四年である。見た花祭は十六カ所、同一の場所もあるので集落では十三カ所、それは二十三カ所のざっと半分と早川は書いている。

一夜二日にわたり舞と神事が続く花祭を見るには、「眠い寒い煙い」を覚悟しなければならない。早川は「二十四時間も三十時間もぶっとうしの行事」の花祭をしっかり見るのは容易でないと言い、さらに「一通りの次第を克明にみればへとへとになる。頭の中も茫乎《ぼうこ》して、もう何を考えるのも厭になってしまう」と述べている。早川はただ見てメモを取るだけではなく、舞をコマ撮りのように連続して素描している。これなど手足と体の動きがよく分かるが、見ながら描くのは簡単ではない。澁澤の言う「観察力・直視力・洞察力、綜合力を画家として練磨された基盤の上に駆使」のできた早川でなければできないことで、澁澤は「アチックの成長」にも書いている。

舞の順序を色分けした線で表した図があるが、あれなんか、見ていただけで気が遠くなりそうだ。恐らくあの図は、早川君だけに解って他の人にはボーとしか見えないものだという気がするが、しかし一面あんな図が書けたからこそあんな本も出来上ったのだとしみじみ思う。

「線で表した図」とは「三ツ舞」「四ツ舞」などの竈の前の動きを線で表した図だが、足許をひたすら見詰めていないと描けない図である。これも「画家として練磨された基盤の上」となるが、早川がいつどこで、どのようにしてこうした技を練磨したのだろうか。

新城市上空より奥三河の山波　撮影・昭和38年2月
○印：早川の生地の横山。

早川が生まれ育った愛知県南設楽郡長篠村横川字横山（現・新城市）は、長篠城趾の北方およそ三キロのところにある。長篠城は天正三年（一五七五）五月の長篠合戦で名を残す。この城を奪取しようとした甲斐（山梨県）の武田勝頼軍が、徳川家康と織田信長の連合軍と戦って敗れ、甲斐武田が滅亡する引き金となった戦である。

横山の山と川

早川は『三州横山話』に、「現今、南設楽郡長篠村大字横川字横山組と呼んでいる戸数三十戸ほど」と記し、前は独立した横山村で村境の寒狭川（現・豊川）対岸の滝川村と共に徳川氏直接管領だった。村の者は「天領」といった。山すそに家が点在する集落で、村の全面積の七分にあたる北方の山は御料林になっていた。猪、鹿、狸、蛇、それにさまざまな鳥などいずれも身近だった。

早川の家は眺めの良い高台にあった。いつも見ていた南の舟着山《ふなつきやま》（四二七メートル）は、太古にこの付近一帯が海だったことを物語るという。舟着山の頂上の岩に船を繋いだなどといい、麓の大海、有海岩出、乗本などの地名もその名残りだという。現在、横山は新城市である。江戸時代の新城は川舟と馬で賑わい、「山湊馬浪《さんそうばろう》」と言われた。吉田城下（豊橋）から豊川を遡ってきた荷は新城の川湊で降ろされ、馬の背につけ替えられた。馬は信濃へ向かう駄賃付、中馬（三河馬）である。早川は「長篠の船——郷土随筆」に書いている。

あの古戦場すなわち古城址近くの今飯田線の鉄橋下のところを渡合といって、そこに豊橋通いの船が着いた。もちろん旅客輸送が目的ではなく、専ら貨物の木材や薪炭を積出し、一方輸入品として極めて少量だが塩はじめ信州地方にはいる綿、砂糖、畳表といったものがあった。

船はさらに寒狭川を遡って古いことではないが私の生まれた横山まではいった。私の家がその問屋のようなことをしていて、今発電所のある下の処が船着きで河岸ともっぱらいった。私が物心覚えた頃は大分衰徴していたが、少し前までは信州方面から米や榑を馬で運んできて、ここから船に積んだ。もちろんわずかなものであったがともかく船が上ったのだ。

船にはミヨホリ（水路掘り）という二本爪の雁爪に似て非常に柄の長い道具を積んでいて、ところどころ船頭さんが船を止めて水路を掘ったものであった。だから私など豊橋へ往くには徒歩でなくばこの船で往った。朝早く出ると夏分なら午後の三時頃には豊橋の船町の河岸に着いた。ただし豊川の下流にかかって満潮に会うと船脚は一向に進まない。船から一時上陸して樹陰で午睡などしたことを覚えている。

山すそにある早川の生家　撮影・昭和38年4月

二男五女の長男

旧横山村字仲平に住みついた早川の祖先は、敗れた武田軍の残党で、一緒にいた兄弟三人は農業をするため山林と田畑と屋敷を分けてもらい、早川の祖先は「中」の家名を名乗ったという。その何代目になるのか、孝太郎の父要作《ようさく》は嘉永三年（一八五〇）の生まれ、母の志んは文久二年（一八六二）生まれで七人の子を産んだ。

長女　さと　　明治　十四年四月八日生
次女　まさ　　〃　十六年十一月十九日生
三女　なか　　〃　二十一年八月九日生　　夭折
長男　孝太郎　〃　二十二年十二月二十日生
次男　照治　　〃　二十五年三月二十九日生
四女　すへ　　〃　二十八年十月二十四日生　夭折
五女　多だ　　〃　三十年三月二十八日生
養子　芳次郎　〃　十二年四月二十日生

いきさつは分からないが芳次郎は幼い時から早川家で育てられ、明治三十年（一八九七）五月十日に正式に養子となる。六年後の明治三十六年（一九〇三）五月二十五日に長女と結婚、八日後に一枝が生まれるが同年八月三十日に死亡。さともその三カ月後の十一月六日に亡くなり、翌年四月二十七日付けで芳次郎は早川家を除籍となったが、豊橋に住んだ芳次郎と早川の付き合いは長く続いた。

早川の父の要作は村の地理整理図に加わる有識者、祖父の勇右衛門は幕末に寺子屋で教えていた。母志んは八名郡吉田村（現・新城市）から嫁いだしっかり者で、しつけは厳しかった。その両親にどのように育てられ、また少年時代をどのように過ごしたかについて早川はほとんど語っていない。長男であることから、周りの人たちから早川家の後継ぎと見られていたのは当然で、「山と蒼空」に書いている。

初節供の凧

高く揚がった無数の凧の中から、時々糸が切れて飛んでゆくのがある。糸の切れた凧のようなというが、それは見ていても、ほんに頼りない形をして、ふわりふわりと風の中を流れてゆく。見ていて淡い哀愁を感じたものである。その中で私も凧を揚げていた。父から糸枠をしっかりと摑まされて、一途に我が凧の上を見守っていたものである。その凧は母の物語で知ったのだが、私が誕生の時、後継ぎの初節供というわけで、親類や縁者からたくさんの凧が祝われた。村からは五〇〇枚張りの大凧を祝われてそれを青年衆に揚げてもらうのに、毎日おとり持ちに大骨を折ったものだという。その凧には誰が描いたか知らぬが黒一色で雲竜が描かれてあったそうな。そのおり祖母の里方からも一枚の凧を祝われた。一八枚張りで手頃であり、張り具合もよいというので、私が物心つくまでも保存されてあった。節供を境に翌日一日糸干しをして、土蔵に蔵っておく。私が揚げていたのはその凧なのだ。

贈主が絵心のある人なので、特に丹精して描いたものと言うが、どういう意図でか少し悲しい壇の浦の図であった。いずれは錦絵あたりを粉本にしたのだろうが、幼い天皇様を抱きまいらせた二位の局と、一方に巨碇を頭上に振り上げて、まさに海中の鬼になろうとする知盛の鎧姿である。その凧が風を一面に受けて、どんどん揚がって屋敷の裏の山の峯よりも高く上ると、この一八枚の凧は、マッチのペーパーくらいに小さくなる。それでも天皇様を中心にして二人の男女の白い顔が、はるかな空からはっきりと地上の私を見守っていた。今思い出してもそれはたんに凧に描かれた絵ではなかったのである。

『三州横山話』に「凧揚げ」の話がある。それを要約すると、初節供の家には、五月一日に村の者が集まって凧張りをやり、それを祝いに持って行った。晴れた日には村の各戸から男たちが出て、その凧を揚げた。祝いの凧を貰った家では、煮〆や酒などを用意して、凧揚げの男たちの後を追って歩いて振舞った。「毎日おとり持ち大骨」とはそのことである。凧揚げは五月五日が最後で、翌六日は糸干しと言う名目で揚げることができたらしいが、以後は慎んだ。ただ田植えを終えた村の農休みの日には、一日中揚げても差支えなかったという。

早川は明治二十九年（一八九六）四月、長篠尋常小学校に入学する。小学校が四年制の頃で、早川は卒業すると高等科に進んだ。得意だったのだろう図画と地理、歴史の成績が良かった。本を読むのも好きだった。昭和十七年（一九四二）五月から、早川と一緒に暮らす宮崎智恵は、早川が話してくれた小学校へ行く朝の様子を書いている（月報6）。

コウタロウサマ

私の息子たちに人気のあるのは、父親の小学生時分の話である。毎朝友だちがさそいに来て、家の下の道から大きな声で叫ぶ。

「ホオーイ、コウタロウサマ、ガッコウニオイデンカーン」

すると、家の中からこれまた声をはりあげ、

「ホオーイ、イマスグイクケンニー、マットッテオクレンカアーン」

この「ホオーイ」というところと、おしまいの「カアーン」のところは、独特の抑揚がついていて、なかなか難しいが、正調とは言えないまでも私から息子へと、大体の調子はうけつがれた、と思っている。

やがて学用品とお弁当を包んだ風呂敷包みを腰に結んだコウタロウサマが加わると、みんな一列になって、田圃の中の小道を学校へ向かうのだが、先頭としんがりを行くのは上級生と決まっていて、先に行くのが〝さきだち〟後から行くのが〝あとつき〟と言っていたそうである。『三州横山話』を書いた人の少年時代のことであるから、そこらにいたけものたちを警戒してのことであった

のだろう。

興味深いのは早川は「コウタロウサマ」と呼ばれていたことで、小学生なのに何か別格の人のように感じられる。

2　豊橋そして東京へ

郷里を出る動機

十三歳となった早川は明治三十五年（一九〇二）三月に二年制の高等科を卒業すると、家を継ぐために父の手伝いをする。稲作と製茶、それに養蚕もやっていたので、早川家はそれなりに忙しかった。父は手伝いをしてくれるのを待っていた。ところがその期待はほどなく削がれてしまう。さっぱり働かないばかりか、何かを見詰めてはそれを描いている。父は初めのうちは文句を言ったが、言っても絵筆を擱こうとしないのに呆れて、好きなようにしろということになった。

年月は分からないが、次姉まさの夫が、豊橋の大野銀行へ就職の話をもってきてくれた。あるいは長姉が亡くなったあと、早川がいたく落ちこんでいるの見てのことだったのかもしれない。まさの夫は、当時、三河大野（現・新城市）に本店をおいたその銀行とつながりがあった。早川はすぐ行くことにした。

早川は郷里を出る動機の一つを、亡くなったこの長姉に重ねて「おとら狐後日譚」に書いている。おとら狐は長篠合戦を見物していて流れ弾で左眼をやられ、それから片目になった。また別のところで狩人に撃たれ、左足を傷つけてびっこになったという。おとら狐は若い者にも憑くが、多く憑くのは病人とされる。

事を言うと私なども郷里を後にするに至った動機の一つは、おとら狐にあるように思う。ちょっと風邪を引いても直ぐおとらが憑いたと言って、余り交渉を持ちたくない祈禱師などを頼まねばならぬ。それがやりきれなかった。それには二十三歳で亡くなった長姉におとらが憑いているという噂も大きに関係している。ついに附近の人たちの勧めで、遠州の山住さんを迎えて座敷の床の間に祀った。その翌日姉は亡くなったが、もともと肺を患っていたのだから、当時としては助かる見込みはないのだが、それが時もあろうに山住さんを迎えた翌日であった。山住さんをお迎えすればおとら狐は離れるが命はないと言われていたから、言わば最後の手段でもあったのだ。

「郷里を後にする」は豊橋へ出る時で、後の上京は別に目的があった。
銀行での仕事は出納や帳簿つけなどの雑務だったのではないかとされる。早川は銀行に勤めながら豊橋素修《そしゅう》学校に通った。『長篠村誌』に明治三十九年（一九〇六）三月、豊橋素修学校修了とある。素修学校は明治三十四年（一九〇一）に豊橋の中八町に開校、実用の英語と英文の学習などに重きを置き、志願者は多かったが入学試験はなかった。向学心の強かった早川はこの学校を知るとすぐ決めたのだろう。この学校は明治四十年（一九〇七）に文部大臣の認可を受けて私立三河中学校となるが、内紛のために三年後に廃校となった。

弟を頼って上京

早川はこの素修学校修了後すぐに上京という話もある。弟照治によると十九歳の兄が、東京の雑貨屋で丁稚奉公《でっちほうこう》をしていた照治のもとに突然やってくるのは明治四十一年（一九〇八）だったという。照治は明治三十九年三月に上京してそこで働いていた。照治の話では、早川は支店長の娘と親しくなったが、うまく進展しないうちに噂だけが町に広がって、それに嫌気が差して上京したのだという。でも目的がなかったわけではなく、というよりはっきり絵画を本格的に学ぶ決意をしてのことだった。

住まいは照治と一緒で良いといったが、それは奉公先の二階に同居ということになる。丁稚の照治の寝るのは一人部屋ではなく、十数人の同僚が起居する大部屋である。そこに無関係の者が入るのだから、白い目で見られかねない。照治は雇ってくれている雑貨屋の主人と同僚によく話しをして、費用は照治自身が働いてきちんとするからということで了承してもらった。

早川が最初に入門したのは、洋画家の黒田清輝《くろだきよてる》が明治二十九年（一八九六）に設立した白馬会《はくばかい》洋画研究所（のちの葵橋《あおいはし》洋画研究所）である。黒田は日本の近代洋画を確立した画家である。絵画を学ぶには当然ながら絵具も画用紙もキャンバスもいる。スケッチに行くにもそれなりの金が必要だから、総額はかなりになる。くわえて衣食費もかかる。両親は突然の上京に驚いたことだろうが、後継ぎとしてやがて帰ってくるのだからとして、その間だけでも望みをかなえてやろうと学費を送ることにした。でもその仕送りだけでは間に合わなかった。

丁稚奉公の照治が手にする給与は年に三回、正月と花見に一円ずつ、盆に一円五十銭だけだった。ちなみに明治四十年（一九〇七）の東京での白米は十キロで一円五十六銭である。

それだけの給与では兄の食費代も出せない。照治は店が閉まった夜、化粧品のポスター張りをして、百枚で三銭の口銭をもらった。時間がある時は一基五銭の煙突掃除にも行った。

照治はこうしてせっせと働いて兄を助けたが、芸術家気質というか、早川はあればよし、なければまたよしとして、悠然と絵を描いていた。そして白馬会の展覧会にも出品するようになったとも言われるが、詳細は分からない。

てると結婚

『長篠村誌』には、早川は明治四十三年（一九一〇）まで黒田清輝の研究所で学んだとある。照治の話では早川は二十歳で徴兵検査を受けて二年間の兵役についたという。

当時の徴兵制度では、早川の兵役は明治四十四年（一九一一）から翌四十五年までとなるのが、その年月の早川の動向からすると、さて、と思われる。明治四十四年四月十六日に父の要作が六十一歳で亡くなり、早川はすぐ家督を継ぐが、家業は母にまかせて絵筆を握り続けた。

早川は兵役を終えると上野の美術学校近くの家に書生として入り、絵画の勉強を続けた。洋画から日本画に転じ、大正二年（一九一三）に川端玉章が主宰する川端画学校に入学したようである。川端龍子の門下になったという説もあるが、龍子は昭和二年（一九二七）に青龍社を結成するまで弟子を取っていないとされる。

この大正初期に早川にはいろいろなことがあった。大正三年（一九二八）に東京の亀戸で薬種問屋を営む長井幸三郎の娘てると結婚した。早川二十五歳、てるは二つ年上で再婚だった。問屋の経営が思わしくなくなった明治時代末に、てるは群馬県高崎市の鉄砲鍛冶の家に嫁がされる。経営を立て直すための政略結婚だったが、てるはそれに応えた。ところが鉄砲鍛冶の夫との子供が三歳のとき、暴発事故で夫が亡くなる。てるは婚家を出て上野で屋敷奉公をしていた。同じ上野にいた早川がどのようにして知り合ったのか、ともかくてると結婚し、翌大正四年三月に長男の登《のぼる》が生まれた。その四年後に長女の朝子《きよこ》が生まれる。

ところでてるの実家は、てるの最初の結婚で立ち直った。それに応えて、後年、長男登の大学進学を支援し、また生活費の面でも助けてくれた。早川は昭和十七年（一九四二）五月から二つの家庭を持つので、てるの家庭は実家の助けで生活できたようである。もっとも生活費の不足はこの年代からとは限らず前からあった。ただその時の不足は早川が工面した。

照治は早川が結婚した同じ大正三年に帰郷した。帰りそうもない兄に代わって家業と母をみるためである。父が亡くなって送金が終わり、照治の支援もなくなった早川は自身で家庭を支えなければならないが、まだ絵だけで生活することはできなかった。さらに柳田國男のもとで絵筆ではなくペンを持つようになって、家計が底を尽くことが多かった。金が無くなると郷里の母や弟に送金を頼むしかない。弟は田畑や山林を売って金を作り送った。

照治は大正八年（一九一九）に近くの集落のセツと結婚した。セツは少しはあると聞いていた早川家の財産のほとんどが売りに出されているのを知って驚き、しっかり働かなければと悲愴な気持ちになったと言う。

3　活躍した絵筆

紹介は映丘

早川は封書に住所を書かないで『郷土研究』に投稿したことは先に記した。これが柳田國男と早川の繋がりの自然な流れだが、現在、この流れが語られることはことはなく、ほとんどが柳田に早川を紹介したのは柳田の弟で画家の松岡映丘《まつおかえいきゅう》、早川はその門下だったとする説である。『花祭』を出版した岡書院の岡茂雄は「月報6」に書いている。

早川さんは明治の末ころ、画業を志して出京されたのであろうが、大正二年から郷土研究社で発行された柳田先生主宰の『郷土研究』を見て刺激され、郷里横山に伝承されたいろいろの話を書き綴って、博文館に、『女学世界』編集長だった郷土研究社の岡村さんを訪ねられた。岡村さんは早川さんの話を聞き、その原稿と人柄を見て、義理の叔父に当る柳田先生に引き合わされた。それが柳田先生との結びつきになり、柳田学に魅了された早川さんは、遂にその道にひたすら勤しむこととなった。ということになるのではないだろうか。松岡映丘画伯を通じて柳田先生に師事したという話を耳にしたが、どうもそうではないのではないかと思うのである。

岡村千秋が引き合わせたとなると、柳田は早川を探す必要がなかったことになる。これは松岡映丘画伯を通じてというのを否定するための説明である。ところが今は否定どころか、早川を語る多くが映丘が早川を柳田に紹介したという。二人の人生の経緯から、明治、大正時代に早川が映丘の門下にはなりえない。須藤もこの間違ったことを二度ほど書いているが……。

映丘は柳田國男の二つ下の弟輝夫である。明治三十二年(一八九九)に東京美術学校日本画科に入学、映丘の雅号は国文学者の兄通泰がつけてくれた。明治四十年(一九〇七)から川合玉堂に学び、明治四十一年に東京美術学校の助教授、大正七年(一九一八)に教授になった。文展でしばしば入選し、大和絵の伝統を近代に蘇らせた、という評価を受けている。大正十年(一九二一)に門下の四人が「新興大和絵会」を結成、映丘は顧問となり、この年から新興大和絵会展を開催する。これには大正十五年(一九二六)の第六回から会員以外でも出展できるようにした。

映丘と國男の姓が違うのは、二十七歳のとき國男は柳田家の養嗣子になったからである。柳田家は飯田藩(長野県)の出身で家は東京の牛込区市ヶ谷加賀町(現・新宿区)にあった。柳田が北多摩郡砧村(現・世田谷区成城町)の新居に移るのは昭和二年(一九二七)九月十日である。それまで柳田は牛込から、池袋町九六六番地(現・豊島区)にあった、三〇〇坪の屋敷に総檜造りの早川の家を幾度か訪れているようである。大正十四年(一九二五)十二月に早川の次男が生まれた時、柳田はやって来て「啓《ひらく》」と名前をつけてくれた。
不思議に思うのは、金のない早川がどうして総檜造りの家を建てられたかということだろう。檜材は郷里の山から伐り出したと言われるが、その輸送代もわずかではなかったはずである。考えられる一つは著書の印税である。しかし当時はたして家を建てられるだけの印税があったのだろうか。

新日本画頒布會

早川が総檜造りの家を建て始めるは大正十三年（一九二四）あたりからと推測される。それは十一月に、友人たちが早川の「新日本画頒布會」を開催してくれているからである。

新日本画頒布會
早川孝太郎氏
揮　　毫

粛啓
貴下益々御多祥之段賀奉ります。扨て小生共今回発起の下に友人早川孝太郎氏の揮毫になる新日本画頒布會を起し、御同情ある各位に同氏の藝術をお頒ちしたいと思ひます。「おとら狐の話」「三州横山話」「能美郡民謡集」等の著者としての同氏は皆様既に御存じの事と思ひます。がこれは同氏の餘技でありまして実は同氏の生命を捧げてゐるのは新日本画の建設といふ方面であります。明治四十二年の春上京、故黒田清輝氏を盟主と仰いだ白馬會研究所に於て洋画を學び、更に大正九年頃その学び得た洋画の手法を巧みにとり入れて新日本画の建設に向はれたのでありますが、その前途には幾多の恰難が横たはってゐます。けれど私共は同氏が萬難を排して此研究に精進するの意気を壮として聊かにても同氏をして研究の自由を得しむることの友人の義務と信じまして、茲に同氏作画の頒布會を催すことになりました。何卒藝術に對して深き御理解ある諸賢の御力添を切望してやまない次第であります

敬具

大正十三年十一月八日

発起人　金田一京助
中山太郎
折口信夫
宮本勢助
岡村千秋

事務所　東京小石川区茗荷谷町五十二
郷土研究社内
早川氏新日本画頒布會

規　定

一、作品　縦一尺五寸　左右二尺四寸　絹地額仕立附
一、畫題　風景　花等の類（以上の中御希望のものは申越されたし）
一、會費　一口金参拾圓
一、拂込方法　甲　一時拂（金参拾圓）
　　　　　　　乙　十回拂（毎月金参圓づ丶十ヶ月に拂込の事）
一、作品御渡の時期　會費御拂込より二ヶ月乃至六ヶ月以内
一、會費御拂込所　東京市小石川区茗荷谷町五十二
　　　　　　　　　郷土研究社（振替二三九一七番）
一、責任　會費の領収其他に就いては岡村千秋一切の責任を負ふ
一、作品全部完了後は一度小展覧會を催したしとの早川氏の希望につき其節は御貸しを願ひます。
　豫め御含み置き下さい

早川はこの案内書を送った松本市（長野県）の胡桃澤勘内《くるみざわかんない》への手紙に書いている。

　規定書にハ柳田先生の御名前ハありませぬ　いろいろ相談致しました結果　先生ハ別ものに致しまして　世間の所謂畫會とハ別に極く内輪に地味にほんとの心持から発起人になって下さった意味でと先生も御仰いまして　友人と申しても私の方ハ恐縮な方ばかりです

頒布會は柳田と相談して決めている。案内書にある「幾多の恰難」は家族と生活のための収入のことだろうか。時期からすると家を建てるため、あるいはすでに建設が始まっていた家の建設費にあてるためだったと思われる。

このころは五〇〇円もあればかなりの家が建ったから、一口参拾圓の絵なら十六、七点の注文があればよかった。確かに総檜造りの家が建ったのだから、あるいはそれだけの注文があったのだろう。だがそれだけの絵を描く時間と気力のことを思うと、はたしてよい絵が描けたのだろうか、と思わないでもない。

胡桃澤は銀行に勤めながら信濃の民俗を探求し、昭和四年（一九二九）あたりから、松本にやって来た民俗関係の人の「話をきく會」を開いている。早川の頒布會のことを誰かに聞いた胡桃澤は、案内書を送ってほしいと手紙を出した。早川は家計の助けにもなるので、喜んですぐ胡桃澤に案内書を送った。日付は大正十五年（一九二六）七月で、早川の住所はむろん池袋の新居になっている。

胡桃澤は届いた案内書で早速、友人、知人に呼びかけてくれたので、早川の許には信濃からも注文が届き、注文を通じて信濃の友人が広がった。昭和三年あたりまでの早川から胡桃澤への手紙は、ほとんどが注文を受けた絵のことである。この頃、早川は花祭の調査と原稿の執筆に心身を注いでいたから、重ねて絵を描くのは大変だったはずである。

柳田が映丘を紹介

絵に対するは早川のこうした動きを見ていた柳田は、弟映丘の新興大和絵会が大正十五年から会員以外でも出展できるようにしたことを、早川に教えたかもしれない。これは映丘を通じて早川が柳田を知ったのではなく、その逆で、柳田が映丘を教えたということになる。

映丘の一員になる

この年、大正十五年の新興大和絵会への出展は間に合わなかった。昭和二年（一九二七）には「山里」を出展した。翌三年四月の絵会に二点を出展し、「稚児の舞」は売約となったが、もう一点の「室鎮め」は買い手がなく、奥三河・三ツ瀬の原田清に「いろいろ御厄介になっている上に申しわけないが」と書き添えて、買って欲しいと頼んでいる。代金は一五〇円だが、会場で手数料二割五分引かれて一一二円五〇銭、変な勘定なので二円五〇銭は別の折にして、いただくのは一一〇円にしたいと、半ば押しつけている感じがする。ちなみにこの頃の大学出の銀行員の初任給は七〇円だった。

昭和四年（一九二九）に出展の「雪の家」はH賞を受賞し、早川は他の五人と共に新興大和絵会の会友に推薦された。早川はこの年にようやく映丘の一員になったのである。会友に推薦のことは昭和五年版の『日本美術年鑑』に記載されている。

昭和六年版の『日本美術年鑑』に次の記事がある。

岩田正巳君の日本武尊をかいた「尾津の一ツ松」と長谷川路可君の「或る日の柿右衛門」とは相似た構図で、後者に芝居がかった俗味があれば、前者に離れ切らぬ乳臭がある。然し会友早川孝太郎君の「青垣山」と共に材を万葉に取る意図は同感する。

これは昭和五年（一九三〇）四月の新興大和絵会第十回展の講評の一部で、同会はこの第十回展を最後に昭和六年に解散する。それは早川の絵画展への出展の終わりでもあった。でも早川が絵を描くのを止めたわけではない。毎年ではないが、正月には試筆として草花を描いている。旅先では聞書きの間にスケッチを入れているが、それは忘れないためのメモでもあった。

第四章　書き続けた『花祭』

1　重なる業務

澁澤敬三に「徹底的に調べて完全なものにするように」と言われた早川は、大正十五年（一九二六）から奥三河に足を運んで花祭について話を聞き、資料を蒐集し、昭和二年（一九二七）の後半あたりから原稿執筆に取りかかっている。次は昭和三年二月二十八日消印の原田清への手紙の一部である。

昭和三年は多忙

一月以來花祭の原稿に没頭いたし、殆ど外出も仕らず連日籠城のみいたし世間の事もとんと相判り不申　山人以上の生活に有之候（中略）池袋火事について御見舞に預り恐縮に候　実は誠に面目なき次第にて佐々木さんに手紙を頂いて知ったような訳に候　夜は二時三時朝は九時十時でなくて

は此頃は起きず新聞もろくろく目を通さぬ有様に候

昭和三年の初頭から、早川はひたすら花祭の原稿執筆に没頭しているようだが、同じ頃の夏目一平への手紙には別の動きが書いてある。

夏目への手紙

二月十八日消印の夏目への手紙に、「明年に予定していた日本青年会郷土舞踊大会の下津具の花祭公演が急に本年度にと交渉があって、本日の午后二時からその協議をする。公演を明年にして、臨時に放送だけにするようにいうつもりだから、村の方々へもよろしく伝えてほしい」とある。

二月二十三日消印、「過般お願いの上京のこと、如何なりましたか、放送局の方は時日を早く決めてくれないとプログラム編成ができないし、不可能になりかねないともいっている。小生、この一週間程風邪のため臥床にて何かとおくれ勝になっている」。

二月二十四日消印には「御芳書只今拝見万事御承諾被卞感謝に不堪候」の書出しで、風邪で放送局との交渉を欠いているが、三月一日出発で四、五日ころの予定でどうだろうか。「費用は他にも二三特志の士の寄附も予約出来候故放送局の方さへ当方の予定通り決定せば大した御損はかけぬ筈に候」とあり、日程が決まりしだい電報するとして、上京のとき用意して欲しい花祭の祭具などをこまごまと書いている。ところが二月二十八日消印の手紙には、公演ができなくなったとある。

別電申上候通り花祭関係者上京のこと一時御待ち卞度候小生過日三月四五日頃に予定されたしと

申上おき一方　体の工合もよろしく相成候故放送局に交渉せし処　四五日にては最早如何ともする能はず十一日の日曜ならでは組入困難との事故止むを得ず十一と腹を決め、その足にて第一銀行に澁澤氏を訪ひ三河の花祭出京について三月十日の土曜日に國学院にて開催、十一日放送局、それを済し同邸に開催の交渉を進め國学院に來臨不可能の士を招待せんと計り候処幸い三田の本邸を提供される事になり　尚祝儀として五十円の出費を願ひ、且一同に夕食の振舞に預る事及び各自に何等か土産物の用意も乞ひ招待の士には坂谷男　穂積男　石黒農林省蚕糸局長を初め老子爵にもそれぞれ電話にて都合を問合せ　その上にて三河に縁故ある士として徳川公爵に來臨を願ふ手筈にいたしそれより國学院に参り折口氏に遇ひ三月十日に決定の旨申候処　三月十日にては休暇になり学生が留守になる故都合出來ず且それ以前の日曜か土曜にては試験最中にて如何とも致しかたしとの事にほとほと困却いたし、学生の留守にても在京中のものを集め開催に腹を決め帰宅いたし候処　貴下より電報参り居り一日上京との事なれ共、何とも返事の致し様なく一夜さまさま苦慮の結果、昨日早朝、又々澁澤氏に遇ひ相談候処、最早徳川公にも招待状差出したとの事故どこ迄もその事に腹を決め朝日新聞に参り柳田先生に事情を逐次申上候処先生は又別の考あり　日本青年館の郷土舞踊に招待いたし度き故　國学院がそんな都合ならば一時延期して小生が四月九日北設楽郡教育會講演の折夏目君に遇ひ　その方に話を進めたいからとて一時延期を主張され　座に名倉聞一氏もありいろいろ言ふて見たれ共如何にしても三月十一日説の無謀をなじられ候故万事休しその事にいたし又々澁澤氏を訪ひ　延期に決定を謀りそれぞれ招待状を出したる士に延期通知を出す事に願ひ　兎角四月國学院の学期初りたるを期し開催の事になし昨夜十二時帰宅　本日この書状を出す次第に候何れ三月十九日上黒川の花祭には折口氏と同道　手違いの御詫をいたす次第に候が事情右の通りにて貴下に電報を出す事も叶はずその間三日程度やせる思ひをなせしもの故関係諸氏にもくれぐれも悪からず思召卞やう御傳へ下され度四月には大典記念博覧会も開かれ候故それを見物かたがた出京の手筈に決め卞ばせめてものあきらめに候　尤も四月開催説は柳田先生とは意見を異にし候もこれはどこ迄も決行いたす筈に候

花祭公演中止

要約すると、放送局から三月十一日でなければ困難と言われて十一日と腹を決めて澁澤に会い、前日の十日に花祭を國學院にて開催、十一日の放送の後に澁澤邸で、國學院に来れなかった人も招待して花祭を見てもらうことにした。折口信夫にその話をすると、春休みで学生はいないと言われた。それでも東京にいる学生だけでもと腹を括って帰宅すると、夏目から一日に上京と電報があって苦慮。再び澁澤に相談すると、すでに徳川公にも招待状を出したというので、どこまでも十日前後として柳田にその話をすると、それは延期するように言われた。結局それに従うしかなく、下津具の花祭の東京公演は立ち消えとなった。

昭和初期の東京での花祭の公演は、下津具がならなかった年の十月二十一日に、折口の郷土会の招きで豊根村山内の花祭が國學院で、昭和五年（一九三〇）四月には先に記した中在家の花祭が澁澤邸で公演している。日本青年会郷土舞踊大会への花祭の出演は昭和七年となった。

夏目への手紙の「北設楽郡教育會講演」というのは、昭和三年四月九日に本郷小学校で開催された北設楽教育会総会で柳田が話をしたもので、早川は前日に原田家に泊まり、当日は原田清、夏目一平、窪田五郎らと三河川合駅で柳田を出迎えた。柳田夫人も一緒だった。

柳田は花祭の話をしたといわれるが確かではない。四月十五日消印の原田への手紙に、「柳田先生に御目にかゝり候が先生にも嘗てなく愉快なる旅行をいたしその上にも大勢して御迷惑をかけ本郷の方々の御好意は感謝もなしと申され小生もこんな嬉しきことは無之候」とある。その六日後の原田への手紙は、初めに新興大和絵会で残った「室鎮め」の購入を願い、次いで柳田が本郷でいろいろお世話になったのを気にされて、静岡高校教授東条氏著の『方言採集帳』（定価一円）五十部を寄贈される様子とあり、さらに「此間日本青年館の講演にも北設楽郡の印象を盛に引用されていよいよ小生も肩幅がひろくなり申候」と、柳田がよい印象を語ってくれたことを書いている。

下津具村（現・設楽町）の夏目一平　撮影・昭和39年12月

昭和三年五月二十七日消印　夏目一平へ

柳田先生もいよいよ腹をきめられましたから　第一に熊谷家傳記の校合にかゝるつもりです。勿論柳田先生が本の解説を書いて下さいます。（中略）田口にある『炬燵話《こたつばなし》』は何とか手に入れたいと存じますが貴方の御盡力を待つより外ないと存じます。これは南設楽にある太田白雪の『春雨咄』の姉妹編ではないかとひそかに楽しみして居ります。

2　出版企画に着手

『設楽叢書』　「柳田先生もいよいよ」とあるのは『設楽叢書』刊行のことで、話は柳田が本郷で講演した時に出たのだろう。早川は講演に続いてこの叢書の刊行の準備に入っている。

夏目への手紙の前、昭和三年五月六日消印の原田清への手紙に、

設楽叢書はその内校訂に取りかゝろうかと思って居ります　此の間本郷町の伊藤さんから拝借した口説き節の本も柳田先生は設楽叢書に入れ度いと申して居られました　只今私の計畫して居るのは嘗て御承知のもの、外に太田白雪の春雨咄を入れたいと思って居ります

とある。次は同じ原田への昭和三年六月四日消印の手紙である。

先般御伺ひいたしてより南部叢書の校訂を頼まれた上に又々博文館の帝國文庫の中紀行文集を柳田先生が校訂引受られし為めそれも小生に押しつけられ閉口いたし居り候なるが博文館の方はずっとおくらす事にいたしこの四五日やっとその方の手がぬけ当分の中書は製作夜は花祭の原稿の浄書や

整理出來る事に相成候（中略）鳳來寺縁起は只今柳田先生が見たいとの事にて先生の手許に差出しあり候（中略）三田文学に柳田先生が熊谷家傳記の事を書かれるのでその地図を今日描いて渡しました　北設楽郡の地図を僕がこれで五枚書いた事になります。勿論今年に入りてより

翌七月五日消印の夏目への手紙には、「『炬燵話』が借りられたこと愉快なり、『熊谷家傳記』と『田口炬燵話』『坂垣一統記』の三部あれば先ずは珍書ぞろいと言えるし、それに津具の田歌、本郷の盆歌など未だいろいろある」と書いている。

昭和三年九月十七日消印　原田清へ

設楽叢書第一編を直に印刷に取りかゝる由申まゐり此処大まごつきに候先生とも相談の上今年内に一部だけでも出すか或は明年に延ばすか（全部刊行書目決定してから）三四日中に決定いたすべく候若し至急刊行するようになれば『坂垣一統記』三冊も何とか手許に取寄せおき度存候否や決定次第御報知申上候

それから十日ほど後の九月二十八日消印の夏目への手紙に、「『炬燵話』をそちらで誰かに写してもえないだろうか、筆耕料は柳田先生が出すと申されているので」とあって、「設楽叢書もいよいよ『熊谷家傳記』の校合にとりかゝりました。来年一月頃第一編が出る事と存じます」と続け、第一編

の刊行が決まったことを書いている。

『熊谷家傳記』は、現在の長野県天龍村坂部を文和元年（一三五二）から切り拓いた熊谷家の日記と古證文を資料として、明和五年（一七六八）から三年かけて整理編纂した一家の記録である。私記ではあるが、天皇、将軍、領主、代官の動向や周辺の村の出来事、暮らしなどが書かれていて、山村の生活史を知る貴重な伝記である。二巻の宮下本と七巻と年代記からなる佐藤本があって、佐藤本は大正十二年（一九二三）に北設楽郡誌編纂会が謄写版にした。五月二十七日の夏目への手紙で早川が「熊谷家傳記の校合にかゝる」とあるのは、この謄写版によって作業をするということだろう。

企画は流れる

『炬燵話』については資料が見あたらない。『坂垣一統記』は『坂柿一統記』で、中設楽の医者の菅沼昌平《すがぬましょうへい》が天保時代の中ごろに書いた菅沼家（坂柿一統）の伝記である。一統の由来とともに中設楽の祭りや行事などについても書いてある。

昭和三年十一月八日消印　原田清へ

小生十二月中旬には小林古戸等の花祭の写真をとり度く同地へ参り候故万事その折を楽しみいたし居り候花祭田楽の調査報告の出版も明年三月末迄にいやでもなさねば相成らずそれには更に月古戸小林等のもの丶舞振写真等とる必要有之ものに候中在家も何とかして写真に納めたく存じ居候十二月十日前後に参れずば中在家の祭時迄に参り度くそれ迄に一渡り仕事のかたをつけ度しと実は弱ってゐる訳に有之候　設楽叢書の御打合等も万事その折にいたしたくと存候

此間國學院の花祭の節豊根の塚本君に貴方へ言つけを頼みおき候が届き候や又窪田氏へも御無沙汰は怒ってゐられるかも知れませんが少々悲鳴をあげ度い位に忙しき為貴方から宜敷御傳へおき下され度存候

年が変わった昭和四年（一九二九）一月二十三日消印の夏目一平への手紙に、

目下花祭の原稿整理中につき　來月中旬迄には書店に渡しその上にて例の設楽叢書にとりかゝり度く　御郡内を廻る事今より楽しみ居り候

『設楽叢書』のことは、この一月の夏目への手紙を最後に見られない。伊那史料叢書刊行會が市村咸人校訂による『熊谷家傳記』の発行を進めていると分かって、『設楽叢書』の企画が流れたと言われる。市村咸人校訂『熊谷家傳記』全四篇の第一篇は、昭和八年（一九三三）十二月に出ている。

昭和三年の忙しさは、もしかすると次の年に続いたかもしれない。昭和三年十二月二十一日消印の窪田五郎への手紙にある。

十九日の夕方かへって來ました。昨日柳田先生に遇ひましたが、多分一月の花祭に來るようです。ききまれば直ぐ御報せいたします。万事後便に　早川生柳田がその通りに花祭に行っていたら、澁澤と一緒に現地で初めて花祭を見ることになったはずである。もし見ていたら、柳田はどんなことを語ったであろうか。昭和二十四年(一九四九)一月号の『民間傳承』、「民俗學の過去と將來　座談會」に次のようにある。

牧田　花祭の流行したのはいつ頃ですか。

柳田　大正年間だったね。「民俗學」になってから五、六年してから花祭にもいくやうになった。早川君が『花祭』といふ本を出した時は、よい感じを持ってゐた。

牧田　先生は三河へはおいでなさらなかったのですね。

柳田　忙しくてゆける時ではなかった。それにいくらか中腹の気持もあったんだよ。その頃は猫も杓子も三河へ行ったからね。そんなに行かなくてもよかったらうに、といふ気持だね。

大藤　澁澤さんの處へきたのは、いつ頃だったでせう。

柳田　昭和六、七年だった。

今野　折口先生は、三河へは何回ほど行かれましたか。

折口　そんなに何回といふほど行ってゐません。

柳田　あの頃のことには思ひ出がいろいろある。正月のいそがしい時、葉書などで折口君と早川君とが、三河の山を歩いているスケッチをもらったことがある。ヒュードンドンといふ太鼓笛などの音をきゝながら歩いている繪だった。なつかしいね。

柳田が「忙しくてゆける時ではなかった」と言っているのは三河ではなく、花祭には行っていないということである。花祭が澁澤邸に来た年は違っている。「猫も杓子も」と言うのは澁澤の一行を指しているのだろう。

ともあれ柳田が行かなかったことは、早川には幸いだったかもしれない。もし行ったら早川は昭和四年（一九二九）の年頭からまた忙しい日を過ごさなければならなかったからである。

ひたすら『花祭』

昭和四年になると、『花祭』の原稿を出版社に渡さなければならない日時が迫ってくる。『設楽叢書』もそれを手助けするかのように流れた。だが書いていると分からないことがいろいろ出てくる。早川はそれを夏目に手紙で問い合わせている。それも一、二度ではなく度々である。

昭和四年三月十七日消印　夏目一平へ

扨御多忙中何とも申上かねたる次第に候が花祭の舞の動きを心得たる人を頼み地固めの舞の「竈のくろ」の舞の動きを図に御示し下さるまじくや　地固めの舞は二人舞につき、一人の動きだけにて宜敷候出來れば至急願度ものに候　図の作製法は別に附陸さ振草系のものをしめし候故それにてなし被下度候

二伸　花舞は舞の詳細な説明はせぬ筈なりしも動きに意義ありいろいろ手帳と首っぴきにてここ一週間程かゝり振草系はやっと出來候が大入系が判らぬものに候

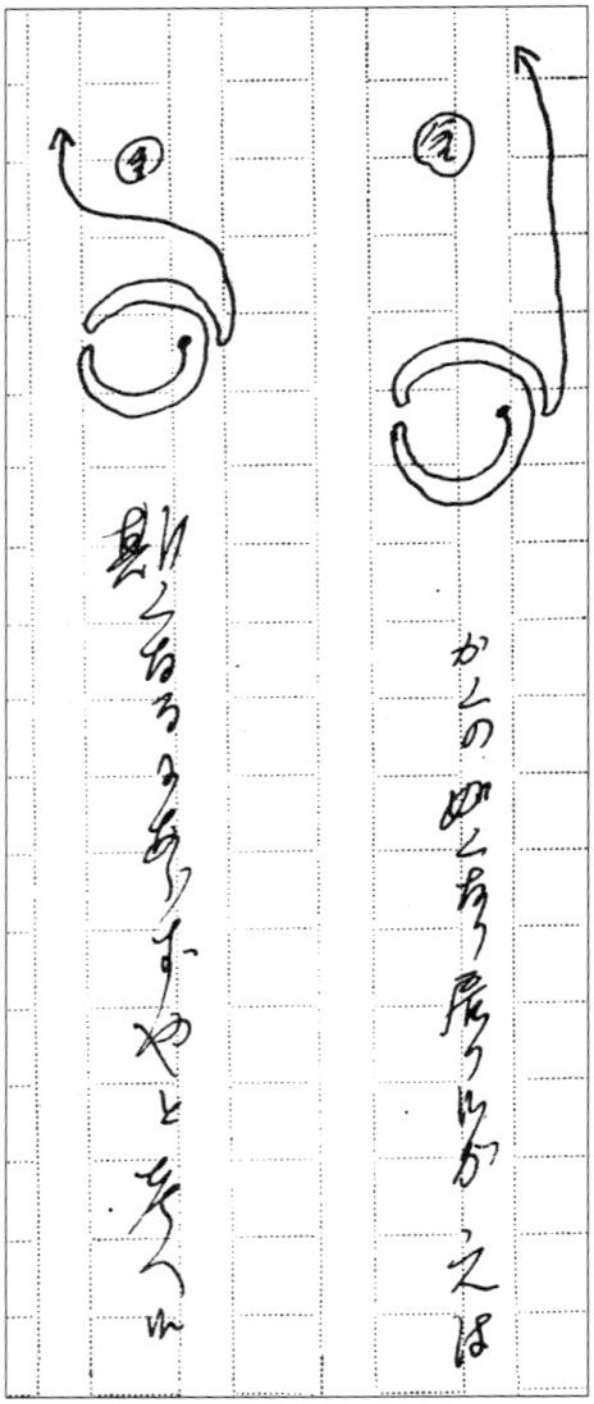

早川が手紙で夏目一平に問い合わせた舞の動き図

定めし御面倒の事とは承知候　是非願度、又御参考の為め舞の順序と型を申上候（斯く分解せざれば舞の手の説明は不可能にて　此分解によっていろいろの故実意義が判明いたし候）

夏目からの返書は残っていないが、夏目は分かる者にすぐ聞きたずねて早川に回答を送ったはずである。『花祭』前編の口絵の線図がそれになる。澁澤敬三が、「舞の順序を色分けした線で表した図があるが、あれなんか、見ていただけで気が遠くなりそうだ」と言っている一連の図である。

昭和四年五月十一日消印　夏目一平へ

地固めの動きの図にてよく判り候が只、御示教の図面に依る時は竈の前の入舞を済まして竈のくろ

に移る時、右方より廻るようになり居り候が之は左方の間違ひになく候や念の為め伺度候

尚「ちうひ」は御注意の通り囃しの名称に候か此時囃しでなく、別に舞の名はなきものかと存するものに候　その他にも囃しの名にて済し居るものあり之等を出來得べく舞の名称になし置き度き希望に候

尚「みやうど」について略解釈はつき申候が　下津具の「みやうど」屋敷は現在十八軒は明治初年に改正せるものと聞き候　たしかに改正のものか、或は六軒づゝあった小字が合併して十八軒になりたるものにとか、或は六軒又は七軒を十八軒に増やせしものか、又「みやうど」屋敷は下津具全般に亘り居るものではなく能知とか溜渕とか、一ツの小字にありしか、その点判るだけにて宜敷候御　聞きましくや　御多忙中恐入候が願度候

昭和四年八月四日消印　夏目一平へ

拝啓

その後は御無沙汰いたし候　酷暑しのぎ兼候　御変わりもなく候や伺上候　扨例の花祭神楽の原稿も漸く脱稿の運と相成それについて今一回不審の点たしかめる必要もあり來る八月十一、二日頃御地に参り度と存候　何分宜敷御願申度候

3 新たな展開

入混り村調査

翌九月二十六日消印の夏目への手紙に、「花祭の原稿ぶり返し少し健康を損じふらふらいたし居り候」とある。おそらくこの後に原稿を出版社に渡したのだろう。発行日から逆算して出版社は受け取った原稿をほどなく印刷所に入れたはずである。そうして前後編あわせて一七四四頁の『花祭』は昭和五年（一九三〇）四月十五日に岡書院より刊行された。

奥付の発刊日の二日前に、澁澤邸の改築竣工と『花祭』の出版祝いを兼ねた中在家の花祭が澁澤邸であった。そこで宮内次官の話から天覧に供されることになる。早川にとってこれ以上の喜びはなく、あらためて『花祭』の感想など書こうとは思わなかったのかもしれない。発刊後の早川の感慨のようなものはないし、友人、知人からも出版をめでる手紙は見あたらない。ただ早川が丹念に読み直していることは、手許においた参百部之内第10冊の書きこみからうかがえる。地名や舞などの名の間違いは十五カ所、行を詰めるが六十余カ所、それに図、文書にヌクと印したところが三十六カ所もあるが、なぜヌクのかは本人以外にはわからない。

『花祭』が出た直後のの書評や本の紹介記事があったかどうか、遠慮なく物を言っているのは調査から出版まで支援をつづけた澁澤敬三である。

自分に物足らぬ感じが今なおしているのは、この行事に対する社会経済史的な裏付けのなかったことである。しかしこの問題を、直接早川君に求めるのは求める方に無理がある。これは他日別に何らかの手段で研究さるべき問題だと信じている。しかし、慧敏な同君が経済史的な村の見方にも着目されたと思う間もなく、北設楽郡の村内に、特殊な村落構成形態のあることや、伊那から三州へかけて、昔時の運輸制度であった中馬の資料や、下津具のかきのそれの一つ家から出た、百年にわたる作物の日記等、まるでポインターが獲物を嗅出すように、続々と見付けられてきたには一驚を喫した。

これは昭和八年（一九三三）九月の「アチックの成長」に書いたものだが、早川の没後に刊行された、民俗民芸双書『花祭』（抄録）の序文にあたる「早川さんを偲ぶ」には、もっと具体的に書いている。

本著の出現で、早川さんの民俗学における能力は高く評価されたが、いろいろ話し合っている中に花祭の奥に、また基底にある宗教学的または社会学的経済史的、さらには、農村地理学的面についての解明に不充分な点も感じられたので、早川さんは、昭和八年十一月から九大農学部農業経済研究室助手として、小出満二教授の指導を受けるために福岡に留学された。

花祭の奥の社会経済史的な裏付けのことなどは、おそらく『花祭』の刊行前から話し合われていたはずである。特殊な村落構成形態とは江戸時代のもので、初め「入会村《いりあいむら》」、後に「入混り村《いりまじ》」と記される村落形態である。よくまとまった村のようであるが、実は他の村の者が住む家屋敷があって、その家の付合い、すなわち祭りや葬式、共同作業などはすべて本村とだけで、家屋敷のある村とは一切しないしきたりだった。この形態は現在の豊根村内の旧村に顕著だった。東栄町内の旧村にも多かったが園村御園にはなかった。

入混り村地図　早川が残した「入會村調査資料　地圖　及柿のそれ資料」と表書きのある茶封筒には、早川が模写した「入混り村」関係の地図が十六枚入っている。次はその中の年号もしくは模写年月の記されている地図である。

寛政三年亥四月　三州設楽郡月村
文化七年午四月　三州設楽郡粟世村
文化十一年戌七月　三河國設楽郡樫谷下村　四、日の夜写
下川図　昭和五年十月廿六日写す
三河國設楽郡粟世村　昭和六、四、八、夜写
天保十四年卯九月　三州設楽郡別所村

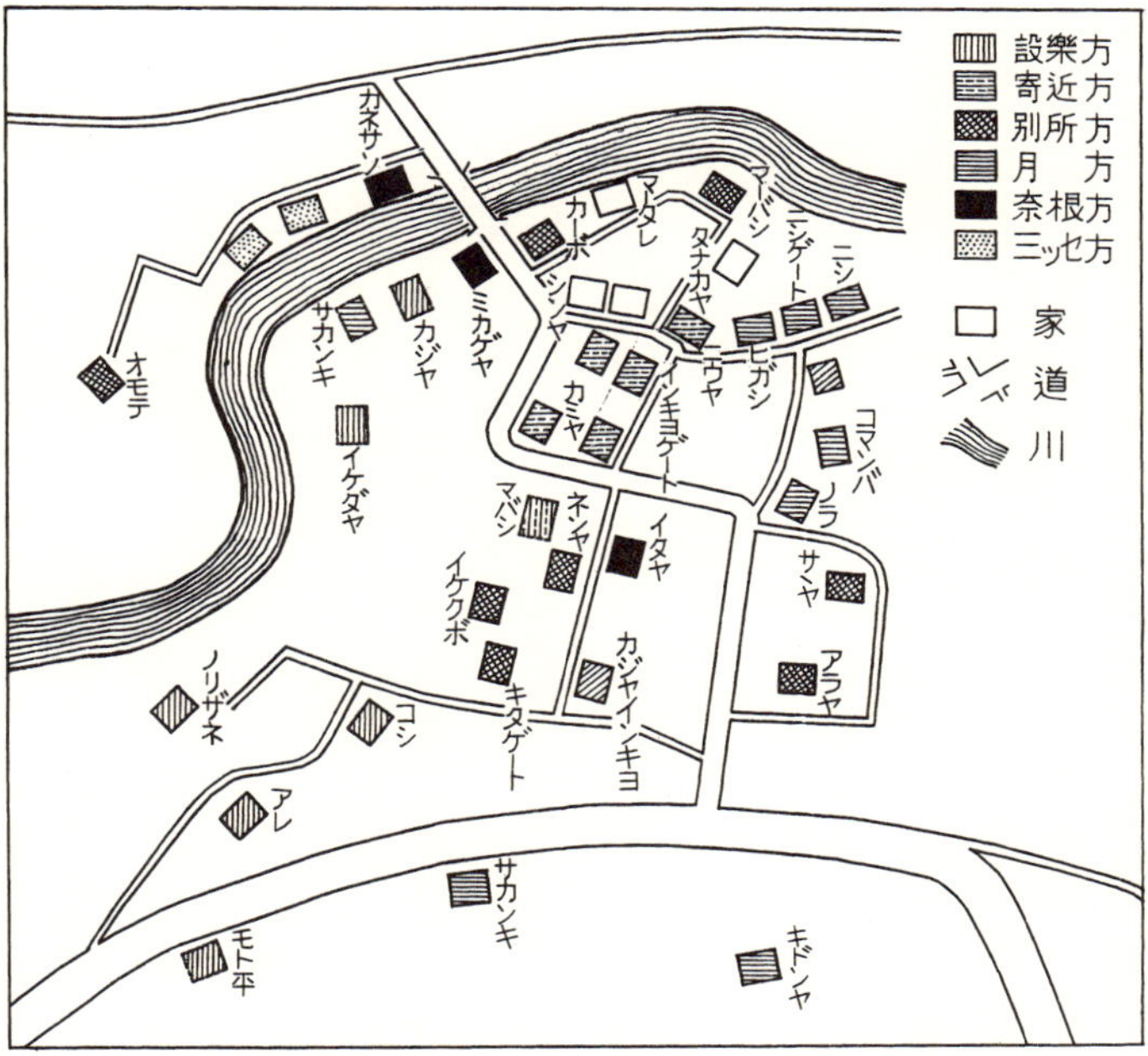

東栄町大字中設楽の入混り村の図

三河國設楽郡別所村のものはもう一枚あって、入混りの様子がよく分かるが、年号も模写年月も書かれていない。模写年月のはっきりしている二点のうち、下川図は早川が『花祭』の刊行前から目をつけていて、逸早く写したのではないかと思われる。

上図は現在の東栄町中設楽の入混りで、早川が昭和六年九月に書いた原稿、「苗字のこと」に、入混り村の説明のために用意したものらしい。

もとから中設楽に住んでいる設楽方（中設楽の者）の家の周りに、寄近、別所、月、奈根、三ッ瀬の五つの村から来た家が混っている。

一方に中設楽から隣村、たとえば現在の大字月に入混りした家もあった。

「入混り村」は明治維新後に家屋敷のある村の住民となる。付合い方が変わるのでとまどいがあったはずだか、花祭のあるところでは、花祭への参加がその解消になったかもしれない。花祭の一家かならず一役というのは、その手段の一つだったのだろう。だが早川が「入混り村」について書いている「苗字のこと」には、昭和になっても付合いは本村だけという例が記されている。

早川はこうして新たな研究にはいるが、しかし、澁澤が指摘した花祭の生活面からの裏付けのまとめはならなかった。早川の生活も変えた戦争が最も大きな理由だった。

これは一つの参考に過ぎないが、「花祭を見ずして日本文化を語るなかれ」という風潮でもあったのか、昭和十二年（一九三七）一月二・三日の中在家の花祭には、文化人、学者、音楽家が訪れている。柳宗悦、浜田庄司、河井寛次郎、石田英一郎、岡正雄、古野清人、竹内芳太郎、肥後和男、宮本馨太郎、林魁一、有馬大五郎、志村義雄、野口孝徳、澤田四郎作らで、これに早川孝太郎、村上清文も加わる。食事などは原田家で用意してもてなした。近所の何人かが手伝いにきてくれたが、原田清の日記には、「午后片付仕事一同ニテナス徹夜ニテ一同疲労ス」とある。

第五章　旅と出会いと学び

1　行きたいところへ

飛島へ再び

『花祭』の刊行後しばらく早川の旅や研究の動きはよく分からないが、原稿は書いている。「還らぬ人　菅江眞澄の故郷」は、『旅と傳説』の昭和五年（一九三〇）八月号に書いた、菅江眞澄の生地を探し歩いた記録である。

翌昭和六年（一九三一）一月三・四日の中在家の花祭には澁澤敬三、有賀喜左衛門、白井一二《しらいいちじ》らも訪れ、四日には澁澤が撮影した、澁澤邸の花祭の十六ミリ記録映画を映写した。

しばらく『花祭』について調べる旅が続いた早川は、この昭和六年からは澁澤と澁澤が主宰するアチックミューゼアム（以下、アチックと記す）同人との自由な旅が多くなる。それまでは柳田國男から与えられた課題を持っての旅が少なくなかった。むろん早川が行きたくて行った旅もあった。日本海

羽後飛島の勝浦　撮影・高橋文太郎　昭和6年6月

に浮かぶ飛島《とびしま》（山形県酒田市）もその一つで、紀行の『羽後飛島圖誌』からは、早川が島の旅を楽しんでいる様子が伝わってくる。

早川は大正十三年（一九二四）五月三十一日に飛島に渡り、八日間、島内を歩き島の人に会って話を聞いた。写真も撮っている。『羽後飛島圖誌』はその写真と組合わせた民俗誌である。写真機は柳田に借りたと言われるが、写真機の種類はわからない。残っている現在のL判より少し小さい、白黒写真の印画は黄色化しているが画像は未だ鮮明である。

一人で渡った七年後に、今度は澁澤敬三、高橋文太郎、酒井仁、岡本信三らのアチック同人と、昭和六年（一九三一）五月三十一日に渡った。早川は「島の生活——再び羽後飛島に渡って」に、「同じ月の同じ日に島に渡ることは、偶然には違いないが、不思議なまわり合わせでもある」と最初に書き、最後に次のように結んでいる。

滞島二日間、二度の訪問はじつは島の生活苦を識る以上に出なかった。午前九時出帆の飛島丸は、勝浦の家並みを後に碇を抜いていた。郵便局の前に向ってハンカチを振りながら、一方小学校の方に眼をやると、校門の脇で盛んに白いものを振るのが見える。校長の佐藤さんだ。こちらの五人も改めて其方へ向って帽子を振り上げた。島でなくては味わうことの出来ぬ情緒である。

津軽・龍飛崎へ

このときの飛島は、早川がしきりに「もう一度、飛島へ行きたい」と言うのを聞いて、澁澤が決めた。六月二日に飛島を出ると続いて津軽へ向かった。津軽は澁澤が半島突端の龍飛崎《たっぴざき》へ行ってみたいと強く言った旅先だった。一行は弘前市から余り注目されていない半島西側の道を、五所川原《ごしょがわら》市、十三湖と辿って小泊（現・中泊町）で一泊。小泊から増川峠を越えて東側の陸奥湾《むつわん》沿いの道を北上して龍飛崎に立った。

津軽で大草鞋を持つ澁澤敬三
撮影・高橋文太郎　昭和6年6月

早川は「北津軽の民俗」として、澁澤は「津軽の旅」の表題でこのときの旅を書いている。

2　仙台の佐々木家へ

澁澤一行と別れた六月八日に早川は、仙台市に住んでいた佐々木喜善をたずねた。喜善は柳田國男に『遠野物語』を語った人である。大正時代から喜善は早川に著書の表紙絵などを頼んでいて、早川から喜善への手紙は著書や絵について書いているものが多い。ちなみに残っている早川の手紙で年月の最も古いのは、早川が土淵村（現・遠野市）に住んでいた佐々木喜善へ出した大正十一年（一九二二）三月十日消印のものだが、封筒のみで書面はない。次は昭和三年（一九二八）十一月六日消印の、早川から喜善への手紙で、初めに出版の打合せのために上京した喜善に会ったらしいことが書いてある。たぶん初めて会ったのだろう。

佐々木喜善

次にアチックミューゼアムのことに候が、いろ〳〵御援助を受け誠に難有感謝いたし居る次第に候が兼ねて申上候通りアチックには唯今一銭の準備金も無之必要の度に澁澤敬三氏に話し援助を受ける次第にて　先般御照会の村上清文君なども月々澁澤氏より学費だけ支出を願ひ居る始末に有之澁澤氏に依頼せざれば手も足も出ぬ有様に候　その澁澤氏は兼ねて新聞等にて御承知の通り祖父子爵澁澤の為め　先月以來飛鳥山の子爵別邸に詰切り居られ面会は勿論電話を掛けることも遠慮いたし居る始末故　この際貴方様の御希望に對しては如何がとも取計うこと叶わぬ有様に候　実ハこの

六月御訪申候節御願申候蒐集に對しても　能ふだけ貴方の御研究の万分の一にもと存じたるなれ共
小生の期待通りに参らず御不満と知りつゝ、あのやうな失礼の御礼しか來さりし始末に候　余事は扨
おき唯今は小生として如何とも致し方なく　せめて子爵の病気でも快方に向ひ敬三氏に面会出來る
迄ハ手の出しやうもなき次第悪しからず思召卞度候

澁澤に金銭の援助を願えないだろうか、という相談を受けた早川の返書である。東京の大学を出た喜善は、大正十四年（一九二五）に四十歳で戸数五〇〇戸の土淵村六代目の村長となる。当時の村長は収入のない名誉職だったから、かさむ交際費に加え娘と自分の病気の治療費で借金が増え続けた。昭和三年に土淵村の財産を売り払い、逃げるように村を出て仙台に移る。だが不景気が始まって定職を得られず、早川に相談したのだろう。文中の祖父子爵は澁澤榮一のことで、重体とあるが亡くなるのは昭和六年（一九三一）十一月十一日である。澁澤は昭和四、五、六年と花祭に行っている。次は喜善から早川へ、昭和六年一月廿七日消印の手紙である。

御機嫌御よろしく御ゐでの御こと、と奉存ます。私の聴耳草紙もいよいよ出來上がった様でございます。出來次第御届けするやうに頼んでおきましたから既に御覧下されしことかともおもつて居ります。
私は他の諸先生方のやうに伎倆がありませんから、一生を採集者で始終しようと思つてゐます。其

點のばかばかしさと損さは、貴方だけが御分りに下さること丶存じます。採集者もへたな考証先生位の地位はさづけられてもい丶様に思ひます。然し一番純で後世にのこすものはやつぱり採集の仕事だと思つてあきらめてをります。
私の今度のものはつまらぬもので御座います。今考えると欠点だらけでありますが、道程中半にあるものゆえ御許し下さい、一夜の御笑草になれバ、幸甚で御座います。

六月八日に喜善を訪ねた早川は、話が尽きなかったのだろう、その夜は喜善の家に泊まって九日に東京に帰った。次はその翌十日消印の喜善から早川への手紙である。

拝啓　此度はせつかく御立寄り下されましたにも係わらず何の御もてなしも出來ず本当に相済みませんでした。破屋をもおいとひなく御泊まり下されまして山妻なども喜んで居ります。それだけの御懇意下されましたことについて感謝いたします。昨日の今日、大変あわたゞしい又さも〳〵しい申分ではありますけれど、何とか機會を見て、北上山系中の農民伝承物の蒐集を澁澤様へ御願いたして肯定さして頂ける様御願ひ申上げます。私の生活が御覧の通り貧乏ハ自分の罪ながら一番いけぬのは仕事をしても無駄になることで御座います。努力したゞけが効果があるものをいたし度いと存じます。蒐集に出かけて副として自分の方をもと云フ野心もあるので、また二には家族等の気持ちをも大変ゆるやかになるかと存じます。恥ずかしい話ながら家賃を一月から入れないので昨日貴方と別れてかへりますと家主の使者が來てどなり散らして居りました。妻は早川様へ御見せしないでよかつたなどと云つておりました。一番閉口なのは生命から二番目のもの、よこされぬのが閉口です。御笑いくださいませ。そんな事で御世話頂いて何かしら精神的にでも動きがとれると家族の気分も変らうかと存じます。

第一に蒐集物を御送りすることが肝要だと存じますが此の廿日頃前後に盛岡まで行く用がありまして其傳手ニ遠野と江刺あたりへ行って集め度いと存じます。それにつき若しあわよくば（実にさもしい心持ちですけれども）御惘察の件うまくまゐりましたら僥倖に存じますが、勿論まだ話もろく〳〵きまらぬ前にでは少ゝ不合理では御座いますし申出で得る話ではありませんが一應この不愉快な話ですけれども貴方の御力に縋り度いと存じます。（失礼なことは千万御ゆるし下さい）。もっとも蒐集のことは必度自信をもって得ることを御承ち下さいませ。殊に狩猟に関するもの、民間信仰対象物ハ必ず特殊的なものを得る覚悟も御座います。其方ハ凡そ御安心頂けたら幸甚と存じます。以上のことをあらかじめ貴方まで申上げ御意を拝載いたし度う御座います。奥様へ御よろしく申上げ頂かしてくださいませ。山妻からもくれ〴〵もよろしくと申あげております。

恐々敬具

六月十日

佐々木喜善

早川孝太郎様　侍史

昨日の今日こんなことを申上げる心底何卒御ゆるし下さい。不愉快の段ハ重々お申譯なく存

じ居ります。中上げ度くないことを申上げねばならぬ事情御憫察下さいませ。恐々

農民伝承物、すなわち民具蒐集を手伝って収入を得たいという内容である。これには長女・若《わか》の治療費の算段もあった。若は病気で遠野の女学校を中退し、病床で喜善の原稿などの清書を手伝っていた。次は七月二十日消印の喜善の手紙である。

表紙絵のこと

拝啓

御多用の御ところにも係わらずいろ〳〵と御配慮下さいまして本当に御申訳なく存じてをります。本日あんな大金御送らせ頂きまして、驚き且つ感謝いたしました。早速郷里の方へもやつて夫々片をつけ様と存じます。ありがたく拝領さして頂きます。

先日申上げました通り其後五品ばかり届いております。狩猟具（小物）で御座います。先ハとりあえず御礼申上げます。失礼でハ御座いますが貴方様からも澁澤氏へ御よろしく御とりなし下され度く存じます。毎度山妻ニ御言葉下さいましてありがとう御座います。何分御よろしくと申上げてをります。

この手紙の二十日後に喜善の長女・若が二十歳で亡くなる。次は早川から喜善への同年十二月七日消印の手紙である。

このごろ御手紙頂き難有候　謄写版の御雑誌御計畫のこと結構且大いに喜ばしきこと、存上候　今日迄の御辛労になり候　採集資料など悉く順次それに御掲載頂ければ学問の為にも益する処尠なからずと存候　その点だけでも來る昭和七年は意義深きを思ひ申候　昨日國學院大学の郷土研究会にて　折口信夫さんに御目にか丶り貴方様のこの度の御計畫の御話し出て折口さんも大に賛成の由小生に御傳言にやう有之候　東京方面に於ける會員も小生の知人は極めて尠く候も出來るだけ入会して頂くやう頼む筈にて　既に三人程は内諾を得申候家の調査のことも御加へ下さるとの御事それに関することもいろ〳〵申上度こと有之候　多分明日柳田先生に御目にか丶り候　先生も定めし御喜び下さる事と有居り候

佐々木喜善が使わなかった早川が描いた表紙用の絵

謄写版の御雑誌とは編輯兼発行人・佐々木喜善の『民間傳承』である。早川はその第壱巻第貳号の表紙絵を頼まれ、昭和七年（一九三二）四月に上の絵を送った。絵が喜善に届いたのは四月二十八日で、その前日、喜善は謄写を終えた第貳号を印刷に出していた。そのため間に合わなかったこともあったが、喜善はこの絵が「少し気にくわなかった」らしい。

柳田國男著『女性と民間傳承』の口絵に使った早川の絵

早川は喜善が使わなかった絵に似た絵を、編集していた柳田國男著『女性と民間傳承』の口絵に使った。同書は昭和七年十二月十五日に岡書院から発行された。早川はその本の編集と共に解説を執筆した。喜善に送った絵に似た絵を口絵に使ったことが原因ではなかったはずだが、早川は柳田にこの本のまとめ方が悪いと叱られ、人前で罵倒されたという。

柳田に叱られると、叱られた者は以後、柳田邸への出入りができなくなり、破門となったが、早川の場合はそれはなかったようである。

佐々木喜善は昭和八年（一九三三）九月二十九日の午前十時三十分、四十八歳で亡くなる。腎性高血圧による脳出血だった。

十月一日に秋田県角館町《かくのだてまち》（現・仙北市）に行っていた早川は、喜善が亡くなったことをあるいはそこで耳にしたかもしれない。そのころ早川は九州帝国大学留学の準備で何かと忙しく、残された喜善の家族のことを気にしながら、動くことはできなかった。一家の困窮を知っている早川にとって、それは痛恨の極みだったはずである。

早川は昭和八年十一月十一日に東京を発って九州に行くが、年末に帰郷すると明けて昭和九年一月二日には澁澤らと中在家の花祭に行っている。帰ると早川は柳田を訪ね、喜善の家族に何か手を差し伸べる方法はないだろうか、と相談した。柳田はこうした相談を嫌った。しかも正月に亡くなった人のことで早川は三日間も足を運んだというから、柳田が辟易したであろうことは十分に想像できる。そしてこのことで柳田が早川を遠避けるようになった、と早川は妻の智恵に語ったという。しかし破門にはならなかった。早川はその後もよく柳田家を訪ねているし、柳田も昭和二十八年（一九五三）の自著に『花祭』を引用している。

3　松本で話をする

「話をきく會」

早川にとって喜善とのつながりは個人的なものだったはずだが、佐々木喜善にすると柳田や澁澤の身近にいる、頼りになる人という思いがあったに違いない。同じように頼りになる人として、『花祭』の出版でゆるぎのない民俗学者となった早川に、昭和六年（一九三一）から仕事と言えるような言えないような用事がいくつも舞い込んでくる。

奥三河の友人、知人の設楽民俗研究會が同年七月に創刊号を出す『設楽』の相談にのり、表紙の絵を描くことになる。七月六日には東京・芝三田綱町のアチックで開かれた大藏永常全集の刊行委員会に出席、大西伍一と全集刊行の実務にあたることになる。

絵画の頒布でお世話になった松本市（長野県）の胡桃澤勘内の声がかりで、「話をきく會」で話をすることになる。八月九日がその日で、会場の浅間温泉「玉の湯」には二十人余がやって来て、早川の「おとら狐」や「猪・鹿」などの話をしながら、もう来るはずだと待っていた。でもその気配はない。そのうち名古屋から一日延ばすという電報が入った。

最も大なる感激

この日、愛知県御津《みと》町（現・豊川市）の引馬《ひくま》旅館に柳田國男を迎え、設楽民俗研究會員と懇談会が行われた。柳田は伊勢市（三重県）の神宮皇学館での夏期講習会講演の帰りだったが、この日が前から決まっていたのかどうか、早川は当然のように幹事役を押しつけられて、こっそり抜け出て松本へ行くことはできなかった。

懇談会を無事に終えた八月十日、早川は夏目一平と原田清を誘って松本へ向かった。その日の様子は『話をきく會』の小冊子に書かれている。

三州御油の駅頭で柳田先生と別れた早川氏は、八月十日筑摩の宵宮見物の間に合うように松本に着いた。北設楽郡本郷町の原田清、下津具村の夏目一平の両君を同伴されたのは、昨夜の「話をきく會」の待ちぼうけを埋め合わせて餘りあるものであつたので、十一日の朝は歸るといふこの珍客を引留めて筑摩の船祭を見物し、その一行はそのまゝ辰巳町鯛萬で「話をきく會」の延長會を開き、手近の會員の來會を待つた。集まつたのは主客十九人、此夜の會だけは絃歌の聲も交へたのは異例であつた。話は設楽の山村にある嘘つき話から始まり、東筑摩の同じ類の話も比較の為に誰彼から話された。他郷からやつて來る狩人に、あらぬ方向を指して鳥獣の栖所を教へる嘘は、まだ嘘つきを必要とした昔の村の生活を多分に傳へるものであるが、女房にまで用も無い欺瞞を敢えてして愛想を盡かされた噓に至つては、もう村の生活でもよくよく噓をつく必要が無くなつたことを思わせる。擂鉢の中へ山の薯を作つてとぐろを巻いた薯を収穫した噓はもう立派に話になつている。松本地方の新古の盆踊唄をうたふ者に誘惑されて、原田氏が本郷町に傳はる伊那節を實演されたのは、松本でも今から四十年も前にあつた型で、未だ花柳の巷に入つて變形されぬ以前のなつかしいものであつた。終に早川、原田両氏によつて、花祭の歌と舞の一篇が實演解説されたのは、夜も十二時を過ぎた頃であつた。

早川は八月十六日消印の胡桃澤への礼状に書いている。

松本の三日間は私の生涯に於ける最も大なる感激に有之候（中略）時は勿論異り候人に於いて比ぶるは非禮この上なく候が百年前菅江眞澄が旅の第一歩を信濃に撰び候もの丶あの大旅行への決心に導き候消息が何だか今に至って判るやうに思ひ申候

明るく楽しい人生を索めることが学問の最大の要諦と柳田先生より教へられ來り候が今日初めてそれを會得せし心地いたし候　労働的の採集のみを考へ來り候愚かさを懐ひ申候松本には已に幾回も参るべき機ありながら実行せざりしこと口惜しくも候もこれからは皆様の御好意をよい事にしてうるさく参ること丶存じ候

昭和８年の「話をきく會」参会者

「越後正月の話」をした早川は前列左から３人目，その右が胡桃澤勘内。

この「話をきく會」は、大正十四年（一九二五）九月五日に初めて柳田に会って教えを受けるようになった橋浦泰雄《はしうらやすお》が、昭和四年（一九二九）四月に松本に来た時に話を聞き、その数日後に沖縄から伊波《いは》普猷《ふゆう》が松本に来ていると郷土研究社の岡村千秋が連絡して来た。そこで晩餐の會を開き、ハワイ講演から帰ったばかりの伊波に、その旅行談を五時間にわたって聞いた。

　まさに膝を突き合わせての会、でも急だったので聞いたのは三人だけだった。胡桃澤はこうした話は高い講壇からの話では得られないものがあるし、少数で聴くのは惜しい、みんなで聴くようにしたいと思った。ほぼ時を同じくして、柳田が進めてきた「菅江眞澄遊覧記信濃の部」の復刻出版が五月と決まり、その刊行會の事務所を松本に置くことになった。そこで本の注文の連絡をしてきた同好の人たちに呼びかけて、

「話をきく會」を発足させた。

昭和五年（一九三〇）四月二十五日から三日間、長野県洗馬村（現・塩尻市）の長興寺を会場に、「眞澄遊覧記信濃の部」刊行記念会が行われた。柳田はそこで「民間傳承論大意」の題で話をした。これも話を聞くことの大切さを認識させることになった。「話をきく會」に賛意の柳田は昭和六年九月二十二日にその分会を自宅で開き、折口信夫、金田一京助、中道等《なかみちひとし》らが出席した。また柳田は昭和七年四月と十月に松本での「話をきく會」に参会している。

早川が話をした一カ月ほど後の九月七日に澁澤が話をする時、「うるさく参ること」を実行するかのように、有賀喜左衛門と共に同行する。でも早川は東京から一緒ではなく、前日の六日は伊豆三津（現・沼津市）にいた。それは大きな鯛を土産にしようと仕入れにまわったものだった。この七日の「話をきく會」では澁澤の話の後、澁澤と有賀の唄でまず早川がまった。次いで澁澤がにわか作りの鬼面を着け、箒を斧として榊様をまったので、「話をきく會」はまたまた盛り上がった。

4　民俗に関する問状

問状の項目

八月に早川が話したとき、豊里村（現・上田市）の箱山貴太郎が来ていた。小学校の先生の箱山は昭和四年（一九二九）に柳田邸で柳田に会い、教育でも郷土研究が大切といわれ、民俗の調査研究をしていた。早川は手紙を交わすようになり、信濃に行くときは豊里村へまわって箱山家に寄っている。以後、三十余年の手紙は夏目一平に次いで一五四通を数える。早川は昭和六年（一九三一）から次のような民俗に関する問状を友人、知人に出しているが、箱山はその一つひとつに実にこまめに回答を寄せている。それが手紙の数になっている。

問状発送年は次の年にわたるものもある。回答数の多い少ないは問状を出した人数とも関係があると思われる。主要論考には回答によるものと関連する論考とがある。

問状発送年	項目	回答数	主要論考
昭和　六年	中馬	七通	「山湊馬浪」
昭和　七年	民具	六通	「器物の名称について」
昭和　八年	正月行事	十七通	『農と祭』「正月習俗と農業」
〃	民俗	二十七通	（さまざまな論考に生かしている）
昭和　九年	かかし	五通	「案山子のことから」
〃	各種行事	七通	「食と伝承」
昭和十二年	田植	十二通	「田植の儀礼性」
〃	食生活	十四通	「食と伝承」
〃	雲南様	三通	『農と祭』「鰻と水の神」
〃	一人役と	四十四通	「農村社会における部落と家」
〃	キジ		「猫を繞る問題一、二」「農家と猫」
昭和十三年	私あめ	十六通	『農と祭』「わたくし雨、わたくし風」
昭和十四年	稗	四通	「農と稗」「稗と民俗」

昭和十五年	大豆	二十九通	「日本民族の食糧生活と大豆」
〃	しとぎ	三十三通	
年不明	藁人形	二通	

昭和十二年の「雲南様」は東北地方に多いウンナンの地名と、鰻を使徒とする「雲南権現社」のことである。「一人役とキジ」の「キジ」について、同年六月の手帳にメモがある。

「キジ」を牛馬又は猫を呼ぶ事から考ふるに　桃太郎の雉子は或は猫とか馬牛ではなからうか。

あるいはこの思いつきを問状にしたのかもしれないが、「一人役とキジ」の問状と箱山貴太郎の回答（回答なしもある）を記してみる。

一、他人を交へず一家内だけでする仕事（田植その他何でも）を何と言ひますか。
　うち仕事　うちわ仕事　水いらずの仕事
二、一人以上多人数でする仕事を何と言ひますか。例へばアイシゴト　デアシコーギ。ユイシゴトなど。
　人だのみ仕事　仲間仕事　よりゐ仕事　いゝ仕事
三、他人に内密でコッソリ旨い物など食べることに何か名称はありませんか。（譬へでもよろしい）

ルスゴト　かくし食い　ぬすみ食い　まみ食い　こなべたち　ないしょごと

四、東京などで「一人ボッチ」といふ事を何と言ひますか。

五、群れをはなれた鳥（その他の鳥でも）とか、猿、蜂、魚などを言ひ表す言葉はありませんか。

まよひもの　はなれ　一羽鳥　一匹猿　はぐれ鳥　仲間ぱづれ

一、飼犬を呼ぶ時の詞。（東京ではコーコーなどゝ言ひます）

口笛を吹く　名前を呼ぶ

二、カメといふ犬がありますか。それはどんな犬ですか。

あります　色は黒と白のぶち　毛長く尾ははねてゐる

三、飼猫を呼ぶ時の詞。（處によりコヽとかキーキーなど言ひます）

名前を呼ぶ　コーコーと言ふ

四、飼主の無い猫を何と言ふか。また犬猫を罵る言葉。

のら猫　きたれ猫　山ねこ　宿なし　シッ　こんちくしょう　馬鹿ッ

五、キジといふ猫がありますか。それはどんな毛色をして居ますか。その他お知りのこと何でも。

三毛猫ニ似て少しきたない猫を何といひますか。

へいげ猫　へげねこと言ふ

六、猫を飼ふ家は部落で何軒位ありますか。（戸數に對する比率）犬を飼ふ家の事も。

七、作物を荒す鶏、鳩、烏など追ふのに何と言ひますか。又追ふ方法。

ホーホー　手や何かをたゝいて音をさせる
　シッーシッー　煙の沢山出るものをたいて追ふ
猫の毛色　黒　ねづ　とらぶち　へいげ　黒ぶち　烏　三毛　虎　ぶち
猫の名　マメ　クレ　カマ　クロ　ブチ　カメ　チビ　クロ　ツル　ミケ　マリ　ツマ　ゴリ
　タマ　トラ　チイコ　コネ　マル　シロ　アカ　ミチ
猫の数　比率〇・二五五五　二五％　戸数に対して
犬の数　〇・〇五五五　五％
　貧弱な調査で失礼ですがまだ必要なところがありましたら　何時でも御連絡下さい。丁度急しくておそくなりまして失礼しました。

問状による論考

　この問状と回答の、たとえば最初の「他人を交へず一家内だけでする仕事」について、「農村社会における部落と家」に、回答のあった全国三十六カ所の語（方言）を並べ、早川は多くが家族そのものを意味するとしている。それは共同作業のユイ（結）に対する語である。ユイは主に田植のときだけで、それ以外の農作業は一家内の労働だったが、それをいう語が土地ごとにあったことが問状の回答で分かったとする。
　問状でキジは猫にまつわるものになっているが、早川は猫は民俗では冷眼視され、物語の中ではたいてい仲間はずれにされていると同情し、「猫を繞《めぐ》る問題一、二」に、「桃太郎の鬼ガ島退治のお伴には、犬と猿と共に、いささか不自然の観がある雉子が参加するが、猿や犬とは格好の相手と思われる猫は省かれていた」と書いている。

「猫を繞る問題一、二」は『旅と傳説』の昭和十二年（一九三七）十月号の掲載で、その抜刷りを送った箱山から同月二十九日消印の礼状が届いている。

先頃は「旅と傳説抜刷」有難う御座ゐました　非常に按示に富む御論文、吾々田舎にゐる者に取つて誠に有意で御座ゐました
猫に就て諸問題のうち　普通人の忘れてゐる方の御考察　問題はあらゆる方面にあつて各有意な價値を有してゐる事を痛切に感じさせられます
きじは山の鳥とも関係があるかとも思はれますが　鳥のきじが後に用ひられたのか　どちらが先かが先かわかりませんが　此の地方で婚礼の時　儀式の吸物に用ひられるきじ　山の雉が用いられた様ですが、鶏を用ひてもきじと言ふところに　きじの持つ特別な意義があつたのではないかと思ひます
きじの吸物が婚礼の一番の重要物になつてゐるところに　何かの力があると考へられてゐたのではないかと思ひますが　何の手がかりも得られませんのでわかりません　鼠をきしきと言ふのは此の地方でも一般に言はれてゐるところですが　きしきと言ふ言葉は吾々の子供の頃　盆のくぼに残された二三本の毛をも言つたもので御座居ます　きしきと言ふのは鼠のなき声からの聯想かと思ひま

すが　猫の事は絶対にきしきとは言はなかつた様です猫に対する色々の言ひ傳へは澤山まだありますし色々ある事はもう少しくわしく調査して見たいと思つております　今後とも色々御教示賜り度う御座ゐます　先は乱筆にてお礼迄

キジについて、そのころ大阪府の小学校の先生をしていた宮本常一も回答を寄せている。

キジという猫——周防大島にあります。赤黒毛が混合してしまって、一種灰色になった様であり下腹の白毛の猫です。キジ猫にはドラ猫が多い。之は性がわるいからだと申します。

早川は宮崎県椎葉村の村長だった黒木盛衛《くろきもりえ》にもよく問状を出している。かならず回答がある。

キジ猫ガ澤山居リマス毛色ハ灰色ノ地色ニ黒色ノ嶋毛ヲ有スルモノ又ハ淡褐色ノ地色ニ黒縞ヲ有スルモノ

「猫を繞る問題一、二」に、キジまたはキジネコの称は東京を除く中部地方以西で、関東東北地方で稀であると書いてあるように、東北地方からのキジの回答は、ほとんどがナシか、「聞いたことがありません」とある。と言ってまったく無いわけではなく、秋田県角館町（現・仙北市）の少し北ではトラ毛のうち俗に赤トラの毛並みに限りキジマダラと言い、岩手県宇部《うべ》村（現・久慈市）のあたりでは、猫、犬、馬を呼ぶとき、あるいは動きを止めるときなどに、キジキジと言うと回答があった。

5　漁民史料の整理

内浦の古文書

昭和七年（一九三二）一月に、早川は長野県天龍村坂部の冬祭りと愛知県富山村大谷（現・豊根村）の霜月神楽に足を運んだが、花祭には行っていない。澁澤も休んでいる。というより行けなかった。前年十一月十一日に亡くなった祖父澁澤榮一の看護を続けた澁澤は、睡眠不足などから急性糖尿病にかかり年末から入院した。明けて二月からは現在の静岡県沼津市内浦三津《みと》の松濤館で五月まで静養に入る。でもただじっとしていたわけではなく、三津によく来ていた澁澤は馴染が多く、一緒に海釣りなどを楽しんでいる。

早川から夏目一平と原田清への一月末から二月にかけての手紙に、澁澤が三河の皆様と会談したいと言っているので、三津へ来てくれないかとしきりに書いている。これは「アチック例会」となり、三月五日土曜日の例会には東京からも、そして夏目も原田もやってきた。二人は七日に帰り早川もすぐ帰るつもりでいたが、その日の午後、内浦長浜の旧家に漁業関係の古文書がたくさん見つかって、整理のためにそのまま十八日まで滞在した。いったん帰った早川は二十六日に再び松濤館に入り、四月中ごろまでその古文書の整理を続けた。

この内浦のたくさんの古文書は整理され、アチックミューゼアム彙報の『豆州内浦漁民史料』として、昭和十二年（一九三七）八月から二年かけて上・中・下巻に分けて刊行された。

澁澤は「序―本書成立の由来」に書いている。

本書は、昔時、東海駿河湾奥の一僻村たりし豆州内浦六ヶ村（重寺《しげでら》、小海《こうみ》、三津、長浜、重須《おもす》及び明治以後西浦村に編入されし木負《きしょう》）に於ける漁業史料を中心とした常民古文書の集成であり、時代からいえば永正十五年北条早雲の晩年から明治初葉に至る四百余年間の記録である。

資料を提供する

永正十五年（一五一八）は室町時代である。古文書を見るきっかけは、内浦長浜の大川四郎左衛門翁が澁澤の宿に「こんなものが家に伝わっていて太閤様のものだというがほんとでしょうか」と古文書を持って訪ねて来たことだった。見せてもらうと天正十八年（一五九〇）四月の秀吉の朱印状である。聞くとこうしたものがいっぱいあると言う。澁澤は驚きつつ大川家を訪ね、年代の古いこととその多さにどれから手をつけてよいのか判らぬまま、一部を風呂敷に包んで借りてきて宿で読み始めてみたが、素人の悲しさで読めないところが多い。

そこでとにかく写しておくことにして早川にも手伝ってもらった。早川は東京へ行ったり来たりして手伝ったが、出版のためのまとめの段階では手伝っていない。はたしてこのときのことを言っているのかどうか、昭和三十三年（一九五八）二月二十二日に行われた、還暦祝賀記念論文執筆者招待会で澁澤は話している。

早川さんのようなりっぱな、まるでポインターかセッターみたいな物をかぎ出す力を持った方でも、実は三河の山奥で生まれた人ですから、一緒に海岸に行ってやってみたところがさっぱりだめだ、どうも海になじまない。そこへ行くと宮本常一さんなどは、初めから漁村に生れていますから、その方はちっとも困らないということで、これは育った環境というものが相当学問に大きく影響するものだということを感じた……

早川はこの二年前に亡くなっているので聞いていない。なお『豆州内浦漁民史料』は日本農學會の農學賞を昭和十五年（一九四〇）四月六日に受賞した。「序―本書成立の由来」に次の一節もある。

論文を書くのではない。資料を学界に提供するのである。山から鉱石を掘り出し、これを選鉱して品位を高め、焼いてからみを取り去って粗鉱とするのが本書の目的である。これを更にコンバーターに入れ純銅を採り、また圧延して電気銅を取り、或いは棒に或いは板に、或いは線にすることは我々の仕事ではない。原文書を整理して他日学者の用に供し得る形にすることが自分の目的なのである。

これは澁澤の基本姿勢で、アチックの刊行物すべてにあてはまる。早川孝太郎と宮本常一の書誌や論考執筆の多くがこの澁澤の基本姿勢に沿っている。

第六章　民俗品から民具へ

1　生活用品を蒐集する

資料の記録

早川が残した写真は二二〇〇余点ある。飛島（現・山形県酒田市）を初め早川自身が撮った写真に加え、アチックの同人に分けてもらった写真も少なくない。中でも高橋文太郎の写真がかなりある。高橋は武蔵野鉄道（現・西部池袋線）の役員だったので、アチックの他の同人よりは余裕があって、写真もためらうことなく撮れたのだろう、早川はあちこちよく一緒に旅をしているが、一緒のとき写真は高橋にまかせていた感がある。

早川が分けてもらった高橋の写真は生活の光景が多い。これに昭和七年（一九三二）あたりから人物の正面と後姿を写したものがよくある。早川が頼んで民具資料としてそのように撮ってもらったのだろう。これは早川が昭和六年七月に書いた「民間傳承の採集」の次の一節の実践にあたる。

特殊の慣習や行事らを記録する場合は、漫然とこうした事実ああした例というに止めず、説明の一方に、それに付帯する事実の見聞とか傍証をも挙げてゆくことであります。平面的から立体的の存在に向かって観察を進めねばなりません。これを期する上には、写真とか絵画、レコード等の要求も起こります。ことに形態を具えたものでは、スケッチまたは写真は必要で、百千語を連ねた文章より一枚の写真がかえって雄弁に事実の存在を物語るのであります。

正面と後姿の写真は、「雄弁に事実の存在を物語る」一つの方法で、早川の試みであった。今なら「民具」の実態を示す、その姿の写真ということになる。

民俗品前後

この「民具」の語は昭和十年（一九三五）には使われているが、左の写真の昭和八年には「民俗品」と呼ばれていた。民俗品も民具も平たく言えば日々の生活用具である。澁澤敬三はこの生活用具の蒐集にも力を注ぎ、後に〝民具の澁澤〟とも言われるが、これにも早川が深く関わっていた。

澁澤は若い頃、将来は動物学者になることを夢見ていた。友人と動植物の標本や化石などを持ち寄って会合、二十五歳の大正十年（一九二一）五月二十二日の第三回に、アチックミューゼアムソサエティと名付けた。物置小屋の屋根裏（アチック）を標本室として、初めの頃は郷土玩具に重点が置かれていた。

大正十四年（一九二五）にソサエティを除き、アチックミューゼアムとすると共に、澁澤は後の民具に関心を持ち始める。そこに持ちこまれるようになるのが、早川の蒐集物で、柳田國男が深入りしなかった民具の研究を進めることになる。

下津具村（現・設楽町）の夏目一平は、大正十一年（一九二二）から津具郷土資料保存會の有志と生活用具（民具）を蒐集していた。早川はそれを初めて夏目家を訪れた昭和二年（一九二七）八月に見ている。それが蒐集物・造形物・器物・民俗品などと呼んだ早川の民具蒐集に繋がったと思われる。

早川は昭和十一年（一九三六）三月の「ひとつの回顧」に書いている。

宇津峠（山形県飯豊町）で出会った親子の後姿
撮影・高橋文太郎　昭和８年５月

上の親子の前姿
撮影・高橋文太郎　昭和８年５月

たしかはじめは民具に対して、私などは民俗品の語を使っていた。それであの絵葉書を作った時（あれは今和次郎《こんわじろう》教授と選定した）すったもんだの末に、日本民俗研究資料と銘打ったものだ。つまり日本の民俗研究のための物的資料であって、これを一方の生活と切り離して、モノとして、ないし造形物としての単独な価値は未だ充分問おうとしなかった。あの最初の目安を書いた気持ちもそれで、民俗研究の一分科事業として、物的資料の蒐集を目ざしていた。

民俗学を「土俗学《どぞく》」、のちに「民具」となる生活用具を「土俗品」と呼んだ人がいた。澁澤はこの「土俗」の語を嫌ったことと、早川の生活用具への姿勢が〝民俗を研究するための物的資料〟だったことから生まれた「民俗品」の語と推測される。早川は昭和八年（一九三三）七月八日消印の礒貝勇《いそがいいさむ》への手紙に「民俗品御送りくださいましたこと……」と書いている。

ピストルもあり

昭和八年九月に澁澤敬三が書いた「アチックの成長」では、「民俗品」はすでに通用語になっていたように感じられる。それならいつから使われるようになったのだろうか。奈良県立五條中学校で昭和七年九月二十四・五日に開催された、今なら民具展となる名称が「不用品展覧會」となっている。同校の校長で民俗研究者の野村傳四《のむらでんし》の企画で総計九三六点、そのうち家庭用具三九八点、農工商具二八点、武具一九八点、雑具一三点、参考品二九九点とある。点数の多い家庭用具の種類は、飲食器三九、装身具三九点、調度品一六〇点、文房具一四点、照明具九一点、医薬七点、時計七点、防火器一二点、玩具一一点、楽器四点、雑器一四点である。ちなみに武具は江戸時代のものだが、刀剣三九点、ピストル三点、弾丸九点も含まれている。「民俗品」の語がこの昭和七年にすでに使われていたなら、奈良には届いたはずだから展覧會の上は「不用品」でなく「民俗品」が自然だろう。それからするとこの年にはまだ使われていなかったのかもしれない。昭和八年十一月十九〜二十一日に民俗学者の竹内利美《たけうちとしみ》は、先生をしていた長野県川島村（現・辰野町）の小学校で「民俗展覧會」を開いた。衣服・手工業・山林・燈火・婚礼・雑部の分類で一四〇点、それぞれに提供者の名が記してある。「民俗品」の表示はないが、意識していたであろうことは「民俗」の二字にがうかがえる。

これが昭和十一年（一九三六）十月二十二〜二十六日に、鹿児島市の山形屋で開催されたときは「郷土資料　民具展覧會」となっている。主催は鹿児島の民俗研究會で、一、衣食住に関するものとして、家具二三点、燈火用具一二点、飲食用具・調理用具三〇点、服物五点、履物三四点、装身具四点、衛生保健用具四点。二、生業に関するものとして、農具二一点、山樵・狩猟用具四点、漁撈用具一七点、紡織色染め二点、畜産用具一三点、交易用具六点、その他五点。三、通信運搬に関するものとして、運搬具八点、旅行具五点。四、団体生活に関するものはなし。五、儀礼に関するものとして一四点、六、信仰・行事に関するものとして三三点。七、娯楽・遊技に関するもの及び玩具・縁起物として二四点などで、出品目録の名称の下に採集地（製作地）と製作者（使用者）が記してある。蒐集したのは新聞記者で、民俗採訪を続けた野間吉夫である。

「民具」の語は澁澤が昭和十年（一九三五）七月の「アチック根元記」に書いているが、一年後なら鹿児島市に届いていても不思議ではない。これからすると、もし「民俗品」が昭和八年に生まれていたとすると二年で消えたことになる。

もしの続きになるが、「民俗品」の語の発生を昭和八年とすると、澁澤が同年一月に夏目一平を訪れたことと関連があったかもしれない。夏目が早くから生活用具（民具）を蒐集していることは早川から聞いていたが、澁澤自身が自分の目で実際に見た時のひらめきがあったはずで、それが早川と話し合った上での「民俗品」だっのかもしれない。それが「民具」となる過程の資料は持ち合わせていないが、あるいは蒐集は続けたが、アチックでの早川と民具の繫がりに関係があったのかもしれない。

『蒐集物目安』

「ひとつの回顧」にある「あの最初の目安」は、昭和五年（一九三〇）に早川が中心となってまとめた『蒐集物目安』である。各地の関心のありそうな人たちに、生活用具の蒐集の必要性とそれが急務であることを伝えるものだったが、その姿勢は早川の〝民俗を研究するための物的資料〟の色合いの濃いものだった。次は『蒐集物目安』の趣旨と蒐集する項目の一覧である。

吾國ニ於ケル庶民生活ヲ中心トスル文化史ノ研究ハ日ニ旺ンヲ加ヘテ來リマシタガ、一方ソノ一分科ヲ成ス造形物ニ依ル調査研究ハ未ダ深ク顧ラレテ居ラヌヤウデアリマス。ソノ第一段階ヲナス斯種資料ノ蒐集ト保存ハ之又最モ緊急ヲ要スルモノガアリマス。近時急激ナ生活様式ノ改変ト共ニコノ貴重ナ資料ハ日ヲ追フテ必要ノ圏内カラ遠ザカリツ、アル状態デ、或種ノ生活器具ノ如キハ、一日ヲ空シウスル事ハ、軈テ悔ヲ百年ニ貽ス感ガアリマス。斯様ナ意義深イ事業ガ、微力ナ民間個人ノ力デ救ハルベキ筈ハナイノデアリマスガ、将來斯種ノ機関ガ組織サレル迄ノ期間ヲモ、セメテ泯ビユク者ノ残骸ヲモ留メル事ガ、叶ヘラレタラバトノ微衷カラ私共ノ企ハ出発シマス。仍テ先ヅ器物其ノモノヲ出來ルダケ蒐集シ、時ニハ写真絵画等ノ方法ニ依ツテ一部分ニモセヨ之ガ原形ヲ遺シテ置キタイト懐フノデアリマス。此ノ意図ハ一方造形物以外ノ、精神的産物ニ対シテモ同ジデ、妙ナ言分デハアリマスガ、最モ等閑視サレテ居ル領域カラ、幾分デモ調査保存ヲ為テ置キタイト希フノデアリマス。

私共ハ此ノ計画ガ何処迄モ学問的ニ然モ科学的方法ニ依ル研究ノ足場ニナラン事ノ意志ヲ有ツテ居リマスノデ、徒ラニ数ノ豊富ヲ祈リマセン。仮リニ一造形物ノ採集ニ於テモ、之ガ発生ノ原因トカ、使用価値ノ変遷即チ改良又ハ退化等ノ過程ヲ知ルベキ準備ノ下ニ、ソノ用途ノ実際、材料ノ如何、製作様式等ニ関点ヲ置イテ、一方ニハ地方的ニ存在ノ意義ヲ簡明スル為ニ、努メテ、採集地、名称又ハ使用者所持人トノ関係ヲモ明カニシタイト思ヒマス。所謂芸術耽賞ノ風ニ流レテ、根本ノ学問的良心ヲ失フ事ヲ最モ惶レルノデアリマス。別表ノ目安ハ蒐集研究ノ便宜上仮ニ定メタモノデ、造形物分類上ニモ、又種目トシテモ未ダ不完全ノ域ヲ脱セヌモノデアリマス。将来経験ヲ重ネ先輩ニ諮ツテ漸次改メテ行ク考デ居リマス。

一、信仰生活ヲ対象トスル造形物

1祭供品　2幣帛類　3楽器　4偶像　6偶像　5仮面　6呪具　7卜具

二、生活用度品

1燈火器及ビ之ガ関係品　2調理及ビ飲食関係　3服飾（履物ヲ除ク）　4履物　5衛生保健育児　6装身具　7家内用度品　8木地及ビ曲物類

三、産業ニ関スル物

1農耕具　2山樵用具　3狩猟用具　4漁撈用具　5紡織　6運搬具　7牧畜　8交通交易　9特殊職業用具

四、娯楽遊戯

五、玩具

『蒐集物目安』は昭和五年（一九三〇）にアチックから刊行された。早川がその執筆に集中するのは四月の『花祭』発行後だったろう。花祭への思いがまだ冷めていなかったころである。それが目安の最初に「信仰生活ヲ対象トスル造形物」をおいたとも考えられるが、澁澤に言われた『花祭』に欠ける社会経済史的な裏付けを探る手かがりとして、〝民俗を研究するための物的資料〟は早川に身近に必要とした物的資料だったはずである。

早川は昭和二年（一九二七）から、家においてあった信仰関係の造形物をアチックに納めている。昭和五年以降は次第に生活用具になるが、それまでの蒐集物はほとんど信仰関係のものだった。早川のアチックへの蒐集物は昭和十一年（一九三六）まで六〇〇余点を数える。これについては吉田晶子が国立民族学博物館で詳しく調べている。

2　蒐集する民具要目

昭和八年（一九三三）十一月から早川は九州帝国大学へ留学、ときどき東京へ帰っているが、留学を終えて東京に戻った昭和十一年五月から農村更生協会に入り、アチックからは次第に遠ざかって蒐集物もなくなる。この間に「民俗品」は「民具」となり、アチックにおける民具の蒐集と研究はより推進された。澁澤は「アチックの成長」に書いている。

『民具図彙』へ

アチックも数多くの方々の協力によって標本がだんだん集るにつれて、その仕事も忙しくなってきた。何も自ら打って出る気は毛頭ないが、実は、標本そのものに後から押されて前のめり出しそうな気持である。目下編纂中の写真集はその一つで、『民俗図彙』とでも名づけて世に出そうと考えている。物の製作者も採集者も多数であり、その協力から成り立つこのミューゼアムである以上、研究も是非ティームワァークにしたいというのが、かねてからの自分の望みであった。それでこの仕事は高橋文太郎君を委員長、宇野圓空氏、今和次郎氏、宮本勢助氏を顧問格とし、早川君、小川徹君、木川半之亟君、岡本信三君、藤木君がこれに参加し村上清文君が幹事格で取り掛ったのである。

『民俗図彙』には昭和六年頃から取り掛かったようである。ところが昭和十年（一九三五）九月に発行の「アチックマンスリー」四号では『民具図彙』となっていて、「民俗品」から「民具」へ移行していることがうかがえるが、この出版は成らなかった。

この昭和十年には足半草履の研究が行われ、澁澤は同年十月号と翌年一月号の『民族学研究』にその報告を書いている。昭和十年十月二十五日には『蒐集物目安』改訂のための初会合が持たれた。改訂版の『民具蒐集調査要目』は、翌十一年六月に「アチックミューゼアムノート」六号として刊行された。予定では「要目」は『民具問答集』（昭和十二年五月刊）の付録とするはずだった。ところが民具の調査に持って行きたいとか、関心のある人に配りたいとかいう話が出て、先行してノートでの刊行となった。

「民具蒐集調査要目」

「民具蒐集調査要目」は予定に従って『民具問答集』の付録にもなっている。付録ということでは、実はこの『民具問答集』も、初めは『民俗図彙』（『民具図彙』）の付録にする予定になっていた。『民具問答集』は、『民俗図彙』編纂の幹事役の村上清文が、質問事項を整えて民具を寄贈してくれた人に送り、求めた回答を基底にしたもので、『民俗図彙』の編纂が行き詰まったとき代りに浮上して刊行された。アチックミューゼアムノートの一冊だが、三五〇余頁あるのでとてもノートとは言えない。長くなるが、「民具蒐集調査要目」ではどのようなモノが蒐集の対象になっていたのか記してみる。次は「まへがき」の一節である。

民具の分類も、本來は研究の目的方向に向つて整理されるべきでありませうが、此處には一先づ採集の便宜上配列分類したのでありまして、將來點數も増加し、經驗も重ねた上で漸次妥當なるものに改めて行く考えであります。

嘗つて編纂した「蒐集物目安」に其後の採集品を追加し、必要と考へられる民具調査要目を附け加へ此の小冊子を編み、採集の利便に供する次第であります。大方諸賢の御協力を念願いたします。

民具蒐集要目

一、衣食住に關するもの

1　家具

室内器具、寢具、保存用具等を含む。

風立（衝立）　火鉢類　煙草盆　机　踏臺　各種戸棚

長持　鈎の類　銭箱　火棚　自在鈎　下駄箱　鎌巻

花筒　枕　茣座類　夜衾　サッコリ布団　魚サシ　膳

棚　お針道具（ハリヤマ）等

2　燈火用具

燈火器及び發火器燃料の或物を加へる。

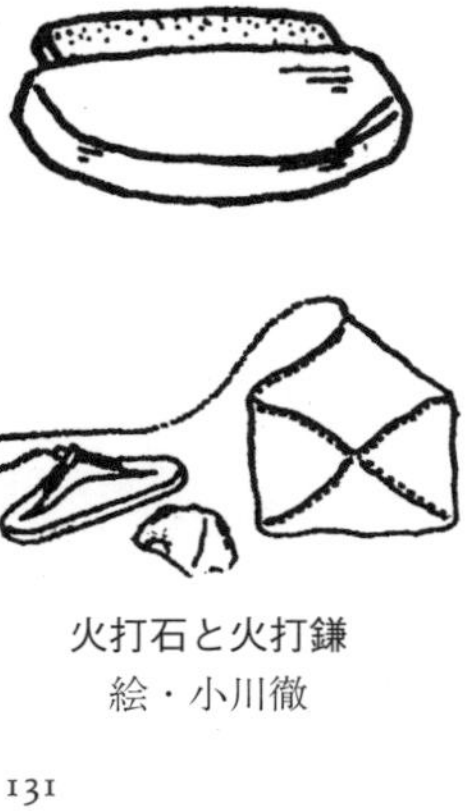

火打石と火打鎌
絵・小川徹

シデ鉢　燈臺箱　行燈　燭臺　カンテラ及びカンテラ臺　提灯　蠟燭　松脂蠟燭　附木　火口箱　火打袋　摺火器　松火　火打石　火打鎌　等

3　調理用具

一般臺所用具中、主として調理に使用する道具を含む。

鍋　釜　桶　俎　摺子木　煉鉢　庖丁　豆腐製造器　粉挽道具　臼　杵　柄杓　鹽壺　鍋敷　笊　テッキ　鍋取り　等

4　飲食用具・食料及び嗜好品

一般飲食器具、其他茶道具、煙草道具を含む。

木地膳　箱膳　盆　チャツ　椀　箸　印籠　メンパ　ワッパ　チギ　ホカイ　茶桶　茶筅　茶杓　茶臼　煙草切道具　煙草盆　等

5　服物（履物を除く）

一般服物の中地方的特色ある様式材料に依る晴着、常着、勞働着を含む。その他防寒（雨日覆）の類も含む。總括して材料には左の如きものがある。

藤布　麻布　綿製品　マダの纖維製品　カラムシ　葛　楮布　獣皮　篠　棕櫚　蒲葵　蒲　菅　藺　芝　海藻　アスナロの外皮　檜　竹　紙　等

製品としては、

藤布の裁着　鹿皮の裁着　マダ布の猿袴　カルサン　犬の皮の胴着　胴胸當　藁の手袋　蒲

脛巾　ドンザ　サッコリ　脛巾　アクトアテ　ヘダラマキ　甲掛　手覆　襟當　フルシキ　手拭　三尺　ユテ　一般の仕事着　各種頭巾　腹掛　前掛　傘　笠　蓑　腰當　腰蓑　バンドリの類　ガント（狩人の被物）等

6　履物

材料には各種ある。

木履各種　藁沓爪掛類　竹下駄　濱下駄　草履　足半草履　皮沓　カンジキ（木製・鉄製）大足　田下駄　等

7　装身具

櫛　笄　元結　竹長　其他結髪用具　袋類　文身道具　等

8　出産、育児用具

出産に關しては祝品、縁起物、又は地方的特色ある調度品類。

育児關係のものでは、

ツグラ　イズメ　イサ　シンタ等の嬰児籃の類

9　衛生保健用具

之には民間療法に必要の用具及び材料を含む。

オハグロ道具　捻木（イタドリの幹、竹ヘラ、藻）温

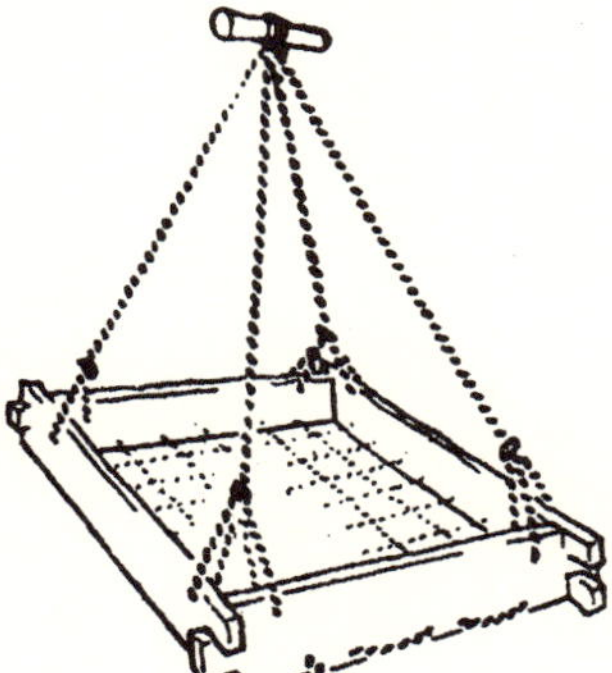

イサ（揺り籠）　絵・小川徹

石　センブリ　オーレン　サイカチの實　等

二、生業に關するもの

1　農具

鍬、鋤、備中、唐鍬、萬鍬等耕転用の器具

摺臼、唐箕、箕、槌の各種、桝、鎌等の収穫用具

其他播種、施肥、除草、害蟲驅除を初め苗代仕立に使用さるゝ用具

大足、田下駄　等

2　山樵用具

山樵に關するもの、中、運搬關係の用具は除く。

鎌　鉈の各種　鋸　斧　鉈の鞘　砥石袋　辨當袋　等

3　狩猟用具

現在の鉄砲具は除外する。所謂火縄銃迄の銃器其他である。

烟硝納れ（印籠式、竹筒、長門細工、角製等狩人各自の製作になる）

狩着　火縄　火縄入れ　火子入れ　口薬入れ　弾丸製造器　山刀　鹿笛　鳥笛　呼子笛　手槍

天串　罠　等

4　漁撈用具

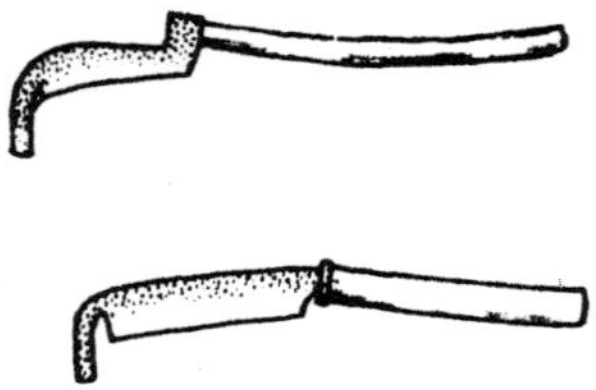

鉈　絵・小川徹

海、湖、川等に使用さる﹅漁撈用具で海藻採取に關するものも含む。
筌　各種の釣具　各種の網　銛　鎌　ヤス　イソカネ　アカトリ　磯着　等

5　紡織色染に關するもの
用具としては、
機　地機　筵機　紡車　綿繰り器　綿打ち具　枠の臺　ウマ　紡筒（オボケ）糸管　筬の各種
梭　縞帳　ヨリコ　ヘソ玉　ガワ類

6　畜産用具
伯楽關係も含む。
手綱　轡　牛馬腹掛　秣桶の各種　鈴　鼻ホガシ　鬣を切る鋏　ラク印　爪切道具　ハナギ
クチモッコー　牛馬の沓　オモガイ　等

7　交易用具
交易、市に關係あるもので度量衡具、計算具を含む。
算盤　各種の桝　財布　銭箱　等

8　其他
漆掻き　樟脳採り　砂金採り　木地師　ガワ師　皮ムギ　岩茸採り　屋根葺師　ヒョウ　ポン　山窩　鹽濱　石工　大工　鍛冶屋等の使用する特殊職業用具　等

三、通信運搬に關するもの

1　運搬具

器械に依るものを除き、牽き　擔ひ　負ひ　舁ぎ　提げ　戴き等の方法に據る用具と、その補助具及び携行具。

橇の各種　鳶口の類　背負梯子　ニンボー　背負縄　背負籠類　ケゴビク　コダシ　ネコダ　セナカアテ　ナンダラ　モッコ　カマス　コブクロ　天秤　ワ　マゲモノ（頭上に置く）等

2　旅行具

ヌサ袋　フクワラジ（三十三ヶ所巡り）　ウチガヒ　ツバクロ　イトダテ　白衣　胴巻　金剛杖　等

3　報知具

拍子木　ホラ貝　バン木　采　半鐘　采配　旗　ノロシ具　文箱　等

四、團體生活に關するもの

災害豫防具、若者宿の道具、地割用具、共同勞働具等を含む。

堂椀　共同使用の網　車　等

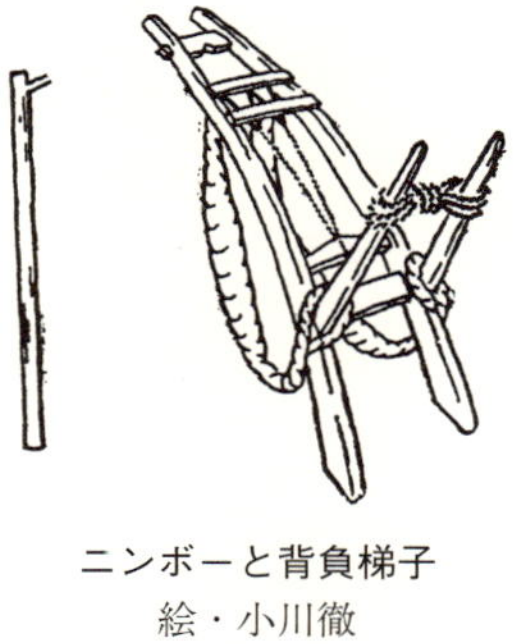

ニンボーと背負梯子
絵・小川徹

五、儀禮に關するもの
1　誕生より元服（成年式）
イワタオビ　イヤギ（喜界ヶ島にて子供の出産運定めとして屋根にさす用具）　ウブギ　ヨダレカケ　テゴ（七五三の用具）　穿き初めの草履　褌　オハグロ道具　歯ガタメ餅
2　婚姻
祝物、縁起物、又は地方的特色ある調度品。
フネ　ツギバコ　ワタボーシ　オハグロ道具　〆酒の類
3　厄除
厄除、厄拂ひに關係ある特殊の道具。
4　年祝
火吹竹　フクベの着物　麻葉の褌　赤色のチャンチャン　帽子　等
5　葬式、年忌
特に地方的特色ある民具。
アシナカ　冠り物　配りもの　水トーバの類
六、信仰・行事に關するもの
1　偶像

主として民間卑近のもので、所謂高等な藝術品とは自ら別である。

庚申、山神、水神等の民間信仰に機縁多き御影又は御札の類。

オクナイ様　塞の神　行者　地藏　馬頭観音の類　オシラ神　カクラ神　和合神　等

狐　犬　狼　鹿　蛇　鶏　烏　蛙等の如き、動物の形態を採つたもの

河童　天狗　八足牛等の妖怪に類するもの。

蟲送りの藁人形　精靈馬　形代の類。

或は夫等の写真。

2　幣帛類

幣帛　ケヅリカケ（小正月の花）　依代　梵天　萬燈の如きもの　ザゼチ　道祖神祭の飾り

シメ縄の類　ス、ハキ男　道柴の類　石　幟　繭玉　等

3　祭供品及供物

汐タゴ　キヨメ御器　エビスの藁皿　オミキスヾ等の祭供品　ミズの餅　等

4　楽器

笛　太鼓　鈴　神楽鈴　ビンザ、ラ　サ、ラ　鉦　鰐口　四ツ竹　拍子木の類

5　仮面

材料として木彫、木彫彩色、木地彩色、樺皮、瓢　土型、張子等が主たるもので種類は、

鬼神　観音　般若　日能水能　猿　蟹　ナゴミタクリ　オカメ　ヒョットコ　尉　天狗　獅子

龍　狐　等　及びその補助具

6　呪具

呪性を帯ばしめる民具類、動植物其他。

7　卜具

粥杖　杖　筭木《サン》　筮竹　繊箱　等

8　祈願品

石椀　山の神への粉袋　枕　オコゼ　奉納

苞　薪　等

七、娯楽遊技に闘するもの

娯楽遊戯、賭事、競技に闘する器具。

八、玩具・縁起物

手製の玩具にして商品にあらざるもの。

民具調査要目

鹿児島県百引村（現・鹿屋市）の民具
撮影・櫻田勝徳　昭和９年10月

名称

一、名前は土地で何と言ひますか。

二、他にも別名がありますか。

三、部分名はありませんか。

採集・採集地

四、何時、何處で採集されましたか。

五、採集当時の状況をお知らせ下さい。（例えば使用中のものであったとか、農家の壁に下げてあったものとか）

製作・製作地

六、自製品ですか。販賣品ですか。

七、販賣品とすれば代價は幾ら位ですか。又仕入先は何處でせうか。

八、自製品とすれば誰が何處で作ったものですか。（製作者の年齢、職業、性別等）

九、一個の製作時間はどれ位かゝりますか。

一〇、製作にはどんな道具を使用しますか。

一一、特別な寸法の取り方はありませんか。（例えば長さの測定に指長、指巾を単位とするが如き）

材料
一二、材料には何を用ひますか。
一三、材料は何處から手に入れますか。
一四、材料の處理に就いてお知らせください。（例えば蔭干しにする。打ち藁の後使用するとか）

使用・使用地
一五、主として使用している土地は何處ですか。
一六、主にどんな人が使用しますか。（使用者の年齢、職業、性別等）
一七、現在盛んに用ひられてゐますか。
一八、現在使われていないとすれば何時盛んに用ひられたのですか。
一九、現在の代用品はどんなものですか。
二〇、どんな場合・時季に用ひますか。
二一、どんな風に用ひますか。併用する民具が別にあるでせうか。
二二、どんな風に保存しますか。

分布
二三、使用地域はどんな風に擴つてゐますか。（例えば部落全體だけとか、村、郡全體に使用してゐる

とか等）

由來

二四、何時頃から用ひられはじめたか、何處から傳へられたか、と言ふことについて何か言ひ傳へはありませんか。

二五、使用其他について俗信、傳説はありませんか。

3 民具の定義と蒐集

はぶく用具

『蒐集物目安』では最初においた信仰に関する項目が、この「要目」では最後の方になっている。早川が最初に置いたのは、信仰に関わる造形物には神と仏が一つになっていた時代の生活、信仰が見られ、民俗の探求に最適と考えていたからである。民俗芸能を主体にさまざまな信仰形態を見てきた早川と折口には通じることで、「ひとつの回顧」に次のようにある。

われわれ民族のもつ生活伝統が、広い意味の言語、行動に表れた以外に、造形物に写し示された過程への探求であった。折口博士などもこの微衷に賛意を与えられて、いつだったか年度はじめの相談会に、諸国の正月行事に関した削り掛けとか、あるいは鉈、斧、鉞の類の蒐集を提言された。

この『民具蒐集調査要目』の前に足半草履研究がなされているが、九州に行っていた早川は参加できなかった。それでも各地で足半草履を蒐集して送っている。その足半草履研究の人たちが、ほぼそのまま「要目」の編纂にあたった。礒貝勇を委員長に、澁澤敬三、宮本馨太郎、挿図も描いた小川徹らである。九州に行っていた早川は昭和十一年（一九三六）一月十七日まで参加していないようである。原案はその翌月の二月十四日にはほぼできて、発言の機会のなかった早川に与えられたのが「ひとつの回顧」だった。まとめるのに苦心したという委員長の礒貝勇は、早川と民俗品について手紙のやりとりをしたのがきっかけで、アチックの同人となった。

民具に対する考え方に早川と澁澤と多少の違いがあった。早川は「ひとつの回顧」に書いている。

民具の定義についてはこの間（一月十七日）の相談会でも問題になった。字義的解釈ならば、あるいは簡単かもしれない。しかしアチックの現在の収蔵品を民具として、これに定義づけるとなるとはなはだ厄介である。これにはわれわれの蒐集の態度に多分に感情が混じっていた。たとえば澁澤さんもいわれるように、民間の生活を対象にするモノといっても、大量生産的な飯茶碗や、今日の農村の改良服などは厭だし、以前の生活に関係があっても、いわゆるハコセコや匂い袋の類は敬遠したい。農具などでも機械的要素の濃厚なものは芳しくない。できれば家内工業における紡織車の程度に止めたく、欲をいえばテビラヒサゲぐらいに限度をおきたい。

早川は澁澤が示した蒐集する民具の範囲を語っている。「(一月十七日)」は昭和十一年で、早川はこの日の新年事業相談会に出席した。そこでもうかなり進んでいた『蒐集物目安』の項目の改訂による『民具蒐集調査要目』の話も出て、澁澤が話をする。早川にするとそれは「多分に感情が混じった」ものだったのだろう。民具の範囲から外す一つの飯茶碗とは陶器のことで、これについては宮本常一が『民具学の提唱』に書いている。

民具蒐集に協力した人に早川孝太郎氏がいる。その早川氏は瀬戸物類の蒐集も必要と考え三河地方の古い窯跡から陶器の破片を石油箱に二杯ほど集めてアチックに持って来ていた。しかしこれに手をかけてみる人はほとんどいなかった。昭和三〇年頃であったか、三田の澁澤邸にのこっていた民具を保谷の民族博物館の方へ移すことになって、旧アチックの建物の二階にあったものを整理したときこの陶器の破片の箱が出た。私はそれを一通りひろげて見ていた。そこへ澁澤先生が来て、「早川君が集めたものだよ。早川君がそういうものまで持ちこみはじめたのだが、陶器は民具ではないからね。持って来るのを差し留めたのだよ」といわれた。私はそのままま箱につめて、他の民具といっしょに保谷へ送った。私もその頃までは陶器は民具とは考えていなかった。『民具蒐集調査要目』を見ても、「飲食用具、食料及び嗜好品」の中には、茶碗、皿、壺、徳利のような品物はあげていない。

宮本常一は昭和四十年(一九六五)設立の、近畿日本ツーリストの日本観光文化研究所の所長になるが、そこでの民具蒐集には陶器も加えた。

澁澤の示した蒐集の範囲に対して、早川は「ひとつの回顧」に続けて書いている。

小は農家の台所にある鍋取りから、農家の建築まで、できれば正月の左義長の松明の塔までも欲しかった。しかしこうはいっても、当時、民俗の語に対する解釈も、私などはすこぶる怪しいものがあって、すべての生活現象を含むくらいに、時には考えていた。今思うとまことに雲を摑むように頼りないもので、気恥しいが、ただせめてのもの慰めは、蒐集に対する期待の大きかったことと情熱のかなり熾烈だった点で、「一日を空しゅうすることは、やがて悔いを百年に遺す……」などと、いささか感傷にはしっていた。

陶器を楽しむ

早川には蒐集から外す物はなく、民具には「すべての生活現象を含む」と考え、陶器も集めようとしていた。これには早川の趣味も重なっていた。だから陶器は民具ではないと言われたことで、古陶器に目のなかった早川は安心して楽しむことができたとも言えるようである。早川が戦後ほどなくノートに書いた「所蔵陶器目録」には、所蔵する七十点の陶器の入手した場所と年月、それに早川の予想価格などが書いてある。「萩焼茶碗　大正十三年頃、池袋の道具店にて金六十銭にて求めしもの。時價五阡円位を欠くることなき品、所蔵中の第一級品なり。無疵」

などとある。妻が着物の帯が欲しいというので、陶器を一つ手放して上等な帯を買ってやった、と日記に書いている日もある。奥三河の夏目一平も同じ趣味だったので、訪れた夏目家で、夜遅くまで古陶器の話がはずむことがしばしばあったらしい。

ところで澁澤は早川亡き後、昭和三十三年（一九五八）二月二十二日に行われた還暦祝賀記念論文執筆者招待会で、反省らしい弁をちょっとだけ述べている。

大きな先達になってくれたのが早川孝太郎さんで、三河の北設楽郡の花祭に行って、あの辺の民具を持って帰ったのがやみつきだと思うのであります。しかし今思い起こしますと、相当の点数にはなっておりますが、実はこれでお前生活してみろというと全然できません。要するに引き離しやすいものだけ持ってきたのであって、ほんとうに要するものはちっとも集めてきていないことに気づきますと、やはりジレッタントのやったことだと考えざるをえないのでありまして、決して本格的な仕事ではなかったという恨みを、今も十分持っているのであります。

礒貝勇と民具

『民具蒐集調査要目』編纂の委員長を務めた礒貝勇と交わした、残っている最初の手紙は昭和八年（一九三三）六月六日消印のものである。早川が方言学会で話をしたときの筆記を見た礒貝は、書いた原稿を早川に送った。それに対する早川の返書である。

御手紙難有拝見いたしました　なお御送附の原稿早速讀まして頂きました大変綿密な且注意深い御調査で私も大いに学ぶ点がありましたこと感謝いたします　民俗学又は方言の調査は近來殊に旺んでありますが　民俗生活に最も縁の深い「物」に対する関心は全く拂はれて居りません事実に対する調査は閉却されて各地の又聞きや文献の上の比較ばかりでどんなものが使はれてそれを何と呼んで居るかも判らぬ状態では心細い限りと思ひます　一はし理屈を言ふ人達も（名彙の上で）実際はどんなものなのか知らずに居る状態です　それもこの問題をしんけんにやらねばならぬと思ふのならば格別一部の虫の名や植物の名を比較すればそれで事足りると考へる風が一帯に承認されてゐる事は少し情けないと思ひます　市井蒙昧の民の使用するものなどはどうだって構はぬといふやうな事大的思想が学者にこびりついて離れぬではないかと思ひます　かうした際に一々正確な観察をこの物の上に下して進んでゆこうとされる貴方のやうな方の出現は　実はひそかに期待されて居たこと丶思ひます　私が方言学会で為した話は実はその事を少し実例を挙げて云うて見たに過ぎませんが、実は全く知識に欠ける点があります　筆記が極めてい丶かげんなので話の筋はまとめて発表するやうに約束してあるのですが　未だ書けません　貴方の御努力に刺激されて急に思立って纏めやうと思ってゐます　御稿は御言葉もありあのま丶で「民俗学」に載せて貰ふことにしたいと思ひます　右御承知おきください

尚この物については今の中に実物を一通り集めて正確な測定と記録を取っておく必要のある事を感じまして、数年來心かけて居りますが、微力でまだ充分の効果を挙げる事が出來ません。別封の目

安は一昨年の春間に合わせに作ったもので下らぬものですが御覧下さいまして　御地方の物をもし御次手がありましたら御恵與願ひ度いと存じます　鉄道便（運送店にかけて）で運賃先拂にして頂けば宜敷いです　荷造り費等も計上下されて構ひません　私の方は殊に中國地方が連絡の途がなくて困って居りますので勝手な御願ひを申す訳です

礒貝はこのころ広島市に住んでいたから、文末の「困って居ります」は解消される。礒貝はこのあと民俗品をしばしば送ってくる。昭和八年（一九三三）九月一日消印の礒貝から早川への手紙は、送る民俗品の説明である。

暑さも未だ酷しい様ですけれども貴方様にはお変わりは御座いますまいか　お伺ひいたします。其後思はぬ御無沙汰いたしまして申し訳御座いません。僕もお蔭様で至極元気でゐます。瀬戸内の島や山で遊んで参りました。

アチック・ミューゼアムが此度増設新築されたとの事、うれしい事で御座います。一方ならぬ御骨折りの事と遠察いたします。これまでもなく送付いたす心組で居りました民俗品、今日只今別送いたし置きます。御査見の上お選み下されば幸に存じます。

以下送付の民俗品の個々に就て説明をいたします。

一　セナコーチ（二種）　これは安藝国《あきのくに》安佐之郷《あさのごう》飯室村《いむろむら》にて作られたもの円型は背の曲がった老人にとても具合がいゝそうです。これだけ單独の背当てに使用するのではなくてオイコにつけます。此背当には御承知の様に色々の種類が御座いますが、これなどは粗末な作りです。

二　アシナカ　a—安藝国佐伯郡大竹町
　　　　　　　b—淡路・都志《つし》町
　　　　　　　c—安藝国佐伯郡石内町
　　　　　　　d—安藝国佐伯郡観音村

以前送付いたしたものは川船の船頭が使用いたしたものですが、四種はいづれも農夫のものです。型状の差異に妙味を覚えます。

三　ワラジ　aは一般のものです　送付の分は安藝国安藝郡坂村にて採集、其他　県下にて採集いたしたワラジは全部中型です。bは阿波国美馬《みま》郡一宇《いちう》村にて採集いたしたもの　踵の部のところに異同をみます。

四　ハバキ　これは安藝国山縣郡中野村にて採集いたしたもの、曽って安藝国の北部でみたものは材料も型もそして名称も皆これと同一であった様に記憶して居ります。

五　メンコ　安藝国山縣郡大朝町にて求めたもの。

六　ユキワラジ　以前送付いたしましたユキワラジと御比較下さい。安藝国山縣郡加計《かけ》町にて採集いたしたもの。

七　イワ　安藝国安藝郡倉橋島の本浦にて海水浴中に砂に埋もれてゐるのをひろったものです。漁夫に名前を問ふたらイワですよ　イワグリですよと答へました。大漁の字の事を問ふたら笑いながら「エンギですのー」と答へました。

八　ベントーカマス　周防の平郡《へいぐん》島を歩いた時涼しい松の木蔭にこれが吊してあったのです。田の草をとってゐる農夫に無理にわけてもらったのです。平郡には東と西に部落があるのですが、東にはこれを使はず西の方にだけこれを用います。口ヒゲを貯へた農夫がいやにすれてゐて高価なことを申しました。今はこれを作るものも余りゐないらしいです。

続いた蒐集

早川の六月六日消印の手紙の初め、「早速讀まして頂きました」とあるのは「物を容れ運ぶ器のことなど」という題名の礒貝の原稿で、昭和八年八月号の『民俗学』に掲載された。この題名は早川が方言学会で話した時の「物を容れ運ぶ器に關する名稱」を受けている。同じ民俗品を主題として、早川とは別の角度から論じた優れた原稿で、早川は「大いに学ぶ点ありました」と続けている。そして同年十一月に九州に行くとき、早川は礒貝の広島市の家を訪れた。

礒貝が澁澤に初めて会うのは昭和九年（一九三四）五月下旬、澁澤敬三を団長とする薩南十島探訪から戻ってきた時である。早くにその連絡をした同年四月二十日の早川の手紙に、「澁澤氏等も貴方に是非御目にかゝり度いと申して居りますから」とある。この頃、礒貝は広島県立工業学校の先生をしていたが、昭和十年に新設された東京府立電機工業学校に迎えられて上京、アチックも近くなり、よく訪れて民具の研究に加わり、『民具蒐集調査要目』編纂の委員長に指名される。

昭和五年（一九三〇）以降、アチックの蒐集物、民俗品は増え続ける。それはこうした礒貝のような協力者がいたことだった。早川も旅に出た時は、たとえ一つでも二つでも蒐集するように心がけている。九州帝国大学に留学した九州でも蒐集は怠っていない。次は昭和十年三月二日に書いた澁澤への手紙で、熊本県の人吉地方で蒐集した民具の目録を添えている。

拝啓

肥後人吉から民具少し送り後はこちらに持って参りましたのでその分は何れ他の分を合せ発送いたします。今度の旅行で農具を少し蒐めるつもりでしたが、山は金属品が特に貴重なので、遠慮して大したものは無く残念でした。別紙目録の通りです。次に今回は何分山の中を次々に歩くことにて案内の人夫を雇ふ必要ありその為め今月分の下宿料を喰ひこみましたので、例により民具代と、人夫賃を目録添へ候故第一銀行方に御願ひして頂く事に致し度いと思ひますから御□□願ひます。尚江崎教授方のタイピストに拂ふ金拾円だけ一緒に受取ります　何れ月曜日か火曜日に銀行に参り度と存じます。皆様によろしき

三月二日　　福岡にて　　早川孝太郎

渋沢様

目録

八銭　一、タケンカワ草履　上益城《ますき》郡浜町スバヤシ産
　　　二、子供用　下益城郡砥用《とよう》町早楠
一、二〇銭　一、テゴ一、　ヤボ（焼畑用）
　　　五家荘葉木村
一〇銭　一、スデ一、　大豆、粟などの実を落す用
　　　五家荘葉木村下屋舗殿様の家
一、六〇銭　一、テゴ一、　ヤボ用　五家荘樅木村
七〇銭　一、カボケ一、茶入れ　〃　字スクノタニ
一円　一、オゴケ一、苧績筒　〃　久連子村
五〇銭　一、ツノブクロ一、　〃　〃
　　　種物運搬用（材料麻）
十銭　一、サイヅチ一、　〃　〃
　　　粟稗等ノ実ヲ落ス用
　　　之はこの正月のワカキにて製せるもの
八〇銭　一、ミノ一、ホンスゲ製。　〃　〃

新品

以上

早川が澁澤へ送った民具の目録は他にもあるが、金額を記した目録は少ない。この金額に決まりがあるわけではなく、土地の生活水準などを見て支払ったのだろう。当時の金額としてはたして払った右の額は高いのだろうか、それとも低いのだろうか。

博物館に展示

昭和八年（一九三三）九月一日消印の礒貝から早川への手紙に、アチックが増設新築のことが書かれている。蒐集民具が増えて、アチック、すなわち物置小屋の屋根裏に納まり切れなくなったからである。しかし新館もほどなくいっぱいになる。澁澤は昭和十一年（一九三六）頃から新しい博物館の建設を考えるようになる。それは高橋文太郎の協力によって、高橋が住む保谷町（現・西東京市）に約一万坪の敷地を得て、仮建設ではあったが、二階建一二五坪の研究所・事務所を建設する。それが昭和十二年（一九三七）九月にできると、翌月、アチックの民具は日本民族学会に寄贈された。同年十一月の時点で蒐集した民具はおよそ八〇〇〇点という。高橋文太郎・礒貝勇・宮本馨太郎・小川徹の四名は、日本民族学会附属民族学研究所の研究員となった。

敷地内に武蔵野民家を移築、絵馬堂、車井戸なども新築し、昭和十四年（一九三九）五月一日に「民族学博物館」として開館する。だが問題が出たのと、戦争で昭和十九年（一九四四）にやむなく閉鎖となる。戦後、アイヌのチセ（民家）を建て、木曽の水車を移築（奄美大島の高倉は昭和三十五年二月に移築）、民族植物園など野外展示も備えて昭和二十七年（一九五二）五月に再開した。しかし建物の老朽化で収蔵民具の保全が難しくなり、民族学協会は民具を国に寄贈することにした。昭和三十七年秋に文部省史料館の民具収蔵庫ができると、民具はすべてそこに移された。

その民具は文部省史料館から吹田《すいた》市（大阪府）千里にできた国立民族学博物館に移管した。博物館は昭和五十二年（一九七七）十一月十七日に開館し、かつてアチック同人が蒐集した民具も展示して

国立民族学博物館の民具展示
撮影・平成15年8月

鯉淵学園の研究室に収納してあった民具の一部
提供・和田文雄

あって、誰でも見ることができる。この博物館の一連の動きに早川は直接関わることはなかった。アチックには納めなかったが、早川は民具の蒐集をずっと続けていた。戦後、それを先生になった鯉淵学園の「村落社会研究室」に入れておいた。学生に実物を示して教えるためだった。かなりの数になっていたが、その研究室が昭和二十九年（一九五四）四月二十九日に漏電で全焼し、民具はすべて灰と化してしまった。早川は「あれだけの物はもう集まらないよ。学生が各地から持ってきたものや、中には今ではどこへ行っても手に入らないような貴重な物もあったのに……」と本当に残念そうに語ったと言う。

民具の論考

早川の民俗品や民具についての論考は多くない。表題に民具と付くのは『日本の民具』に執筆した「吐噶喇列島の民具」だけである。でも、唯一の民具の表題の書誌を早川は見ることはなかった。

『日本の民具』は祭魚洞（澁澤敬三）の還暦記念として企画されたもので、予定では祭魚洞の六十歳の誕生日、昭和三十一年（一九五六）八月二十五日に刊行のはずだった。それが遅れて二年後の一月になる。そのとき早川はすでにこの世にいなかった。

「祭魚洞先生還暦記念出版」の案内書は昭和三十一年一月三十一日付で執筆依頼者に出している。謄写印刷の案内書で、そのガリ（原紙）を切ったのは、文字の特徴から宮本常一である。書名は仮題として『民具概論』となっている。執筆要領に次のようにある。

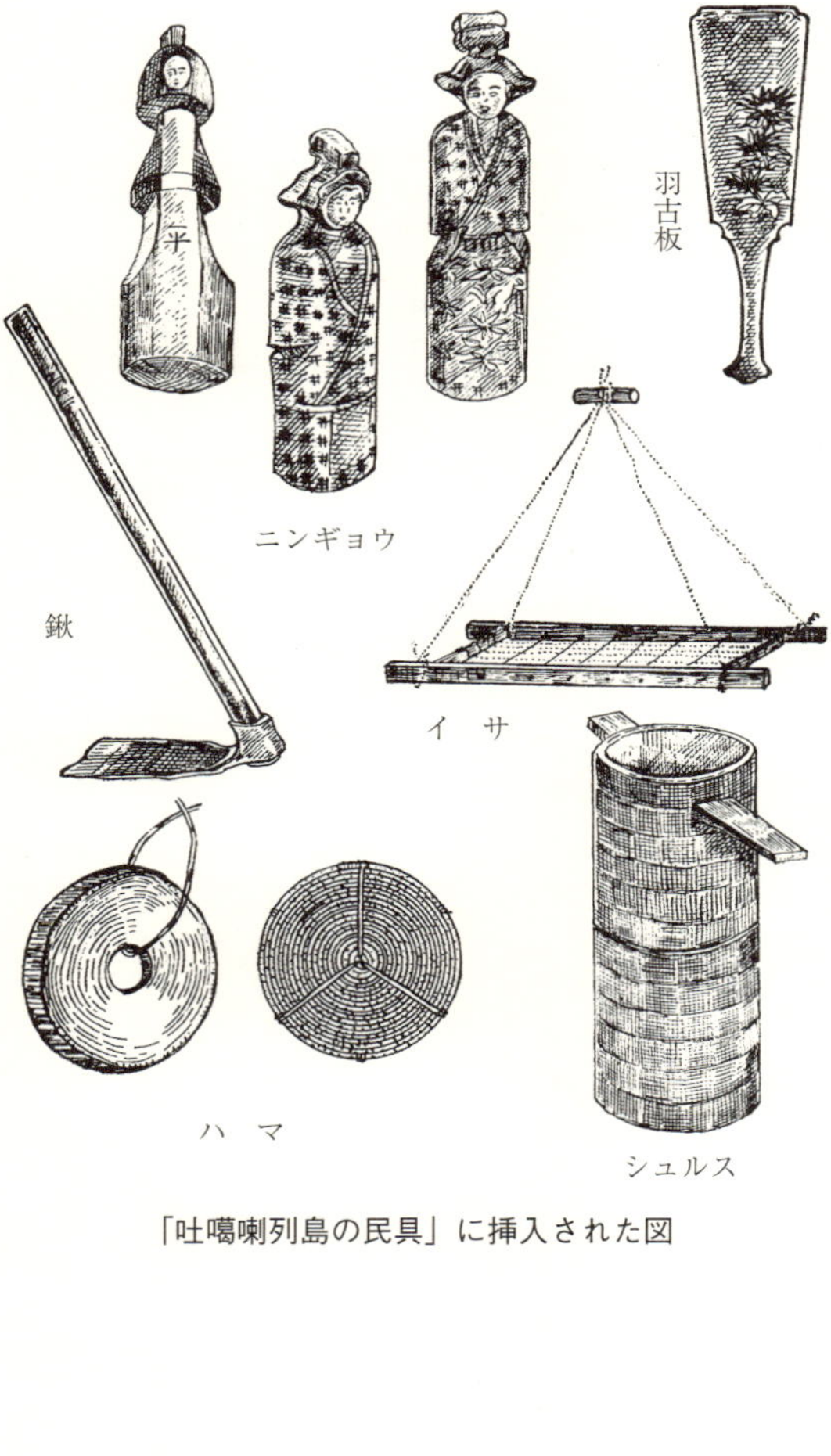

「吐噶喇列島の民具」に挿入された図

祭魚洞先生の御要望もあって、論文集ではなく、いままでアチックで研究して来たことのまとめのようなつもりでかいていただき、一般の人たちへの啓蒙書にしたいと思う。したがって、それらの題名について「農具」とは、あるいは「漁具」とはどういうものなのかを一通り説明し、つぎにいままで調べて来たものを一つか二つとりあげて誰もがわかるようなモノグラフをかいていただきたい。

執筆依頼者は、岡正雄、宮本馨太郎、八幡一郎、遠藤武、小川徹、早川孝太郎、櫻田勝徳、礒貝勇、後藤捷一、宮本常一、吉田三郎、竹内利美、額田巌で、『日本の民具』では八幡一郎が執筆していないほかの陣容は同じである。ただ案内書で示した題名をほとんどの執筆者が変更している。早川も案内書では「農具」である。それを「吐噶喇列島の民具」にしたのは、鯉淵学園の民具が焼失し、まだそのショックもあって農具については書く気になれなかったこと、体調がすぐれないこともあった。そこで二十余年前の薩南十島探訪やその後に訪れた黒島、悪石島のスケッチが手元にある、懐かしさの残る吐噶喇列島にしたのかもしれない。「現状にそぐわないものがあろうことを予めおことわりして置きたい」と前文にある。昭和三十一年五月十三日の日記に、「吐噶喇列島の民具の原稿書く」とある。

第七章　旅あちらこちら

1　北へ南へ山里へ

『花祭』の発行以後、早川はその調査と原稿執筆の束縛から解き放たれたかのように旅――民俗品の蒐集をかねて――をつづける。昭和七年（一九三二）十一月には高橋文太郎と薩摩半島の旅をした。明けて昭和八年元旦から夏目一平の下津具の花祭に澁澤らと行き、さらに原田清の案内で山仕事の現場である長野県神原村《かみはらむら》（現・天龍村）へまわり、原田の事務所に泊まった。

昭和八年の旅

そこから帰ると一月八日からやはり高橋と紀伊半島にでかけた。このころ西日本では頭上運搬がよく見られたが、古泊《こどまり》（現・三重県熊野市磯崎町）で女の子は七、八歳から頭上運搬を練習させられ、隣家に何か届けるときにも頭上においたという話を聞いている。

吊り橋の架かる十津川村池穴
撮影・高橋文太郎　昭和８年１月

二人は海辺の集落から紀伊半島内陸部の十《と》津《つ》川《かわ》村《むら》（奈良県）に足を運んだ。村としての面積は全国一だが、その九六パーセントが山林という村で、深い谷底を曲がりくねりながら流れる、十津川沿いの低地や山の斜面に家がある。

明治二十二年（一八八九）の夏は日照りが続いた後、八月十八日から強い風とともに雨が降りつづいた。この豪雨は二十日にはあがったが、十津川は洪水を引き起こして家屋を襲い、二五五人の死者を出した。

ここでの再建は難しいとして北海道移住が提案され、十月下旬までに村の三分の一の六〇〇戸、二四八〇人が移住して開拓、新十津川町ができる。二人はこうしたことにも関心があったのだろう。現在は人口約六八〇〇人の農業の町になっている。

朝日村三面

二月は長野県、四月は秋田県、五月には澁澤、高橋、村上らと新潟県朝日村三面を訪れた。三面《みおもて》は山形県寄りの陸の孤島のような山里で、わずかな田畑に山菜、川漁、熊猟などによる自給自足の暮らしが続いてきた。早川は「山と農業」に書いている。

これも平家落人伝説で有名な越後の三面は、隣村はともに山道五里を隔てた奥地にあって、現在の部落は三面の畔にあるが、元屋敷というのは、そこから十数町隔てた高地にあった。

この三面はダム工事のため昭和六十年（一九八五）十一月一日に閉村式を行い全戸が離村した。平成十二年（二〇〇〇）秋の貯水開始でダムの底になった。

三面には昭和五十年代でも行くのは大変だったが、昭和八年はなおさらのことで、澁澤の旅譜によると、上野から奥羽本線の汽車に乗り、米沢駅で米沢線に乗り換えて手の子駅で下車、そこから車で

三面の手造りの丸木舟

渡川や川漁に必要だった。撮影・高橋文太郎　昭和８年５月

ダムに沈んだ新潟県朝日村の三面集落　撮影・高橋文太郎　昭和８年５月

三面の狩装束
足にケタビ（羚羊の足の皮製）を履く。撮影・高橋文太郎　昭和８年５月

宇津峠を越えて小国町を北上し、同町北端の入折戸《いりおりと》から歩いて蕨峠《わらびとうげ》を越え、五月二十日にようよう三面に入り二十二日まで滞在した。当時の三面の人々には、背広姿で険しい山路をやってきた珍客と見えたことだろう。澁澤は集落の風景や畑で働く人、同行者の様子などを十六ミリフィルムに収めているが、中に澁澤自身が狩装束を着けている場面もあるので、そのときはだれかにフィルムをまわしてもらったのだろう。

三面のあと、澁澤、高橋、早川は日本海に浮かぶ粟島《あわしま》（新潟県粟島浦村）に渡った。江戸時代には北前船の要港として栄えた島で、内浦と釜谷の二つの集落があり、漁業で生活する。

九州山地を歩く

早川は昭和八年（一九三三）十一月から九州帝国大学へ留学する。澁澤がいう『花祭』に欠けている花祭の社会経済史学を学ぶためであった。これは早くから話が出ていたようで、同年四月二十二日消印の夏目一平への手紙に、「私もこの秋ごろから或るいは都落ちしなくてはならぬかも知れぬので目下非常にせわしく閉口して居ります」と書いている。実際そうなり、九州帝国大学の農学部農業経済研究室の助手となって、小出満二教授の指導を受けることになる。下宿は大学に近い福岡市箱崎町だった。

昭和十四年（一九三九）からアチック同人となる宮本常一は、『早川孝太郎全集』第九巻の巻末の「早川さんの島の旅」に書いている。

大学の研究室に入ってガラス戸の中の研究生活が如何に味気ないものであるかを知ったという。

宮崎県鞍岡村道之上（現・五ヶ瀬町）　撮影・早川孝太郎　昭和９年２月16日

これは早川さん御自身から聞いたことであるが、農業経済学などという学問は農民の日常生活とはおよそ関係のないところでおこなわれている。そこで読まれる書物、取り扱われる資料は農民のなまな生活はほとんどなく、学者の書いたもの、官庁の調査資料のようなものなどで、そういうところでの研究生活は早川さんの肌にあわなかった。そこで早川さんは小出先生と相談して、できるだけ九州各地をあるきまわってみることにした。

そうして新嘗祭の日の十一月二十三日に、日帰りのできる志賀島《しかのしま》（現・福岡市東区）へ行っている。年末に帰京し、昭和九年（一九三四）の元旦から四日までは中在家の花祭を見て東京に戻ると、亡くなった佐々木喜善の家族のことで相談に行き柳田國男に嫌われる。

福岡に戻ると二月十五日から十七日まで龍野壽男、櫻田勝徳と肥後（熊本県）山地を旅する。龍野壽男は農学部の学生、櫻田勝徳は昭和七年（一九三二）頃から漁業史研究のためアチックにきていたが、判事の父親の転勤で福岡市にいた。早川のこの時の紀行文はないが、櫻田は「肥後《ひご》めぐり」を書いている。早川は写真をかなり撮っている。なお日向《ひゅうが》（宮崎県）にも一日だけ寄っている。

椎葉へ難儀な道

その一カ月後の三月十七日から二十三日まで、櫻田と肥後に近い日向の椎葉《しいば》村を訪れた。案内の興梠《こおろぎ》庄四郎を加え、十八日の朝、高千穂町三田井を出発して山路を南下、長い尾根道を歩いて山を越え、日暮れ近くにかつて村役場のあった七つ山（現・諸塚村）に着いた。十九日は寺と村長の息子の二人が案内してくれることになり、七つ山から山路を西へ歩き、標高一三五〇メートルと言われる横尾峠を越えて椎葉村に下った。

七つ山の山路も横尾峠の山道も、地図で見ると実にくねくねと曲がっていて、たとえ自動車でも大変な道のようである。後日、早川がこの旅の様子を柳田に話すと、「難儀な道を殊更に選んで馬鹿なことをしたものだ」と言われたという。

それに対して櫻田は、「七つ山越えという道を選んで椎葉にはいった早川さんの選択には、昔の山人が好んで通ったにちがいない七つ山越えの、長い尾根沿いの路を体験し、少しでも古人に近づけるものを身につけたいという願いがあったからだと、今も信じている」と書いている（月報5）。

椎葉村では十根川、上椎葉、小崎、尾八重《おはえ》、上福良《かみふくら》、桑弓野、嶽枝尾《たけのえだお》、大河内などの集落をまわっている。どの集落へ行くにしても、細い山路をかなり歩かなければならない。

宿は上椎葉の日隈旅館、二十日の朝はそのすぐ前の那須定蔵家、那須大八郎と鶴富姫の物語の伝わ

宮崎県の民謡「稗搗節」に歌われている椎葉村の鶴富屋敷
撮影・高橋文太郎　昭和９年３月20日

る鶴富屋敷を訪ねた。その時の主人は銀蔵である。午前十時ころ中瀬淳に会った。

中瀬は明治四十一年（一九〇八）七月十三日に椎葉村に来て、十八日まで滞在した柳田國男を村長として案内した。そこで見た狩伝書をもとに柳田は『後狩詞記』を書き、明治四十二年（一九〇九）三月に自家出版する。『遠野物語』の前年で、これも民俗学出発点の書誌とされるが、『遠野物語』ほど話題にはならなかった。

櫻田はこの時、中瀬に聞いた話を「椎葉紀行」に書いているが、早川の「椎葉聞書」に中瀬の話はない。

二十日の夜は同宿の村長・黒木盛衛から話を聞いた。櫻田は「椎葉紀行」にまず椎葉村の姓を聞いて、もっとも多いのは那須、椎葉、次に甲斐、黒木、松岡、石田、尾前、山中だとし、次に正月行事を聞いて書いている。早川はやはり黒木の話と特定しては書いていない。でもこの後、民俗についての問状をしばしば出している。早川が黒木に出した手紙と問状は残っていないが、黒木か

右の少年のおよそ70年後
撮影・平成24年９月

早川が好きだった椎葉村の少年
撮影・野間吉夫　昭和18年頃

らの回答は九通ある。

椎葉村を去る二十二日の朝、前日から降りつづく雪の中を、荷を持ってくれる少年と三人で大河内から湯山峠に向かった。

峠は国境を越えた肥後側にある。峠に着いたのは正午を少しまわったころ、峠には二軒の家があった。握飯を食べるために櫻田が一軒の家の戸を叩いて上がらせてもらった。貧しい家という同じだが、早川が斜視の娘の前に握飯の一つを差し出したときの描写が、早川の「湯山峠にて」と櫻田のでは少し違っている。早川は「手を触れようともしなかった」としているが、櫻田は「少女は実にうれしげに微笑したのは、非常な感動であった」（月報５）と書いている。

2　寺川・椿山・石神

四国の旅

昭和九年（一九三四）五月には薩南十島を訪れるが、それは次節の「島をめぐる」にまとめることにして、先に六月以降の旅を記す。早川は六月二十一日に小出教授と四国の旅に出た。最初に向かったのは宝暦年間（一七五一～六四）に筆録され、『土佐群書類従』に入れられている「寺川郷談」の地、高知県北部の本川村寺川《てらがわ》（現・いの町）である。「寺川郷談」はこの地の民俗を書いたものとして知られる。早川は「高原の村・家・人」に書いている。

伊予国境の石槌山に近い土佐郡の寺川などは高いところで、感じから言うと南九州のハエを思わせ、三十何戸あると聞いたが、軒先から焼畑にしている状態で、米はほとんど一粒も取れぬ。すぐ目の前に手箱山（一八〇七米）が聳え立ち、村の一番高い場所に草葺の分教場があった。

「寺川郷談」に出ている庄屋の建物は残っていたが、家の人はすでに絶えてしまっていた。早川はその家の今の持主だという、下にこの地方のイガバカマを着けた、駒鳥を竹笛で喚ぶ男のことを書いている。寺川から山を一里（四キロ）ほど下ったところから登ってきて、一年に玉蜀黍を二十石も採る働き手とある。早川と小出教授は次に椿山《つばやま》（現・仁淀川町）に向かって山越えをする。

寺川から南へ、峠を二つばかり越して行った吾川郡の椿山などは、これは山の肩ともいうべき部分を切り起した村で、ゴチャゴチャと六十戸ほどの家がかたまった別天地で……

「峠を二つばかり越して」と淡々と書いているが、決して淡々と歩ける山道ではない。今の人なら地図を広げたところで、寺川から椿山への山越えはおそらく止めるだろう。「ゴチャゴチャと」とは、山の中腹の細い道に沿って民家が密集していたことからそう見えたのだろう。

高知県池川町椿山（現・仁淀川町）
撮影・昭和50年４月

早川は「高原の村・家・人」に、椿山の落人伝説や聞いた葬式のことなどを書いているが、焼畑については触れていない。行ったのが六月下旬なので焼畑の作業はない時期ではあった。

椿山では昭和五十年代の初め頃まで焼畑が行われていた。以前は稗、粟、大豆、小豆などを作っていたが、明治の中ごろに紙の原料となる三椏《みつまた》がはいり、

椿山の焼畑の三椏
靱皮が和紙の原料になる。撮影・昭和50年4月

それが収入になることから、どの家も焼畑でその栽培をした。同じ紙の原料となる楮とくらべて三椏の紙は良質で、紙幣にも使われた。

三椏の栽培が盛んなころ、椿山の山は白っぽい三椏の花で覆われたという。今は一円、十円、百円、五百円札を見ることはほとんどないが、それらの紙幣が広く流通していたころには、椿山の三椏はその紙幣にも使われていた。

早川が椿山を訪れた昭和九年（一九三四）の六十戸ほどというのも、三椏と林業で暮らしていけたからだろう。それが昭和五十四年（一九七九）には二十九戸、そして現在はかぎりなく〇戸に近づきつつある。三椏も林業も過去のものになって、椿山では生活できないから、山を下りるしかないのが現実で、平成二十八年（二〇一六）に椿山に住むのは二人だけということである。

石黒の慰安旅行

早川が残した大小の様々な手帳とノートは二〇〇冊近くある。どれにも日記と聞書き、メモが記され、さらに風景、民具、石仏なども、写真代わりのメモとして描いている。そうした手帳とノートを鞄に二、三冊入れてあったのか、同日の日記やメモが二冊の手帳に書いてあったりする。たとえ二冊でも早川自身がわかればよいことで、他人がとやかくいうことではないが、早川を知るために見る者は、全部に目を通して突き合わせなければならない。困るのは旅の月日の間違いで、確認のために何冊かの手帳を広げなければならない。むろん一冊に日記もメモも間違いなくまとめた手帳もある。

昭和九年（一九三四）九月六日の夜十時に上野駅を発ち、澁澤敬三、石黒忠篤、高橋文太郎、村上清文、宮本馨太郎、小川徹、大西伍一らと東北地方の男鹿、石神、八戸などをまわった。そのときの手帳はまとまっている一冊である。この時の旅は農林省を退官した石黒忠篤の慰安だった。

早川が昭和三十一年（一九五六）七月に書いた、「民俗学と石黒さん」は、農林官僚ながら民俗学に理解のあった石黒を書いているが、実は参議院議員選挙に立候補する石黒を知ってもらうためだった。そのため誰にも親しまれそうな人柄をその時の旅から拾っている。

宿の女中がわれわれ一行を評して、昔の校長先生を囲んでの謝恩旅行でしょうと言ったには参った。けだし一行中の石黒さんを、われわれの昔の小学校の校長さんに見立てたのである。かみなり親父などと言われて、あの特徴ある髭を見ると、官僚のカタマリの頑固オヤジのように想像する向きもあるが、それとはおよそ逆であることは、この女中の評が立証する。

昭和十年代に農林大臣を二度務める石黒忠篤は、明治十七年（一八八四）一月九日に初代軍医総監石黒忠悳の長男として東京に生まれた。二宮尊徳の生き方に共感していた石黒は、農民生活に関わる職を求め、大学を出ると当時の農商務省に入る。常に農民の生活を頭に置き、後に「農政の神様」とも言われるようになる石黒の発進である。これには明治四十三年（一九一〇）十二月四日から新渡戸《にとべ》稲造《いなぞう》邸で行われる、民間傳承などを研究する「郷土会《ごうどかい》」に参会したことも、農民生活の理解に繋がった。この会は柳田國男、小野武夫らも主要な出席者だった。

石黒は三十歳のとき農政を研究するためヨーロッパに留学する。帰国後の蚕糸局長のときの部下に、後に作家となる芹沢光治良がいた。石黒は芹沢の個人的な相談にも乗り、芹沢が農商務省を辞めてフランスへ留学するとき支援する。芹沢は石黒のこうした支援を、小説『人間の運命』に書いている。また石黒は今和次郎の民家の調査と研究もいろいろな形で支えた。

澁澤敬三と石黒忠篤は親類筋になる。石黒の光子夫人の母は澁澤榮一の長女、敬三は榮一の孫である。そうした繋がりから敬三は幼いころから石黒家に出入りしていたという。敬三は生物学に興味を持っていて、将来はその方面へ進みたかった。だが自分の後継ぎにしようと思っていた榮一は、経済学方面への進学を望み、その説得を石黒に頼んだという。その説得によるものかどうか、敬三は大学の経済学部を出て銀行家になる。

石神を発見

そうした繋がりがあるので、石黒の退官慰労の旅は、敬三には身内の旅のようなものだった。その石黒を敬三は「石黒先生」より、敬愛を込めて呼ぶ「石黒さん」がピッタリすると書いている。でもこの時の旅では、『男鹿寒風山農民手記《おがかんぷうさん》』をものにした吉田三郎を男鹿に「石黒先生」らと訪れた、というこの四文字だけで、石黒を語る続きはない。一つの大きな発見だった「石神村《いしがみ》」のことに費やしている。

旅は男鹿から北上して湯瀬《ゆぜ》温泉（現・秋田県鹿角市）に一泊。翌九月九日の朝は花輪《はなわ》線で荒屋新町駅（現・岩手県八幡平市）に下車。そこから車で三戸《さんのへ》（青森県）へ向かった。

車の中で地図を見ていた敬三は、本道から少しそれたところに石神という集落があるのを見つけた。民俗学に関心のある者には気になる地名で、旅のむら気で訪れてみると、それまで見たことのない、大きな茅葺屋根の農家があった。間口二十一間（約四十八メートル）、奥行九間（約十六メートル）あって、主人の斎藤善助の一家と三組の名子の家族が住んでいた。大家族である。

いろいろ話を聞いてみると、幕末にこの家の二男が江戸に出て寛永寺の大僧正に進んだが、世話になった家が澁澤敬三の母方の親類で、敬三は「不思議な因縁もあるものだとびっくりした」と書いている。この引合せで石神には社会経済史、民俗学、民家建築などの研究者が訪れて、それぞれの分野の調査をする。有賀喜左衛門著『南部二戸《にのへ》郡石神村に於ける　大家族制度と名子制度』は、家族制度についての名著とされる。

早川は昭和十年（一九三五）八月に訪ねている。家の人に話を聞き、家や土蔵の中を見せてもらい、民具を預かり、また斎藤家の子供たちと近くの集落へ行ったことなどを日記に書いている。早川は翌年も行って、家の人、生活慣行、服飾、農業、漁具と漁法などの小見出しで、「岩手県二戸郡荒沢村浅沢見聞記――斎藤善助家にて」としてまとめている。

これら斎藤家の大家族の研究は後のことになるが、石神を発見した一行はそれから八戸《はちのへ》（青森県）にまわり、郷土史家の小井川潤次郎の案内で、えんぶり、鶏舞《とりまい》などの郷土芸能を見せてもらい、敬三は小井川家でのオシラ遊びを十六ミリで撮影した。

八戸市の小井川家のオシラ遊び
撮影・昭和44年4月

3　島をめぐる

薩南十島探訪

九州から沖縄本島までの間には「大島諸島」、「薩南諸島」、「奄美群島」に属する島が点在する。島を結ぶ船は長く不便のままで、島と島の往来はもとより国の大きな変革が伝わらないこともまれでなかった。昭和七年（一九三二）一月二十二日に逓信大臣に提出した「十島村航路改善ニ關スル意見書」に、昭和二年（一九二七）八月に天皇が大島郡に行幸したとき、島ではまだ小学校令（明治十九年四月公布）が未実施であることを耳にされ、急に実施されることになったとある。しかし実際に実施されるのは三年後の昭和五年四月二十九日だった。

こうした置き去りにされた島の人々に、嬉しい知らせがもたらされる。切なる願いによって建造された十島丸（一五五トン）の就航である。昭和八年（一九三三）四月、十島丸は島々を結んで運航を開始した。

そのほぼ一年後、大いに驚きながら島の人々を歓迎の心で一つにしたのは、澁澤敬三を団長とする学者ら二十余名が島にやってくるということだった。たぶんそれを聞いてから、あわてて子供の着物

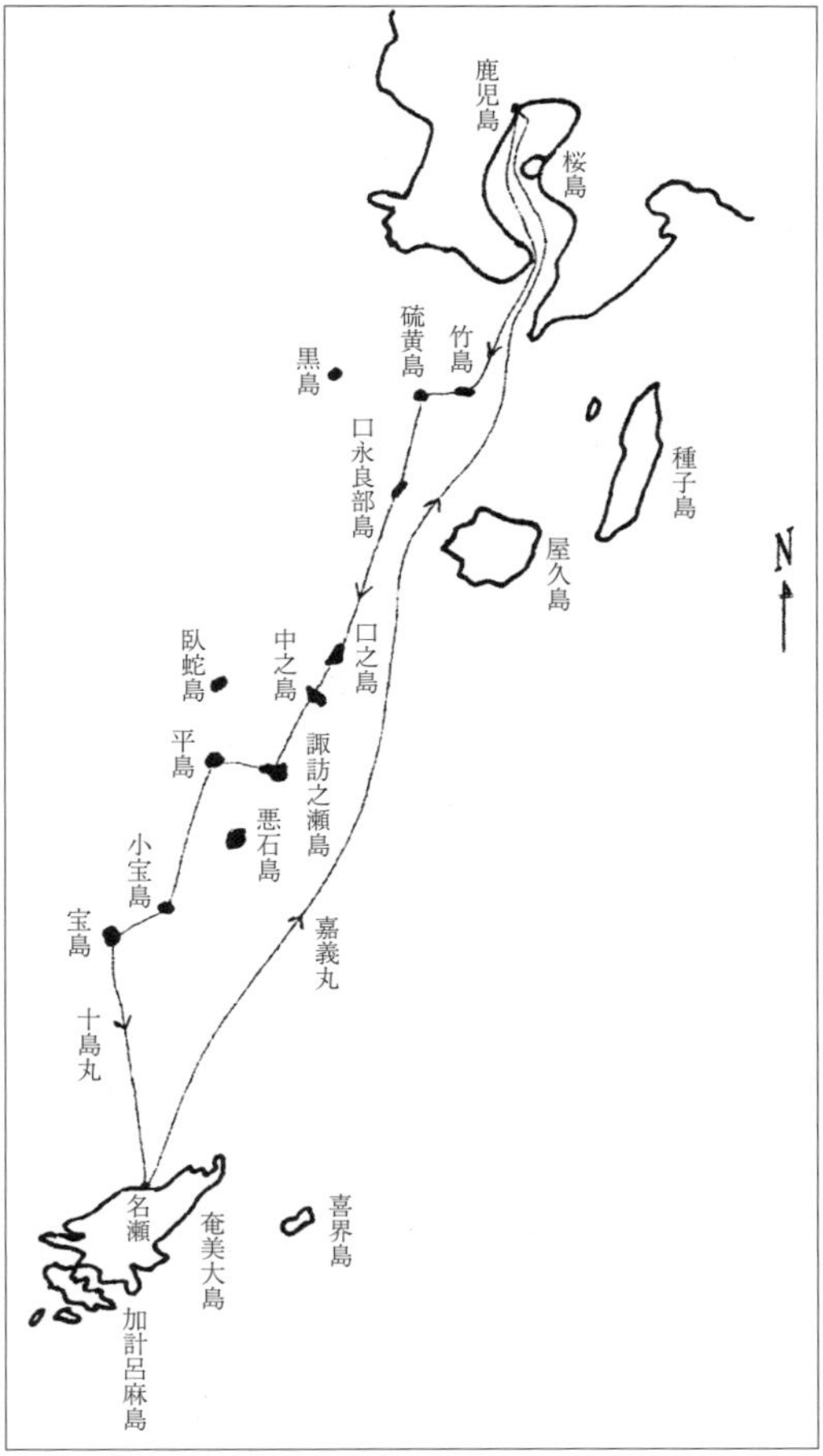

薩南十島探訪の巡航路

を新調した母親もいたはずである。
これは早川の知人で鹿児島市の女学校教諭の永井龍一が、新造の十島丸の利用を所有する十島村と交渉して実現したものだった。「薩南十島探訪」あるいは「薩南十島めぐり」と称し、昭和九年五月十四日から一週間かけて探訪したのは、竹島、硫黄島、口永良部島、口之島、中之島、諏訪之瀬島、平島、宝島、小宝島、奄美大島だが、奄美大島の南の加計呂麻島を入れると十一島になる。
参加したのは、農学の木村修二、小出満二、谷口熊之助、那須皓、生物学の江崎悌三、竹内亮、岩石学の鈴木醇、宗教学の宇野圓空、人類学の三宅宗悦、民族学の櫻田勝徳、早川孝太郎、宮本馨太郎、地理学の小川徹、それに大西伍一、永井亀彦、永井龍一、村上清文、奥三河の原田清、十島村の村長の文園彰、鹿児島県庁の沼口武久、大阪朝日新聞の榎並喜義、大阪毎日新聞の南義友である。

用意された資料　迎える島の人々は、島の歴史や民俗、実情を伝える統計などを用意した。いずれも謄写版刷りで、急いで作ったらしいものもある。早川の資料の入った袋には次のものがある。

鹿児島縣大島郡　十島村航路改善に關スル意見書　昭和七年　十島村長　文園　彰
昭和九年調製　鹿児島縣大島郡十島村勢要覧
昭和九年度鹿児島縣大島郡十島村歳入歳出豫算
竹島を語る　昭和八年七月廿五日脱稿

昭和八年十月　硫黄島要覧　硫黄町尋常高等小學校
硫黄島区民の生活史　硫黄町尋常高等小學校
昭和八年十月　我ガ校ノ教育　硫黄町尋常高等小學校　校長　稲江清二
昭和九年四月　本校の農業教育　硫黄町尋常高等小學校　校長　稲江清二
硫黄島歌謡集　硫黄町尋常高等小學校
中之島を語る　昭和九年五月十七日　澁澤子東京一行ヲ迎ヘルニ當リ
寳島現状　寳島尋常高等小學校
忘られ勝の小宝島　昭和九年度
奄美大島概史　昭和七年六月二十日発行　大島中學校
昭和八年六月　奄美大島語概観　奄美大島年中行事　鹿児島縣立大島中學校
昭和八年六月　奄美大島郷土史概説　鹿児島縣立大島中學校
町制十周年記念編纂　名瀬町案内附録　鹿児島縣大島郡
昭和八年大島郡東方村現勢一覧表
昭和参年編纂　役場沿革誌　大和村長　松元福次郎
　浜ノ崖ニ消ヘシ俊寛僧正ヲ偲ブ
開饒神社明細帳　鹿児島縣大島郡大和村
砂糖元祖　川智翁事跡

（抜粋）南島雑話

「沖永良部島誌」はペン書きで、最後の頁に昭和十四年十一月六日とあるので後日の入手。「昭和八年八月調製　鹿児島縣鹿児島郡　西櫻島村現勢一覧表」は、十島丸に乗る前の日の十三日に、櫻田勝徳、村上清文、宮本馨太郎、小川徹らと西櫻島村に行ったとき入手した。

早川がこれらの資料を生かして書いた原稿は見あたらない。この旅の直後に『旅と傳説』に書いているのは「踊りの着物――薩南十島」だけで、書き置きの「薩南十島を探る」は、早川が亡くなって二十年後、昭和五十一年（一九七六）に刊行の『早川孝太郎全集』第九巻に収載される。すべて早川書いたものではなく、「薩南十島を探る」の小出満二の序文に、「櫻田勝徳の手に成るもあり」と記されている。

この探訪に参加した人はそれぞれ何かに島のことを書いているが、そろっての出版物はない。澁澤は「二十年前の薩南十島巡り」に、「支那事変に入ったため支障を来たし遂に公刊の機を失したのはいまもって残念である」と書いている。支那事変（日中戦争）は昭和十二年（一九三七）七月に起きるから探訪の三年後、はたしてそれが理由だったのだろうか。むしろまとめることになっていた早川の旅が多く、その間がなかったというのが本当だったのかもしれない。

ともあれ早川は「薩南十島を探る」に、それぞれの島の印象を早川らしい筆致で書いている。当然のことではあったが、早川には不本意だったのは、島の人々は遠来の客を迎えるために、家も外もき

事前の連絡なしに訪れた諏訪之瀬島の八月踊り　絵・早川孝太郎

れいにして、着物もあらためてよそ行きの顔だったことである。

八月踊り

島のうち諏訪之瀬島《すわのせじま》だけは事前の連絡なしの、まさに突然の訪問となった。それにもかかわらず島の人々は八月踊りで心からもてなしてくれた。早川は感動し、「島を去るのが惜しまれてほろりとした」と書いている。

噴火口のドロドロと気味悪い音を聞きながら分教場の庭で八月踊りを見せてもらったが、松明の明かりがひとしを状景を添えて月のない夜ではあるが焚火を囲んで歌いかつ踊る手振り足拍子には初めて見るわれわれにもこれが月明かりの下に行なわれる日の興奮と感激を感ずることが出来た。とっさのことで何の用意もないためであろう、

隠岐の牧畑
牛の糞尿を肥料に大豆などを植えた。
撮影・早川孝太郎　昭和９年５月

近くの畑の竹垣をむしり取って来ては焚いてくれたのがことにうれしい接待であった。一渡り輪踊りが終って後は太鼓に代わる三味線踊りになり、これには一人ずつ飛び出して手拍子面白く踊る。
赤児を負て裸足で踊った女の手と足が白く胡蝶のように動くのは美しかった。

澁澤の「二十年前の薩南十島巡り」に最後は奄美大島で、名瀬《なぜ》（現・奄美市）から自転車で古仁屋《こにや》（現・瀬戸内町）に行き、さらに加計呂麻島《かけろまじま》に渡って諸鈍を訪れたとある。名瀬と古仁屋の間はかなりあるし、ジャングルの中を通るような当時の島の道を思うと、大変だったはずである。諸鈍にはシバヤと呼ぶ民俗芸能が伝わっているが、それについての記載はない。

名瀬港から鹿児島港への戻りは十島丸ではなく、嘉義丸（三〇〇〇トン）だった。鹿児島市に着いたところで解散したが、澁澤、早川、高橋、櫻田ら十人はさらに日本海に浮かぶ島根県の隠岐島《おきのしま》に渡り、五月二十三日から二十六日まで島の各地をめぐり歩いた。

各地で棚田や段畑を見ている早川も、隠岐の牧畑は珍しかった。丘陵に放たれた牛が等高線に沿って草を食い、繰り返されているうちに段畑になった。さほど地力、地味はないが、平地の少ない島では大切な畑だった。

4 島の暮らしを調査

勉学のために九州帝国大学へ留学した早川だが、手帳やノートに書いてある多くは旅である。むろん毎日ではないから、教室で講義を聞いている日もあるはずだが、旅の合間にという感じがしないでもない。昭和九年（一九三四）の九月中旬に東北地方の旅から福岡市に戻り、その下旬には佐賀県の呼子町《よぶこまち》へ行き、馬渡島《まだらしま》へ渡っている。

硫黄島と黒島

早川は同年五月の薩南十島探訪のとき、航路の関係で寄ることのできなかった黒島と悪石島《あくせきじま》の探訪を計画し、十月二十四日に鹿児島港で十島丸に乗って黒島へ向かった。運航予定は分かっていたが、二十五・六日の二日間、台風のために船は停まり、硫黄島《いおうじま》で天候回復を待たなければならなかった。それは早川にとってむしろ幸いだった。前の探訪の時のよそ行きの顔ではない、普段のありのままの島の生活を見ることができたからである。上陸前に船中で硫黄島のことを聞き手帳にメモしている。

硫黄島の普段着の子供たち
撮影・早川孝太郎　昭和９年10月

○雨になると亜硫酸ガスが発生する。硫黄島の者は、「ス」が降るという。
○ラッキョウはスが降ってもできる。竹は全部かれ、その竹を焼くと皮膚がかゆくなる。
○「ごけまち」というのがあり、十四、五軒並んでいる。一ヵ月一円も現金収入がない。
○軽石のため漁場が遠くなり獲れない。
○四町何反歩かの蔬菜畑があるが、植える種の入手は容易でない。

さらに中之島で二日過ごし十月三十日の午前二時にようやく黒島に着いた。島には大里と片泊の二つの集落があって、船は交互に寄港する。その日は大里港で、着いたときの様子を『古代村落の研究——黒島』の「行程」に書いている。

十島丸からは次々に汽笛を鳴すが、黒い島影は依然沈黙をつづけて何の反応もない。「この深夜に船が來るとは思っていなかろう」と、折柄起き出して來た無線技師等と語っているうち、やっと陸に赤い燈が見えた。船長の語るところによると、汽笛を聞いて目をさまし、それから慌てて手紙を書いたり、集めたりするのでことに手間取るとのこと、一ヵ月に一回の寄港では、ありそうな話である。

早川が訪れた時の黒島は二つの集落で戸数約八〇戸、人口約五六〇人だった。それが平成二十五年（二〇一三）は戸数九四戸、人口一六一人である。

竪杵で粟搗き。黒島では粟は麦と混ぜて炊いた　撮影・早川孝太郎　昭和９年10月

早川はこの黒島から十一月四日の午後一時の船で離れる。滞在は五日半であるが、その間に島の古文書を筆記している。

島とはかぎらず、生活の歴史を裏付けるような古文書は少ないが、意外にも黒島にはそれがたくさんあった。『古代村落の研究――黒島』に掲載されたその古文書の量は決して少なくないから、今のコピー機が頼りの者には驚きの集中力である。しかも早川は島内を歩いて会った人に話を聞き、写真を撮り、スケッチもしている。

それならなぜ「古代村落」なのだろうか。早川はそれについて、読む人がこうだろうなと思うようにしか語っていない。民俗が試みようとしているのは、現在の文化の基礎となり土台であった元の文化の姿を知ろうとするものである。そのために古い村を訪ね、古文献に関連する事実を求めようとしたのも、いかに今に引き継がれているかを確認するためである。黒島はそうした点で「前代文化を基調とする村落の要素を多分に保持している」というのである。

それからすると「古代」といっても歴史上の年代ではなく、古い代、すなわち少し前の代ということになろうか。書いていることも少し前の生活（文化）の変化による現在の現実である。楽になったのではなく、黒島の生活は逆にきびしくなっている。だが早川はそうしたきびしさの中での島の人々の助け合いを見たのだろう。助け合いには礼儀が伴うが、早川はそれを〝よい古い時代の一面〟と見たはずである。

悪石島見聞

昭和九年の大きな旅はこの黒島で終わる。年明けの昭和十年（一九三五）一月二日には澁澤らと園村御園（現・東栄町）花祭に行き、豊橋から三日の夜行で四日の早朝に東京に戻り、その日の夜行で澁澤らと今度は能登へ行っている。

二月二十四日からは一人で五家荘（熊本県）に入り、話を聞き写真を撮っている。三月一日には久連子村（現・八代市）で写真を撮っているので、その頃までいたのだろう。四月二十八日には一泊で大分県日田市、五月二十三日には、満洲、朝鮮をまわっての帰りに立ち寄った澁澤らと一緒に志賀島《しかのしま》（福岡市）に渡っている。

五月三十一日、鹿児島港から十島丸に乗り、翌六月一日の午後二時半に悪石島に上陸、九日の午前二時発の船で島を離れるまで、やはり話を聞き、写真を撮りスケッチをしている。同じ大学の研究室の若い学生と一緒だった。昭和八年（一九三三）の戸数三四戸、人口一七五人、近年は世帯約四〇、人口約七〇人である。

早川は「悪石島見聞記」に、島の姿と歴史に続いて、島名としても地名としても、やはり「悪」とつくのは珍しい、というより他にはないだろうと書き、さらに、

ミナミタカシマ――悪石島は以前かように命名されたことがあったが、あまり名がよすぎるとて、さらにアクセキと今の名に改めたという伝説がある。

他の説もあげて、「島名にいて、島人五、六名につき感想を訊いてみたが、外部の者が想像するような嫌厭感は持っていないように思われた」と早川は結んでいる。

悪石島の農業

早川が訪れた当時、生活は農業と漁業によった。それは売って収入を得るためではなく、自分たちが食べる自給自足用だった。かつては藍を栽培して鹿児島市に送って売った時もあった。水脈がないため水田はなく、畑は普通の畑とアワヤマと呼ぶ焼畑《やきはた》（キリハタ、コバとも言う）がある。主な作物はカライモ（甘藷）と粟で、焼畑を言うアワヤマのアワは粟である。畑はどこでも耕すことができるが、そこを私有することはできない。使用権はあるが私有権はないと

水桶を頭上で運ぶ

このころ悪石島で使える井戸は一カ所しかなかった。撮影・早川孝太郎　昭和10年6月

いうことである。他所の焼畑では作物を変えて四年ほど使うが、アワヤマは一年限りで手をつけない。原則としておよそ二十年は火を入れない。七、八年で試みてみたことがあったが、地力がまだ回復していないため、粟はよく育たなかった。

ある人が島で最も高い御岳（五八四メートル）の山腹に火を入れた。ところが誤って予定区域をはるかに越えて山頂まで焼いてしまった。八合目より上は神域として神聖視されていたが、せっかく焼けたのだからと粟の種をまいた。それまで一度も作付けをしなかったところだけに粟は見事に実った。まいたのが早生だったことから台風の被害もなかったので、思いもしなかった大豊作となった。それを聞いた人が早川が訪れた年に同じように火を入れて粟をまいたが、野鼠《のねずみ》に食い荒らされてほぼ全滅に近く、ひどい結果となった。

島の人は作物を食い荒らす野鼠をダンナドンという。作物の結実の半分が収穫できれば平年作とされるが、例年それほどにはならない。三分の二は野鼠にやられてしまう。

昔から竹に花が咲くと凶作、実がなると冷害と言われた。悪石島の場合は冷害ではないが、早川が行った昭和十年（一九三五）には島を覆う竹に実がついて野鼠が活躍し、収穫は三分の一どころではなくなった。なぜ結実と野鼠なのかは分からないが、ともかく前年の天候不良に続く作物の被害で、麦はほとんど食いつくし、三度の食事もカライモが主だった。このカライモも畑に一日おくとそれだけ太るとして、一日ごとに食べるだけ掘ってきて飢えをしのぐ状態だった。そうした家が島の三分の一に及ぶと早川は聞いている。

野鼠についての引用が多くなったが、早川は島の生活について話を聞き「悪石島見聞記」にまとめている。そうして先の薩南十島探訪のとき渡れなかった黒島とともに、早川には気になっていた島の旅を済ませる。現在、悪石島は旧暦七月十六日の盆踊りの最終日に現れる、ボゼと呼ぶ迫力に満ちた扮装の来訪神が注目されている。早川の盆の項にその記載にはない。

昭和十九年（一九四四）八月二十二日、沖縄の子供たち七〇〇人と一般客一〇〇〇人を乗せて鹿児島へ向かっていた疎開船「対馬丸」が、悪石島北西の沖で米軍の潜水艦に撃沈された。助かったのはわずか二二七人だった。定期船が入る悪石島のやすら（安浦）浜港から歩いて十分ほどのところにその慰霊碑があって、島の人々はいつも花を供えている。

5　沖縄の島々をまわる

早川は昭和十年（一九三五）八月四日に北アルプスの槍ヶ岳に登った。澁澤敬三に頼まれて敬三の夫人ら七人を案内したものだった。山頂での写真に午後六時四十分頃とあって、並んだ七人の体には斜光があたっている。

沖縄本島を歩く

同年九月十八日、沖縄へ向かう鹿児島港を五時に出帆の船に乗った。ところが碇が引っかかっていて手間どり、五時四十五分にやっと港口を出た。日記に「翌十九日の十二時四十五分に名瀬港にはいる。一ヶ年ぶりに見る名瀬の港は濁ってさびし」とある。四時過ぎに名瀬港を出帆。

加計呂麻の沖を通る時、燈台の火入りたり。請島、与論を見て進む。松子のことしきりに思う。あの人が幸福になる為には、どんな犠牲も払わねばならぬ。自身の感情など考えてはならない。こんな事思うともう何も彼もむしゃくしゃして來る。仕方がないので、学問の事を思う。柳田先生がそう云って下すった。心の理解者を得ること、幸福にはちがいないが、苦労するなと。今、結局、苦労している。

松子とは九州帝国大学の研究室で早川の図書やカードの整理を手伝っていた独身ながら娘のいる深

尾松子で、早川は愛を意識していた。家庭のある早川にはそれは苦しみの伴うもので、日記にその苦しみを書き留めている。それは松子に若い日の病気が再発し、昭和十六年（一九四一）五月五日に亡くなるまで続いた。

胸に苦しみを秘めながら、九月二十日の八時に那覇に着くと、鳳来館という宿の客引きに案内されて俥に乗った。十銭均一だといったのに、宿に着いたら十五銭くれという。早川は腹を立てる。宿で一休みしてから警察の部長に電話をして、自動車を借りる交渉をする。巡査の運転と案内で測候所や図書館をまわった。

日記に、宿に帰って昼食のあと、家、柳田國男、澁澤敬三、折口信夫、小出満二、深尾松子とその娘の純子らへ、全部で十八通の手紙を書いたとある。

　今日、純ちゃんに手紙をかいた。何だか変だ。将来、大きくなってから僕をどんな風に思うかしら、若し、不愉快な印象でも持つと立つ瀬がないのだが、よい感じを持つ訳はなかろう。でも、決して悪い気でやっているんじゃない。済まぬと思いながらも、僕はあなたのお母さんが好きだったのですと——そんな告白をしたいようにも思うのだが、今はそれも駄目。憎んで、オジさんが来ちゃ厭！とでも言ってくれると、却って気持ちがらくなのだが。そうでないのだ。したわれてそれが却ってつらい、くるしみなのだ。曖昧な態度では居ずに、さっぱりと身を引いて了うことがほんとうなのかも知れぬのだが、それが出来ない。でも、そうしよう、そうしなくては済まない。僕なんかいなくたって、永い六年間を一人で、子供と二人で歩いて来たのだから、きっと正しく歩いてゆくにちがいない。

九月二十一日に首里へ行くためにやはり警察で車を借りる。早川は二十六日に糸満へ行っているが、那覇より南部はそこだけで、あとは北部である。二十三日の日記に見る地名を挙げると、真喜屋《まきや》、稲嶺《いなみね》、源河《げんか》（名護市）、大保《たいほ》、田港《たみなと》、塩屋、大宜味《おおぎみ》（大宜味村）、辺土名《へんとな》（国頭村）。

辺土名は役場の前に松の大樹しげり、ハイショ（オガン）が向かって右方に聳えて、よく茂りたる森なり。入口に鳥居あり。内地の神社の森と同じ感なり。（中略）帰りに浜の路傍（この辺、水田もっとも多し）子供の墓の特種なものを見る。

北部・中部・那覇

辺土名からの戻りに喜如嘉（大宜味村）に下車、役場の助役の案内で二軒の農家を見せてもらった。「この辺、釜の蓋を魔除けとして錠口にかける風多し。フクギの垣と竹垣にてかこまれ、街をなす。ジバタを見る。婆さんがまねして見せてくれる」。

二十三日は名護市に泊まり、翌二十四日は五〇号の自動車を貸切り、金井女学校長ら六人が乗って出発。伊差川から呉我《ごが》（名護市）にはいる。高倉があって、その隣のムンチュウノハカ（門中墓）は村ができる前からあったという。右手に屋我地島《やがじしま》を見ながら進み、勢理客《せりきゃく》（今帰仁村《なきじんそん》 以下同）をすぐ下に見る高台を経て運天に出て、源為朝上陸の記念碑のところで記念写真を撮った。

ついで今帰仁村役場へ、「今日は祭日なるも執務中なり」、村長に会って話を聞いた。役場の前に畑と水田が半々ずつ面白い形である。子供二人が畑を耕していた。与那嶺《よなみね》で娘が高機で芭蕉布《ばしょうふ》を織っているのを見る。仕立ててから三日間で織れるという。それから北山城（今帰仁城跡）に上がった。「物見台の眺望ことによし」とある。

北山城から今泊、謝花《じゃはな》（本部町　以下同）を通って渡久地《とぐち》（昭和五十年七月から開催された沖縄海洋博の中心地）へ。そこから伊豆味《いずみ》へまわり、山藍の製造場や藍の畑を見る。途中で女学生を乗せて五時十一分前に名護市に帰る。

九月二十五日に那覇にもどり、夜、三杉楼で沖縄研究家・島袋源一郎《しまぶくろげんいちろう》、図書館長・島袋源八《しまぶくろげんぱち》、県庁の新里技官と会食、沖縄の踊りを見た。

○かぎゃで風

○上り口説

○花笠踊

○浜千鳥　ほかにハヤツクデンと男女が櫂とざるを持って踊るものなど。十二時散会。いろいろな民俗談を聞いた。

九月二十六日の朝、六時に目がさめて松子のこと思いながらうつらうつらし、七時になったので起きて洗面、八時に食事。食事を終えて手紙を書いていると県庁の新里技官から電話があって、今日は

自家製の豆腐を売る糸満の女たち
沖縄には落花生の豆腐もある。撮影・早川孝太郎
昭和10年９月

中曽根技手が糸満を案内してくれるという。九時、中曽根氏来る。九時半仕度をして出かける。道が悪いのでバスは揺れることおびただしい。糸満の女が四人ばかり乗っている。みんな着物をはさんでいて帯なし。そして手にハヅキ（入れ墨）をしている。

小禄村《おろくそん》（現・那覇市）を経て兼城村《かねぐすくそん》（現・南風原町《はえばるちょう》）に入る。このあたり藺草の産地ということで水田にも藺が見られる。役場に行って町長に会い、糸満の家庭の経済状態などの話を聞く。昼はパン二十銭を買ってすませ、それから町に出て写真を撮る。「墓の立派なるものあり。その下に水あり。ここは水多きという。妙な棚の如きもの持ち居し女達が商いをしている」。早川は妙な棚をスケッチしているが、それは右の写真の豆腐を載せている格子状の作りの棚である。棚の中に入れた豆腐に風が通るようにしてあるのだろう。

宮古島の荷船

九月二十七日の午後五時三十分、宮古島へ那覇港を出帆。それまで島袋源一郎を訪ね、いろいろ得るところがあった。ことに精霊祭のときのガンシナと箒は珍しい。ガンシナは、頭上に桶などをおいて運ぶとき、桶と頭の間にはさんで衝撃をやわらげるもので、藁でドーナツ状に作ったものが多い。

二十八日の午前八時（内地時間九時）、平良《ひらら》港のある張水湾《はりみずわん》に碇をおろした。その瞬間、湾内に目を見張る光景が展開した。

荷船（伝馬）帆を張りジャンクの如く来る。一艘二、三、四艘、本船の横腹につける迄、まるで喧嘩のようなり。中には裸体で海中に飛込む勇敢なひともあり。顔の表情不敵なり。糸満が船をあやつり、五、六人位のりて櫂を操って来る。婆さんも櫂を握っている細雨の中に。沢山の荷物がつまれてやっと船は岸に向かう。

船の荷物をあつかうために、荷船が先を争ってやってくる。まだ会社などへの委託のない、希望すればだれでも荷物を受けて手間賃をもらうことができたころの光景である。

九時半上陸。小学校に源武雄《みなもとたけお》を訪ねる。「沖縄人の特徴を具えた顔なり。熱血家らし」。校長に都合を聞くといって、衝立の向こうで交渉している。早川が行くと校長が出てきた。「頭のはげた窪田五郎氏をも少したてに引き伸したような感じの人なり。故里はどこかと云うので愛知というと、私も

薪を頭上において運ぶ宮古島の女
撮影・源武雄

愛知で岡崎だと云う。ふしぎなり」。姓は天野。

自動車を用意してもらい、三里（十二キロ）ほどある島北西の狩俣《かりまた》（平良市）がよいというので、そこへ行くことにする。天野校長も一緒に行くという。言葉の分かる中学校の興儀《よぎ》氏も同行を快諾。天野、興儀、源と共に狩俣に向かう。

西原集落に入ると、馬に乗った農夫や刈った草を頭上において運ぶ女たちに出会う。農家の屋根にビール瓶がのせてある。聞くと雷や風除けのまじないで桑の木を立てる家もあると言う。狩俣に着いて小学校へ行ってみると、宮古上布の原料のチョマ（苧麻）を紡む講習会が行われていた。農家をまわると、一軒の家で今日は朔日祭りの日といって、婆さん五人ばかりがやはりチョマを紡いでいた。

港にもどり、旅館によって昼飯、天野校長の振舞い。てんぷら、菜のみあえ、吸物、牛蒡と鳥肉の煮込みなどにビール。船の朝食がうまくなかったのと、腹が空いていておいしい。いろいろ話をして天野校長に、地機、糸車、マゴ（容器）、フダミ（草鞋）、ウックイ（手拭い）など送ってくれるように頼み、金拾円をあずける。

岩崎卓爾

九月二十九日、朝四時半頃に一度目を覚まし、うとうとしたと思ったらボーイが来て、「もう石垣ですよ」という。甲板に出てみると、八重山の中心地の石垣島がすぐ目の前に横たわり、右手に竹富島《たけとみじま》が浮かび、その向こうに高く山陰のある西表島《いりおもてじま》が見える。石垣島は海岸の近くまで山が連なり、奥にオモト岳の連峰が重なって、思いのほか大きな島であることに驚いた。早川は石垣島に東から入ると思っていたが、北から西をまわって入ったので、少し勝手が違った。六時半上陸。船は石垣港より遠く遠くに停泊したので、上陸まで三十分以上かかった。上陸してもだれ一人知る人がなく、丸屋という宿の番頭に荷物を持たせてその宿に行き、荷物をおくとそのまま岩崎翁を訪ねた。石垣島測候所長を三十三年勤め、そのときは同測候所の嘱託になっていた岩崎卓爾である。

岩崎翁はやせて目の丸い一方特に大なる人なり。やもりが窓に二つはっている。新しい家なり。袋風荘の額が入口にかかっている。いろいろの本がある。石黒氏、澁澤氏、江崎氏等の伝言伝え、全集出版の事もお話する。

仙台藩筋の家に生まれた岩崎は二十二歳のとき札幌一等測候所の気象研究生に入所、気象観測について学び、北海道の測候所に勤務の後、明治三十一年（一八九七）十月十六日付で、当時は中央気象台附属だった石垣島測候所勤務となった。二十九歳で同年十二月五日に所長心得を拝命し、翌年九月十八日に所長となる。

沖縄出身でない者が沖縄で生活するのは容易でない頃だったが、岩崎は台風の通り道の八重山でその対応にあたり、民俗や動植物の研究を通じて八重山の紹介に務めた。八重山への強い愛着で、岩崎は「天文屋の御主前《うしゅまい》」と呼ばれて慕われる。「天文屋」とは測候所のこと、「御主前」は尊敬をこめていう〝じいさん〟である。

こうした岩崎と早川の交流はいつからだったのだろうか。岩崎からの手紙は二通ある。一通は早川が八重山を訪れる五カ月ほど前の四月六日消印の九州帝国大学の早川宛で、アチックへ送った民具の説明と、笹森儀助《ささもりぎすけ》に関するものである。

民具の説明は、「八重山島に於ける女工具解説」という表題で、地機と関連する諸道具についての説明が書いてある。この続きに、「明治二十六年八月九日　八重山島役所回答　青森縣士族笹森儀助ヨリ依頼ニ係ル諸調書ヨリ（抄記）」、「現今租税取立季節及其便否」が綴られている。『南嶋探検』などの著書のある笹森儀助が明治二十六年五月に八重山にきた時、役所に問い合わせをしたその回答の一部なのだろう。田畑に続いて上布への賦課のことが記されているので、地機の民具に繋がる資料として添えたものと思われる。

早川が岩崎へ話した全集出版はならなかった。話をした翌昭和十一年（一九三六）十月中旬、岩崎は路上で倒れて病床に伏すようになり、昭和十二年（一九三七）五月十八日に六十八歳で亡くなるからである。その三十七年後に、『岩崎卓爾一巻全集』が伝統と現代社から刊行される。

パナリ（新城島）

日本の最南端にある八重山諸島は石垣島、西表島、与那国島など大小十九の島からなる。そのうち竹富島、小浜島、西表島、波照間島《はてるまじま》、新城島《あらぐすくしま》、黒島など十二の島は竹富町（早川が行った頃は竹富村）である。

岩崎と会った翌日の九月三十日、早川は発動機船に乗せてもらい、まず上地《かみち》と下地《しもじ》の二島からなる「離れ」を意味するパナリ、新城島へ渡った。素朴な古土器「パナリ焼き」でも知られる。早川が訪れた時には上地に四十八戸、下地に二十二戸あったが、昭和三十年代から西表島の大原に移住して、無人化した下地は牧場になった。

小学生が描いた新城島の「赤マタ黒マタ」
撮影・昭和47年７月

上地に住む人は牧場の管理人のみとなるが、昭和四十年代にはまだ草葺屋根の家があった。旧六月の「赤マタ黒マタ」と呼ぶ三日は続く祭りにはみんな島に帰るからである。この祭りは赤面、黒面に全身を草で覆った神が島の人々とともに家々をまわるもので、同じ祭りは、西表島古見《こみ》、小浜島、石垣島の宮良《みやら》にもある。いずれも写真撮影も録音もダメ、ただ見るだけでも緊張感がある。

新城島のイビの白亜の門
撮影・早川孝太郎　昭和10年9月

八重山の祭りはツカサ（司）と呼ぶ女の神職によって行われ、男は言われた役をつとめるだけである。神を迎えるイビと呼ぶ御嶽の神域に男ははいれない。新城島のイビにはなだらかな造りの白亜の門があって、上部に朱の日月がついている。むろんその中には早川も入れないし、入ってはならないが、早川は「新城島聞見記」に、

ちょっと躊躇せしが誰もおらぬので、思い切って中にはいってみる。白砂の砂に自ずから道あり、木を横たえ段々になり、その根元に花立（陶器）と香炉がすえてある。路はその前を通って丘に上る。上るとそこは海につつぎ、鳥居が海に面してある。

八重山の民具

その後、小学校の校長と藁算《わらざん》の話などをした。藁算は藁の結び目で数を表すもので、沖縄では明治時代まで使われていた。そして四時過ぎの船で次の黒島に向かった。黒島でも小学校の校長と話をして、民具を送ってくれるように頼んだ。早川は紀行文に入れるつもりだったのか、八重山での民具を原稿用紙に整理して書いている。新城島、波照間島、石垣島の白保《しらほ》の

ものもあるが、黒島の民具が多い。小学校の校長が送ってくれたからだろう。

採集品目録

一　ゲイヅバル　種物納れ。八重山郡竹富村新城島。材料、萱とトウヅルモドキ。

二　ガイヅバル　穀物入れ、同村黒島。材料同じ。黒島の農家には、土地の所謂ナカンザに此種の穀物容れ四ツ五ツ位重ねてある。本品には粟が入り居たり。

三　フタヂル　弁当入れ。海岸又は野、畑にゆく場合に使用す。之にカナバルとて瓢箪に水入れ、又湯を沸かす為に法螺貝の茶がま持ちゆく例なり。

四　ティルナー　黒島。子供の弁当入れ。小学校などに行く時、之に芋を入れてゆく。ナーは愛称にて小さき事に云う。沖縄本島のガーに似たり。

五　ペラ　黒島。ヘラと発音せず。鍬の代用にて、表土浅きと、珊瑚礁が突起している故普通の鍬役立たず。よって之を用う。一家に働き手の数だけあるを普通とす。石垣島四箇《しか》とは少し形式を異にす。新品にて一個の代価（金の部分だけ）四十銭位という。鍬より能率よしと云う。

六　フタダミ　草鞋。黒島。

七　パナリ焼き　火入れ。香炉。黒島。

八　ミンサー　紐。黒島。

以前は女子が暇を見て手製せしもの。石畳式の模様あるをと特色とす。近時、嫁にゆく時、婿の兄弟に土産として贈るを例とすれど、今廃れり。女子が思う男に贈りしもの、男はそれが自慢なり。

九　ウッハイ　黒島。

沖縄本島にてウワフ（ク）というも同じ。ウッハイは風呂敷の事なり。女子、頭に冠るなり。宮古島、糸満には多く見る。八重山は却って少し。四角を三角に折りて被る。

白保採集品

一　ヨイサー　揺籃。八月綱引きのあと、その綱を以て作る。

一　ツノサガヅキ　牛の角の盃。十一月種取り（籾播き）の日、田にて酒盛りする時の盃。その他野外に持ってゆく。

一　アンツク　物入れ。アダンの気根製。

一　ペラ　ここのペラは石垣より一寸形式異る。

一　ピナー　火筒。

三線（三味線）を弾きながら「鷲の鳥節」を歌う青年
絵・早川孝太郎　昭和10年10月

一　波照間フツ　藁製
　その他漁具、イバラ、ヤマカラシの鞘、
　　蒸籠、イモジュル、ガイツバラ等見る。

八重山民謡を聞く

　十月一日に石垣島にもどり、二日は白保へ。三日は岩崎が用意してくれた馬に乗って、真珠を養殖している川平《かびら》へ行った。風光の美しいところで、早川は「景色ことによし」、また夕食の時に聞いた八重山民謡の「青年がハシンとりぶしを謡うのが特によし。脱俗物の感多し」と「川平紀行」に書いている。これは「鷲ぬ鳥節」のことで、座を寿《ことほ》ぐめでたい古謡である。四日は御嶽《うたき》や鍾乳洞の一種の洞穴、昔の墓などをまわって見ている。

　十月五、六日はそれまでの旅の整理でもしていたのか、日記の記載はない。七日は基隆《きいるん》

（台湾）へ向かう。「八時岩崎翁訪問。訣別の挨拶を交す処に喜舎場氏来る」。早川は八重山の民謡などを研究していた喜舎場永珣《きしゃばえいじゅん》に石垣島にきた最初の日に会っている。

船は九時四十分に出港した。「波止場に岩崎翁と喜舎場氏送らる。この翁の顔を見ると何だか泣きたくなる。いよいよ船出る。帽子を振り名残りをおしむ。雨はらはらと至って顔を打つなり」。

基隆に着いた十月八日のことは、台北と合わせて「川平紀行」の最後に書いているが、以降の台湾の旅やいつ福岡市に帰ったか、などは書いていない。

この昭和十年（一九三五）十一月下旬から十二月中旬にかけて、早川は小出教授の講義をきちっと筆記している。珍しいことだが、おそらくそれを最後に大学を去ることになっていたからだろう。

第八章　農村救済に努める

1　明日の農村のために

『アチックマンスリー』、昭和十一年（一九三六）二月発行の八号に、早川は「九州帝國大學を退いて帰京」とある。でも九州とまったく縁を切ったわけではなく、翌三月には壱岐（長崎県）、六月には佐賀市、八月上旬には大分県中川村（現・日田市）と同県庄内町（現・由布市）などを歩いている。九州とは別に八月下旬に伊豆七島の三宅島、十月中旬に香川県と福島県に行っている。

農村更生協会

早川は同年の五月十九日付で農村更生協会の嘱託となった。それでも旅が続いている。それは身軽な嘱託だったからということだが、早川が大蔵永常の原稿を書き終えるまでは自由に動けるようにしておく、という配慮によるものだったようである。

農村更生協会は石黒忠篤を代表理事（会長）として設立された。昭和六年（一九三一）に農林次官となった石黒は、昭和九年（一九三四）七月に退官、以後は国の機関の要職にはつかないと決めていた。退官の二カ月後の九月に、澁澤や早川らが石黒の退官慰安として、東北地方を旅行をしたことは前に記した。

翌十月二十九日に石黒のとりまきが東京駅構内のホテルに集まり、石黒が役人のときから力を入れてきた農村更生を、今度は民間人として力を注いでもらおうと「社団法人　農村更生協会」を発起して農林大臣に設立認可を申請、昭和九年十二月十八日に認可された。

事業資金はすべて民間から集めることにした。更生運動を民間で援助するもので、それを国の補助金に頼って農林省のいいなりになるような並みの外郭団体では、石黒に思う存分働いてもらう趣旨に反するとしたからである。その石黒の人柄と人徳によって多額の寄付金があった。三菱合資会社から二十万円（一年四万円で五年）、三井報恩会十五万円（一年三万円で五年）、原田積善会が十五万円（一年三万円で五年）などである（『五十年のあゆみ——農村更生協会設立50周年記念誌』）。現在の物価は昭和九年のおよそ一五〇〇倍とされるが、その倍価で換算すると当時の五十万円は現在の七億五千万円になる。

「郷土会」の石黒

二宮尊徳を師として当時の農商務省に入った石黒は、新渡戸稲造の「郷土会」に欠かさず出席し、研究発表もすれば、自宅を会場として会員を迎えたりする。

そうした「郷土会」の石黒のことを柳田國男は「郷土會記事」に書いている。

最後に近く英國から歸られた石黒忠篤君の話があったが、此は權威ある總評の如きものであった同君は何時でも最も熱心に我々を激勵する人で、此會には缺くべからざる研究者である。

この会は柳田が自宅で開いていた郷土研究会を、明治四十三年（一九一〇）十二月四日に新渡戸家に移して「郷土会」としたもので、この会での学びが石黒の農村更生に力を注ぐ支えになっていた。それから「郷土会」を続けた、『農業本論』、『武士道』などの著書がある新渡戸稲造は、国際連盟事務次長を大正九年（一九二〇）から同十五年まで務めた。

「郷土会」となったころの柳田は、農政学に専心する決心をしていたと年譜にある。柳田はすでに『遠野物語』と『後狩詞記』を世に出していたが、自宅での郷土研究会は新渡戸の『農業本論』によるところ大きかった。そして「郷土会」への出席が農政学から後の民俗学へ、大正二年（一九一三）三月に創刊した『郷土研究』は決心を変えるためのものだったのだろうか。『郷土研究』は大正六年（一九一七）の三月で休刊となるが、この最後の号は柳田がペンネームですべての頁を埋めた。

大正九年三月からの経済恐慌、そして大正十二年（一九二三）九月の関東大震災、さらに昭和四年（一九二九）十月のニューヨーク株式市場の大暴落による不安定な経済状態は、農村も無関係ではなかった。それに加えて天候不良による不作があり、天候が回復して豊作になると、今度は米の値が下がって農家は豊作貧乏となった。東北地方ではあちこちで娘の身売りがあり、凶作の続いた昭和七年（一九三二）の秋田県のある村では、「百名の娘が売られた」と新聞にある。

石黒を代表とする農村更生協会は、そうして生活が苦しくなっている農村を救済し、農民の心を明るい方向に向けるのが第一の目的だった。昭和十年（一九三五）二月に『農村更生時報』として創刊され、二年後の十一月に『村』と改称される月刊誌は、農村の人々に希望を持ってもらうために農村更生協会が発行を続けた。

希望を繋ぐ運動としてまず始めたのは「農家簿記運動」である。使ったお金を毎日きちんと出納簿に書いて、月ごとにムダ使いがないか検討し、支出に計画性を持たせせようとしたものである。一集落の全戸の実施が原則で、運動には十五の県の二十二の集落、約六〇〇戸が参加した。それぞれの集落に協会の職員が出向いて指導にあたった。早川はこの運動について、昭和十四年（一九三九）八月に「簿記記帳部落の性格」として書いている。

小麦の増産と稗《ひえ》栽培運動は、米だけではなくこうした穀物の作付けによって農村再興の一つにしようとしたものだった。これには戦争で米不足になったときの備えということもあった。稗は長期の保存ができる。また稗は当時の農作業になくてはならない農耕馬の飼料としても必要だった。その必要を説くために、『村』に連載した稗の記事をまとめ、稗叢書として十五冊の小冊子を出した。早川は『農と稗』と『稗と民俗』、『朝鮮及び満蒙の稗』の三冊を書いている。

山村更生研究会

簿記や稗についての執筆は早川が主事となってからだが、嘱託で最初に成したのは「第一回山村更生研究会」のまとめである。昭和十一年（一九三六）十月二十九日より三日間、山形県最上町《もがみまち》の瀬見《せみ》温泉で開かれ、主題は「山村生活と国有林」である。秋田営林局と農村更生協会との共催で、研究員として出席した人は秋田県の人が多い。研究会の目的は「山村部落に於ける生活の実相を明確にしその更生を目標に具体的方策の相互研究」とし、「研究題目及び其方法」として、

第一「山村部落に於ける衣食住」

第二「山村部落に於ける社会経済諸関係」

第三「国有林と山村住民関係」

を挙げている。研究会の座長の石黒忠篤は開会の挨拶で、「山村更生は農村より難しい」と述べている。出席した研究員はそれぞれ住んでいる地域の生活と国有林についてありのまま、率直に話をしているので、民俗、生活史の資料としても貴重である。

出席者のうち三十五名は開会の前日（二十八日）にやってきた。そこで無為な時間を過ごさないためと顔つなぎをかねて、その夜、早川の司会で座談会を持った。早川はその座談会での話をノートに書いている。

早川より、秋田県由利郡、仙北郡地方における夜衾《よぶすま》のことを提出したるに対し、之を知るもの殆どなかりし。ただ後に至り雄勝郡東成瀬村《ひがしなるせむら》の菊地慶治氏より、同氏の地方にも麻布製にて、中に麻のオグソを入れたものある事を告げられたり。次で石原秋田営林局長より青森県西津軽地方にては夜休む時、焚火をなし、そのまわりに寝る場合に、床に藁を敷きその上に横になるが、上に覆うも

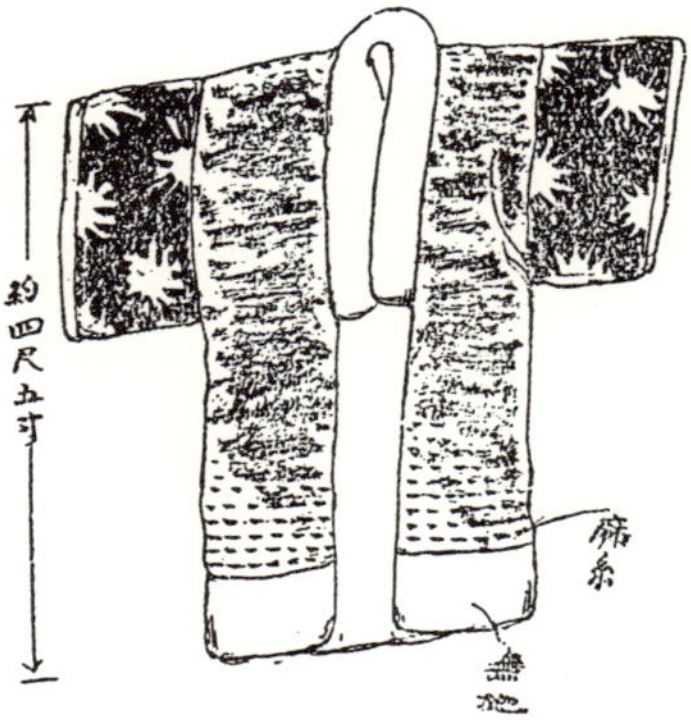

夜具の一種の夜衾　絵・早川孝太郎

のは藻《も》の布団にて、十三潟《じゅうさんがた》の湖の藻がよいとて、専ら之を用いたるを聞きたり。あらく織ったものにて、火がはねた場合すぐ消えるから、工合よろしという。乾燥するとかたくなるので、時折水をふきおく。かくする時は取扱いも楽にて、かつ被りたる場合に工合よろしという。ついで山本郡粕毛村の加藤長一郎立って、之は同地方にもあり、多く八郎潟の藻を使用し、俗にモクブトンという。現今も相当使用され居り。二ツ井町にては今に売品としてあり。次で二、三の氏より同様の言あり。二ツ井町仁鮒《にぶな》の梶山氏その他なりしと記憶す。なお之が収納保存方法について二、三の談話ありたり。

次で民家になお床のなき家のあること、早川より。石川県能美郡（白山々麓）及富山県地内に残有し、これに最近床を張る風のある事、及床に籾殻を敷くことなど語りたるに、新庄営林署管内の西小国（最上郡）駐在森林主事梅田氏より、現在、西小国村に八百戸中唯一軒あり、極く貧しい者で中央を通路とし、炉にあて、それをめぐって藁の上に休み居るとの話あり。次で新庄営林署長谷口氏より、西置賜郡鮎貝村字田影に相当な生活を為せる家にて台所の間（茶の間）だけ床を張らぬ家あり、藁のミゴを敷きその上にむしろを敷き居住せり。老人などの言に床を張った家は重いとの苦情ありと。又かかる処置と蚕との関係について、自分もそこに泊った経験があるが、蚕もさ程害を為さず、むしろ居心地よきものなりしと語られたり。なおこの家は近年、老人が死に、息子の代になりて床を張るに至ったという。

次に早川より子供を負う形式について、所謂ナカニオブウ即、子供を裸体にして、直接負う者の肌につける風について、語りたるに殆ど全部の人により、その風のある事を証明され、これには時間の制限あり、大体において朝の中が多いこと等、実ある事を告げられたり。又何れの氏なりしか失念せしが、子供を負う場合、又は授乳の方法として、背中より直接懐に廻すことあり。子供が裸体のまま、背中を自在に移動する例など語られたり。

ナカニオブウ
山形県最上町。撮影・早川孝太郎　昭和11年10月

次に冬期における背中あぶりにの風について大体を述べたるに、この風各地にあり。盛岡営林署長小熊氏より、この風は各地にあるが、ことに民間伝承の一種として、疝気の場合、腹あぶりとて腹部を露出し、之を火に向け充分にあたたむれば、一寸した病気は治ると信ぜられ行われていた事実を語られ、実に効験多きものなりとあり。現に一関営林署管内にも七、八年前まで

ありたり。各人より同様の言あり。

次に話は再び子供を負う問題にかへり、及位等にては之が衛生上の可否について女子青年団の問題になりつつありとの言あり。その理由は保健上より、子供の体温を吸収してしまうとの説に来由ある由を告げ、美観の問題とは別の提言あり。これについて医学上の立場から如何なるものなりやと、塩田主事より梶山氏の説明を求めたるに、格別害なしとの説明があり。更に前の虱、蚤に話題がかえり、之を除く帯のことについて塩田氏より質問あり。男鹿半島等にも行わるる、一種の植物の葉を煎じ、その汁を帯にかけ、乾燥させ締るものなりとて、早川より名称を問うに、「トキ」というと某氏より回答あり。センブリの煎汁にても効果ある旨を語られたり。その他、休む場合に子供がかたまってねること、裸体就眠の事実の非常に多きこと等の話あり話の興味はつきざりしが、十時近くなりたるにより、明日に備え閉会の提言を塩田主事よりなし、会を閉じたり。


夜衾のところの「麻のオグソ」は、麻を糸にするときに出る外皮などの屑で、木棉綿《きわたわた》以前に着物などにも使われた。これを入れた夜具はかなり重く、初めての人は一夜かけると一週間ぐらい体の節々が痛いなどという話を、早川は「夜衾のこと」に書いている。東北地方の山村では、夜衾は冬の夜のただ一枚の寝具と言う家もまれではなかった。板間あるいは土間に敷いた藁の上に身を横たえ、上に夜衾をかけて寝るのである。

話題の多かったナカニオブウは、着物の上に幼児を負うのではなく、裸体の幼児を背中の肌合わせで負うのである。この方法は『奥民圖彙《おおみんずい》』(津軽藩士が天明から寛政年間の城下の風俗を描いた)、『紀伊國名所圖繪』、群馬県桐生市にある天満宮の紗綾市の大絵馬にも見られる。

三回で了　第二回山村更生研究会は昭和十二年(一九三七)七月十三日より三日間、岩手県湯口村の大澤温泉(現・花巻市)で開かれた。「山村生活と指導」の題で、これに先立って早川は五月下旬から六月初旬にかけて、宮城、岩手、青森県の十三の町村をまわった。山村の実情を見て住人の意見を聞くためである。第一回の時は終わってから秋田県内の九つの村を訪ねている。

この第二回の研究会でも、みんな真剣に話し合っている。その中から面白いと思うところだけ引き出すのはいけないことだが、「主人に内密で濁酒《にごりざけ》の密造」をして、税務署に摘発された事件について、つぎのような岩手県の研究員とのやりとりがある。

早川　それでは造ったものは女達だけで飲んでしまったのですか?

物井　女だけで飲んでおりました。出来るだけ酒は節約したいと云う方針で、みな申合せが済んでいるのでありますが、そのため従来から酒を飲む人は少からず苦痛を感じた者があった。それに対して中老の婦人は自ら酒が飲めないのは困ると云う具合で、不満に思っていた処へある麹商人に誘惑されて密造したので、常に飲んでいたと云うのではないのであります。

早川　一旦中絶していたのを再びやったのに対して、全然男の人達が関与しないで、女達だけの事とも解しかねますが。

物井　そうです。実はまだ造ったばかりで、飲まない中に検挙されたのであります。
早川　恐らくその酒は、男に飲ませる積りだったのではないでしょうか。
物井　そう云う気持もあったらしいですが……
早川　もし男に飲ませようと云う、気持があったとすると、その心根は同情すべき点もあると思いますが。
座長　どうです。婆さん連だけ集まって、恵比須講などにすしを作って、隠し食いをして酒を用いると云う習慣がありますかね？
物井　そう云うことは事実は現在はありません。前には沢山あったようですが……
座長　女だけで親父に隠して持寄ると云うことが相当あるじゃないかと思うのですが。
物井　それも前にはあったのですが……
早川　麻を紡いだり織ったりしても、その作業が終わった時に、女の人達だけ集まって、いろいろ鍋焼をしたり餅を搗いて食ったりする。そう云うことは男に知らせないで女達だけでやる。その中に酒を飲む、濁酒の密造と云うようなこともやる。斯う云う時のためにすることも考えられますネ。
小熊　だんだん生活が豊かになって来ると昔の状態が首を出して来て、前にやったようにな婆の連中が始めると云うようなことになる。
早川　それに親父だって出せば飲むでしょう。全然土地柄は違いますが、南の方の島なんか、矢張り男が申合わせて飲むのをよそうと云う気持になっても、女の人達としては昔からやったものを、急に廃すのも何かしら淋しい、で造って出せば、悪いものじゃないのだから男もつい飲むということもあるらしいです。

第三回山村更生研究会は埼玉県名栗村《なぐりむら》（現・飯能市《はんのうし》）の楞嚴寺《ぎょうごんじ》を会場に昭和十三年（一九三八）十一月十四日より三日間、「公有林と山村生活」の題で開かれた。研究員に地元の埼玉県の参加者はいないが、島根、香川、大分県からも出席している。座長の石黒は開会の挨拶で述べている。

昨年第二回の研究会を青森営林局管下の岩手県に於いてやりました当時には、恰かも今次の事変が起った際で、我々は出席の途上の汽車の中でその事を知つたような次第でありました。処がその後一年有半の間に情勢が著しく変化致し、殊に各種の新しい問題が出て参りまして、各方面ともその対策で忙殺せられて居る次第であります。しかしこういう情勢になつたからといつて、従来からあった対農山村の問題が悉く解消してしまったのではない。寧ろそれは今後より一層複雑化し、従来よりも以上に重大になって行くのではないかと思われるのであります。

石黒のいう事変とは蘆溝橋事件を発端とする日中戦争のことで、挨拶はその戦争によってこれから起きるであろう様々な問題、それに対処しなければならなくなる農村更生協会のこれからの道を暗示している。いや、すでに始まっていた。

研究会の記録をまとめてきたそれまでの早川の肩書きは嘱託だったが、この第三回では主事になっている。それは原稿を書き上げて、七月に『大蔵永常』（五年後に補訂版出す）が出版されたからで、これも協会に必要な人材になるという暗示であったと言ってもよい。なおこの山村更生研究会はこの第三回で終わった。戦争によって継続できなくなったからだが、山と森林と山村生活の現状から顧みたとき、せめてそれらの「百年の計」の提案をしてくれていたらと思う。

早川は原稿を書き研究会の記録をまとめているが、むろん旅を止めていたわけではない。ノートや手帳に書き綴った旅を一覧にしてみると、むしろ原稿や記録のまとめをいつしたのかと思うほど、旅がびっしり続いている。

農家を描く

早川は昭和十三年（一九三八）正月号から『村』の表紙に全国の農家を描くことになる。早いときから旅先で気になる農家を見つけると写真に撮りスケッチもしているので、描く農家に困ることはなかった。ただ表紙として彩管を振るうにはそれなりの時間を要したはずで、つい旅と重ねてしまう。それでも早川は昭和十九年（一九四四）三月の終刊号まで滞ることなく描いている。この表紙の農家はなかなかの評判で、原画はよく農村関係の展覧会に貸し出された。全部で七十枚の原画は石黒邸に預けてあったが、昭和二十年（一九四五）四月十三日の東京大空襲で、石黒邸と共に灰になった。

『村』の表紙に農家を望んだのは石黒だったと思われる。石黒は茅葺屋根の農家はやがてなくなるとして、自らもその調査と研究をしていたからである。

早川の『村』の表紙のサイン

早川が『村』の表紙に最初に描いた伯耆の民家
昭和13年１月号

　大正二年（一九一三）三月三日の晩の郷土会の第十五例会で、石黒が農家について発表したことを柳田は「郷土會記事」に詳しく書いている。それを読むと石黒はかなり丹念に調べていることが分かる。東京で絵の勉強をしていた早川は、まだ民家には無関心だった頃である。

　石黒は郷土会を母体として、柳田國男と早稲田大学建築科教授の佐藤功一を中心に組織された「白茅会《はくぼうかい》」の調査にも参加している。白茅会は国内で最初の村落調査を大正六年（一九一七）八月に神奈川県北西部の内郷村（現・相模原市）で行い、石黒は農業を主とした村の生業について調べている。この白茅会は佐藤の病気などで短命で終わったが、後に『日本の民家』や「考《こう》現学《げんがく》」で知られるようになる今和次郎は、佐藤教授の助手をしていたので、内郷村の調査に参加し、民家についての教えと支援の人の輪を広げた。

早川は『村』の表紙絵の右隅にサインを入れている。初めは㋕だけだが、昭和十三年（一九三八）五月号からその脇にｍを添える。翌年の一月号からはｋとｍの組合せ、昭和十五年（一九四〇）の一月号からは前頁左の図に見るように、説明がないとわからないＫとＭを重ね合せたものにして、昭和十八年（一九四三）の八月号まで続けた。以後は昭和十九年（一九四四）三月の終刊号まで最初の㋕にもどる。

Ｋは「孝太郎」、Ｍ（ｍ）は九州帝国大学で親しくなった「松子」の頭文字で、その組合せはいつも一緒にいるよ、ということを示したものだという。不思議なのは、昭和十六年（一九四一）五月に松子が亡くなった後も組合せのサインが続いていることである。それはその年の八月から宮崎智恵との交際が始まっているからである。ただ宮崎には亡くなった女性がいたことを隠さずに話し、さらに「智恵さんは松子によく似ている……」とも言ったという。その時、早川は五十一歳である。

2　満蒙開拓移民

青少年を送る

農村更生協会は民間の機関だが、窮迫した農村の更生には国との関わりを疎かにはできなかった。しかし協会が発足した頃にはすでに軍部の力が大きくなっていて、たとえ間接的であるにしろ、軍部とのつながりを否定することはできなかった。すでに始まっていた満洲移民（満洲農業移民、のち満蒙開拓団）も、昭和十三年（一九三八）からの満蒙開拓青少年義勇軍も、大義名分は満洲と内蒙古の広大な土地を拓いて農業に勤しんでもらうというものだった。だがどちらも軍部には別の意図があった。それは昭和七年（一九三二）に、中国の東北三省（奉天、吉林、黒龍江）と東部内蒙古を独立国に仕立てて満洲国を守らせる、というものである。早川は農村更生協会の職員として、当然ながら満洲移民と満蒙開拓青少年義勇軍の募集業務に関わる。

満洲移民は陸軍将校の東宮鐵男《とうみやかねお》（戦死後に大佐）と農本主義者の加藤完治《かとうかんじ》が組んで進めた。東宮は昭和三年（一九二八）六月四日の張作霖《ちょうさくりん》爆殺事件の実行者の一人である。加藤は茨城県友部町に創立し、後に同県鯉淵村内原（現・水戸市）に移す日本國民高等学校の校長でもあった。加藤は同じ農本主義者と言われた石黒忠篤と密接につながっていて、意見も合った。

東宮と加藤の二人に共通していたのは農家の一戸あたりの農地があまりにも小さく貧しい、そうした農家を豊かにすること、過剰人口である二、三男を満洲に送って生かすことだった。ただ目的まで共通していたわけではない。農本主義者の加藤はその実践、すなわち満蒙の広大な土地を拓いてそれぞれに与え、作物を作らせるというものだったが、東宮は兵士としてソ連との国境付近に送り、国防の任務も持たせるというものだった。

このずれにもかかわらず、東宮が加藤の案を受け入れて満洲移民は動き始める。だが昭和六年（一九三一）頃には陸軍省の軍人でもその移民策の賛成者は少なかった。やらなければと思っていた予備役の角田中佐は旧知の加藤に相談する。小平権一著『石黒忠篤』に、昭和七年（一九三二）一月二日のことを書いているので要約して記す。

「陸軍省にいって昔の仲間や課長、局長連に満洲移民の断行をせまったところ、全部が反対で農業移民などできるものか、といって聞き入れてくれない。ひとつ陸軍省に乗りこんでいって、彼らを説き伏せてくれないか」

角田の話を聞くと加藤はすぐ腰をあげて、「よし出かけよう」といった。角田は陸軍省に電話して、「加藤完治と同道して大臣に面会にゆくが、いつ頃がよいか」と言うと、今すぐでもよいと言う。角田は山形からはいてきたモンペに鳥打帽子、下駄履き、加藤も普段着のままの奇妙な組合せで官邸へ行くと副官が出てきて、「どなたで、どんな用か」と聞くので、「いま電話した角田中佐と加藤完治だ」というと、副官は驚いて大臣のところへ飛んで行った。電話を受けたとき副官は加藤寛治大将と思っていた。大臣の荒木中将は間違いをオクビにも出さず、二人を応接間に通して面会してくれた。角田と加藤は陸軍省の連中の満洲移民に対する現状を話し、ぜひ実現したいのでまず大臣に分かってもらい、それから陸軍省の連中に談じこもうと思うのでというと、

「そのことならボクも反対だ。あの労働力、生活力の根づよい支那農民の中に入れては、とても日本農民は太刀打ちでない。あきらめた方がいい」

とあっさり反対した。ここから加藤の熱弁が始まった。加藤の真摯な態度に打たれたのか、荒木は「送り込んだ移民の何パーセントぐらいが、農業移民として満洲に定着するか」と質問した。それ

なら、「まず五百人入植させれば、そのうち三百人は確実に農民として定着する」と自信をもって答えた。

加藤の返答は荒木には意外だったようで、「アマゾン河畔に入植したものは、全然姿を消してしまうが、本当に満洲は大丈夫か」と言い、「満洲には自信がある」と加藤は言った。荒木はまだ少し不安があったようだが、それでもとにかく一つ力をかそうとなった。加藤は移民にともなう金銭上のことなども要請すると、荒木はそれを巻物に筆で書きつけて快く約束してくれた。

こうして陸軍大臣は賛成してくれたが、これだけで実現は難しい。それでも荒木を説得することのできた加藤は、鬼の首を取ったような気持ちで石黒を訪ね、荒木との会見の模様を話した。

東大総長を説得

石黒は賛意を示して喜んだ後、「これからすぐ東大の古在総長を訪ねて、陸軍大臣を説得した弁法で、古在総長からも賛成をもらうようにしてくれ」と言った。加藤は石黒の意図がよく分からなかったが、牛込揚場町の石黒邸を出ると、加藤は真っ直ぐ小石川の古在邸を訪れ、陸軍大臣に分かってもらえたことを話した。ところが古在は、「何ということだ、私も満洲移民は反対だ」とつっぱねた。そこからが加藤である。ひと膝乗り出すと、「そんな迷信は棄てて下さい」と迫った。〝迷信うんぬん〟は荒木のときも最初に発しているが、古在はひとしきり考え込んでから、「迷信か、君がそういうなら、考え直そう」といった。

その数日後、加藤は古在に呼ばれた。「全国の大学の担任教授を集めて満洲移民論の会をやることになったから、最後に君が出て、満洲移民論にとどめをさせ」と言われた。その日がきて、言われたように加藤は最後に自己の信ずる思いを語って演壇を下りると、多くの教授が同感、賛成だという言葉を投げかけた。

この後、全国の大学の口やかましい教授連がほぼ満洲移民賛成に傾いた。加藤はこの会がなかったら反対論が多くなって、昭和七年（一九三二）から政府が満洲移民を発進させるのは難しかったであろうと察し、石黒がどうして古在を説得してこいと言ったのかということをくみ取った。

移民を推進　昭和七年（一九三二）に農林省が立ちあげた、「農村経済更生運動」が移民とどのように繋がっていたのか。加藤の奮闘で満洲移民は発進したが、移民のための国の財政支援が十分ではなかったので、順調に進んだわけではなかった。昭和十一年（一九三六）までの試験期の移民は年平均三〇〇〇人に過ぎなかった。これが同年の二・二六事件で変わる。満洲移民に反対していて、予算を認めようとしなかった大蔵大臣の高橋是清も射殺されたからである。

二・二六事件のあと政治への軍部の力が大きくなると、内閣は満蒙開拓団事業を国策とし、先に関東軍が作成していた「満洲農業移民百万戸移住計画」をもとに「二十ヵ年百万戸送出計画」を策定、拓務省をその実行機関とした。そして農林省の「農村経済更生運動」と拓務省の満蒙移民事業が結合して「分村移民」を政策とすることにする。家族で移民させるもので、それも一戸ではなく数戸を送り、満洲に村を移し分けるというものであった。

これは「適正農家」（適正農地）という考えから出ている。簡単にいうと、一つの集落の田畑の総面積から、その集落で生活できる適正な人数を割り出して、それ以上を過剰人口として移民にあてるというものである。しかしこれは大地主と貧しい小作人という当時の状態からして、適切と言えるものではなかった。

一方、陸軍省や満洲国を支配する関東軍の意図としては、ソ連と戦争になったとき、移民の作った農作物などを軍に提供させ、食料の補給にあて、また男たちを現地で徴兵して関東軍に編入し最前線に立たせるという目論見があった。徴兵の方は実行したが、作物の提供と補給はそれをする間がなかった。

昭和二十年（一九四五）八月八日にソ連が日本に宣戦布告をすると、関東軍は移民を置き去りにして撤退、その一週間後に敗戦となって、移民は夢も希望も打ち捨てて、とにかく逃避するしかなかった。その逃避行の途中でたくさんの移民が命を失い、残留孤児を出した。

募集と応募

満洲移民の受入れと支援は満洲拓殖公社があたったが、村の家族を説得して移民を承知させるのは農村更生協会の業務の一つで、職員はそれぞれ担当地域を持っていた。早川は長野県伊那地方の主に泰阜村《やすおかむら》、千代村（現・飯田市）、上久堅村《かみひさかたむら》（現・飯田市）に足を運んだ。この三カ村から早川は次の戸数を送り出した（『五十年のあゆみ』）。

泰阜村　三〇〇戸　三江省依蘭大八浪
千代村　二〇〇戸　三江省桃原窪丹崗
上久堅村　二〇〇戸　三江省通河、新立屯

『泰阜村誌』によると、昭和初期の泰阜村はほとんどが山野で、耕地は総面積の四パーセントほどしかなかった。生活は養蚕だったが、昭和恐慌の引き金となった生糸相場の暴落は村を直撃し、日々の生活さえ大変になりつつあった。

そうした時の満洲への分村だったので話は着々と進み、泰阜村では第一次の先遣隊二十一名を昭和十三年（一九三八）七月十五日に送り出した。一行は五日後に三江省黒台の信濃村開拓団に到着した。でもまだどこに入るかは決まっていなかった。ようやく翌年の一月十八日に大八浪と決まり、村で待機していたそれぞれの家族は準備を始める。父親は茨城県鯉淵村内原《うちはら》（現・水戸市）の訓練所で一週間の指導を受け、紀元節の二月十一日を佳日として村を発ち、先遣隊と合流して大八浪に入り、入植式を行った。入植地は中国人の土地を取り上げたものだった。

発病する人　満洲に渡った人や亡くなった人の数は資料によって多少の差がある。泰阜村からはこの第一次から昭和十八年（一九四三）七月一日の第十四次まで一一八九人が渡った。そのうちの当時の村の人口は五〇〇〇人ほどだったから、その約四分一が満洲に渡ったことになる。そのうちの六三二人は再び故郷の土を踏むことがなかった。これには入植地で生まれた子供も含まれる。

早川は昭和十五年（一九四〇）の日記に、敦賀（福井県）で、発病して騒ぎとなった二件の出来事を記している。

四月十二日出発。敦賀にて乗船おくれるため、一人発狂しその者、今飯田の病院に収容しあり。

○○の人間にて、一族二十余人悉く渡満する者にて、医師の談に依れば生命覚束なしという。万一の場合は骨にして、満洲に送ることに決定しおり。

五月二日　○○の人間。出発の頃は大した事なかったが、敦賀の宿にはいり、軒下に座って拍子を打ち、第一に偉いのが陛下、次が神様、三番目吾なりと云っているのでこまった。そして○○君がつれ帰り飯田の病院に入れ、四月廿七日に死んだ。

『村』の編集をしていた鈴木棠三は、早川が現在は飯田市になっている村で分村の講演をしたときの様子を書いている。

分村の大義名分はわかっているのだが、分村に参加するといってみたり、また掌を反すように行かぬといったりする団員があって、役場でも手を焼いていた。早川さんがだんだん腹を割って話してみたら、満洲には行きたいが入植後当分は合同生活をせねばならぬ。その時人前で使用できる布団がない。それが不参加を言出した原因であると判明した。早川さんらしい話合いだと、皆感心した。結局、暮の夜にひそかに寝具何組かをリヤカーでその家に密送して事が済んだ。

早川は昭和十七年（一九四二）五月十三日から下伊那郡下條村《しもじょうむら》に住んで、満洲移民の募集と世話を続ける。そこに住むのは別の理由もあったが、伊那地方の人々は早川を『花祭』の著者として評価する一方で、伊那地方の大勢の家族を満洲に送った人として、冷ややかな感情もあった。それは今も消えていない。

また早川は村の家族だけではなく、八歳年下の妹多だの家族を満洲へ送り出している。その長男は現地で徴兵されて戦死、妹の夫は入植地で病死、妹は逃避行の途中で亡くなった。同郷の人々に助けられて長女と次男だけが愛知県の故郷に帰った。早川はもう一つの満蒙開拓青少年義勇軍に身内を送ることはなかったが、応募の説明は業務としてこなした。

『五十年のあゆみ』に、たしか昭和十二年十二月二十三日だったとして、満洲青年移民実施要項が決定されるので、農村更生協会の職員は全員が足止めされたとある。学年末で冬休みになるため、その前に少しでも学校をまわって義勇軍募集の説明をしなければならなかったからである。

青少年の移民

石黒忠篤と加藤完治の二人で起草し、石黒忠篤、橋本傳左衛門、大藏公望、加藤完治、香坂昌康、那須皓の連名の「満蒙開拓青少年義勇軍編成に関する建白書」は、昭和十二年（一九三七）十一月三日に各国務大臣と内閣参議に提出、閣議は十一月三十日にこれを決定した。

この建白書の全文は昭和十三年一月号の『村』に掲載されている。これまでに送り出した満洲移民を支援するために、青少年を現地で教育して一人前の農業経営者とするとともに、移民と満洲国を守るために兵士になってもらうという内容である。ただこの兵士については応募の説明で話をしたかどうか、おそらく若くして大きな土地を持つことができる、ということだけを強調したであろう。

満洲では「義勇軍」ではなく「義勇隊」と呼んだが、ともあれこの満蒙開拓青少年義勇軍は先行していた満洲移民の補充という一面があった。満洲移民の多くは二、三男だったが、戦争になると徴兵されて満洲へ送ることはできなくなる。その日の来るのが近いことを想定し、青少年を満蒙の開拓地へ送ることにした。その想定は昭和十七年（一九四二）から現実となり、小学校や高等小学校を出たばかりの青少年が義勇軍と言う名の移民となる。

農村更生協会の『五十年のあゆみ』によると、足止めされていた十二月二十三日の夕方五時頃に、加藤完治が閣議決定を知らせにやってきて、直ちに行動に移すようにいった。職員は自身の故郷などへ行って、正月を返上して募集の説明にあたった。この最初の目標は五四二〇人、それを大幅に超えて、昭和十三年二月十五日の締切りまでに八二五五人の応募があった。

割当数の根拠は分からないが、各県ごとに応募人数を割当て、協会の職員が行って説明した。説明に行っていないうちの十県はその割当数に達しなかった。早川は割当数二〇〇人の鹿児島県を担当、四六二人の応募があった。各県ごとの成果は昭和十三年（一九三八）三月号の『村』に掲載されている。次は割当数を二〇〇人以上超えた県である。（ ）内は割当数、上が超えた人数で、両者の合計が総数となる。

大分四七四（五〇）、熊本三九〇（一八〇）、石川三五〇（一〇〇）、香川二七九（二〇〇）鹿児島二六二（二〇〇）、福島二五〇（一〇〇）、秋田二三〇（一二〇）。福岡は超えることなくちょうど五〇（五〇）だった。この成果について説明がある。

特に注意すべきは、従来の満洲農業移民は、東北地方と新潟、長野を主としていたし、ひいて満洲農業移民は気候及び農業形態の点から北日本農村でなければ成功しないかの常識論が行われていたが、今次の成績は此の俗説を撃破して、四国、九州の南日本は何れも割当数を突破……

『五十年のあゆみ』に募集は小学六年生を対象にしたとあるので、応募した人数は小学六年の卒業生なのだろう。続く説明に、「第二次五十名の締切りは引き続いて三月三十一日に行われるが、之には来る三月卒業の高等科生徒諸君も大量的に殺到するであろう……」とある。後の手記などを読むと、応募するといっても親がなかなか許してくれなかったということもあったが、この成果は学校の先生の協力が大きかった。また選ぶ時は成績上位の者をという希望を添えたが、先生はそれをしっかり聞いていてそのように対応してくれた。いずれも将来は郷土を背負って立つ少年たちだった。

話をしてくれた四家房大日向村の浅川政吉
撮影・早川孝太郎　昭和14年9月

満洲移民と満蒙開拓青少年義勇軍の総数は三十二万人とも二十七万人とも言われ、確かな実数はないようである。次はインターネットに見る三十二万人を総数とする、上位二十府県である（http://www.asahi-net.or.jp/~un3k-mn/0815-manmou-his.htm）。

満洲の畑の共同作業
撮影・早川孝太郎　昭和14年9月

	満洲移民	義勇軍	合計
長野県	三一二六四人	六五九五人	三七八五九人
山形県	一三二五二人	三九二五人	一七一七七人
熊本県	九九七九人	二七〇一人	一二六八〇人
福島県	九五七六人	三〇九七人	一二六七三人
新潟県	九三六一人	三二九〇人	一二六五一人
宮城県	一〇一八〇人	二二三九人	一二四一九人
岐阜県	九四九四人	二五九六人	一二〇九〇人
広島県	六三四五人	四八二七人	一一一七二人
東京府	九一六六人	一九九五人	一一一六一人
高知県	九一五一人	一三三一人	一〇四八二人
秋田県	七八一四人	一六三八人	九四五二人
静岡県	六一四七人	三〇五九人	九二〇六人
群馬県	六九五七人	一八一八人	八七七五人
青森県	六五一〇人	一八五五人	八三六五人
香川県	五五〇六人	二三七九人	七八八五人
石川県	四四六三人	二八〇八人	七二七一人
山口県	三七六三人	三七四五人	六五〇八人
岩手県	四四四三人	一九九三人	六四三六人
岡山県	二八九八人	二八八八人	五七八六人
鹿児島県	三四三二人	二二六八人	五七〇〇人

長野県の合計は二番の山形県の二倍以上になる。四十七道府県で最も少ないのは滋賀県で、合計が長野県の二十六分の一の一四四七人だった。滋賀県は米が十分にあって県内で自給できたので、強いて満洲へ行く必要がなかったとされる。

開拓団も義勇軍も長野県が飛び抜けて多いのは、県東部の大日向村《おおひなたむら》(現・佐久穂町《さくほまち》)が昭和十二年(一九三七)に最初の分村移民を実行し、そのモデル村として映画「大日向村」にもなった。国策に沿った宣伝映画だったが、それを見た県内の人々があとに続けと奮起したようである。大日向村からは村の約半数の二一六世帯、七六四人が満洲へ渡り、その約半数の三七五人が逃避行で亡くなったとされる。敗戦の年の九月に六十五世帯、一六五人がどうにか帰国したが、当地の大日向村には家も仕事もなく、浅間山南麓で満洲ではやらなくてよかった開拓を本格的にしなければならなかった。それは大変な仕事だった。

早川は大日向村に昭和十三年(一九三八)六月の八日と二十四日の二度行っている。でも分村移民や映画についてのメモ(日記)はない。二十四日に「大日向山林座談会」を開催しているので、八日はその下調べに訪れたものらしい。炭焼きなどについて聞いている。

大日向村

大日向の村へ飛騨地方の者が最初に入込んだ動機は、石灰山の採掘とその人夫なり。即ち　鉱山師であった。それが炭焼きをはじめ、漸次郷土人を呼びよせたもの。この連中が村への入会金は最初は三十円位、次に五十円、八十円、百円になった。

内原の満蒙開拓青少年義勇軍訓練所の日輪兵舎と訓練場　所蔵・早川孝太郎

満蒙開拓青少年義勇軍は長野県についで広島県が多い。山形県は最初の募集では割当の三五〇人に四十九人足らない。未達成の十県の仲間だったが、割当数は県ごとに大きく違うので、募集を怠っていたとは言えない。だが山形県は結果を見て、未達成ではいけないと頑張ったので、その結果、三番になったのだろう。

満蒙開拓青少年義勇軍の訓練所は、訓練所の所長になった加藤完治が、創設者で校長でもある日本國民高等学校のある内原（現・水戸市）に設けた。三月になると応募した青少年が訓練所に集まってきたが、準備はまだ整っていなかったので、最初にやってきた青少年は、訓練にはいる前にモンゴルのゲル（パオ）を模した円形の日輪兵舎造りをしなければならなかった。

十五歳から十九歳までの青少年はその日輪兵舎に寝起きして、加藤完治の指導による二〜三カ月の基礎訓練を受けて満蒙に渡った。敗戦までに八万六五三〇人の青少年が渡り、そのうち二万四二〇〇人が満蒙の土となった。

戦時中の早川は、農村更生協会の主事として、こうした業務をこなしてきたが、それなら協会の人々は早川をどのように見ていたのだろうか。早川が亡くなったとき、「早川君は、人のこととなるとしっこく追求するくせに、自分のことは何も言わなかったな」と、石黒忠篤が優しいまなざしで言った、と智恵が書いている。早川の葬式のとき、だれが呈したのか名前はないが、農村更生協会の弔辞にも同じようなことが書いてあり、また協会での早川の人柄が弔辞でつぎのように語られている。

野人の代表

早川さん

農村更生協会という自分のこととなると極めて控目で謙遜ではあるが、権威と不正に対しては容易に屈しないという、いい意味での野人型の連中の集った団体で、長い年月一緒に飯をくって來た仲間の一人として、あなたの死を悼む言葉を捧げさせて頂くことをお許しください。

早川さん

今、私はいい意味での野人型の連中の集りの団体と、農村更生協会を自称しましたが、よく考えてみれば、それはそっくりあなたのことを言っている様な気がします。二十年前に、当時協会の常務理事であった石黒先生の御紹介で、あなたがあの特徴のある黒縁のベッ甲眼鏡をかけて、房々の漆黒の髪をかき上げ、かき上げ、その当時の事務所であった中金の五階へ顔をみせた時、私達はあゝこの人が当時評判になった大藏永常という極めて特色のある名伝記を著した御當人だな、それにしても若々しい恰度吾々位の年配だなと思って、敢えて老という尊称をつけませんでした。その頃、共の仲間は三十歳台の者が多く、四十歳台以上の人をみると皆老という尊称を奉ったものでした。

（以下三二三頁へ）

第九章　朝鮮・満洲・中国へ

1　主眼は作物調査

大陸の旅

早川は朝鮮と満洲と中国へ三回行っている。昭和十四年（一九三九）八月三十一日～九月二十三日が最初で、石黒忠篤、橋本傳左衛門（農学者）と一緒だった。でもどこへ行くのも一緒だったわけではない。名勝や旧跡めぐりはともかく、分村移民した満洲の大日向村には早川が一人で訪れた。二回目の昭和十五年十月九日～十一月十四日は主に朝鮮で、農地の大きさや作られている作物を丹念に見ている。大陸から日本国内へ食品を送るための、基本的な調査を早川は担っていたようである。

三回目は昭和十七年（一九四二）一月一日～三月十四日で、そのうち二月中は興亜院《こうあいん》の嘱託として北京に滞在、毎日、朝からつづく食糧問題が議題の会議に出席している。

興亜院は拡大した満洲などの占領地の政務と開発事業をまとめ、指導と指揮のために、昭和十三年（一九三八）十二月十六日に設置された。総裁は内閣総理大臣が兼任、占領地においた連絡部や出張所の幹部は陸海軍の将校で占められた。興亜院は早川が一カ月だけ嘱託となった年の十一月一日に、拓務省・対満事務局・外務省東亜局・同省南洋局を統合、改編して大東亜省となった。

この三回目の北京で早川は、著書の『猪・鹿・狸』を愛読書として紹介してくれた周作人に会っている。魯迅の弟の周作人は日本に留学して日本文学の研究をした作家で、当時は北京大学の教授だった。その大学での講義の話が出て、早川は興亜院の仕事を終えた三月五・六・七日に北京大学で中国の学生に「日本民俗学の現状」と題する講義をした。

早川はこの旅でも写真を撮りスケッチをしているが、スケッチの数は国内の旅に比べて多い。日本とは違った風俗と風景ということもあるが、早川の場合は日本と比較、というより風俗などは類似に目を向けている。文字代わりのスケッチの感があるが、いずれも行ったことのない者にも、早川が見て引きつけられて絵を描いた気持ちが伝わってくる。軽いタッチの絵もあるが、それも表情や動きにほのぼのとした温かさがあって、見ていて飽きることがない。絵の基礎があったからなのだろう。

四家房大日向村

絵を文字代わりにしているが、日記をおろそかにしているわけではない。大日向村の分村を訪ねたのは昭和十四年（一九三九）九月七日、「午後二時半四家発。馬にて大日向村に約一時間にてつく。団長堀川清躬氏につきいろいろ話を聞く」とあって、聞いた話を手帳に箇条書きにしている。

○稗に二種あり。茎と葉の間に一穀の稗は色があるが、田中に生えるものは稲とまったく同じにて、見分け難し。
○屋根は瓦にてふくがよし。一把五厘五毛にてふける。
○桿物にてふく場合は一把四、五銭かかる。之は運賃が大部分……。
○山の開墾　満人はできるだけ高い処を撰む。窪地は最も嫌い、それは肥料がありすぎるので大豆などできすぎ、いつまでも花がさき実がなるので、大小の実が不揃いにでき、後に撰別に困難なり。
○雑草もまた同じなり。瘦せたところほど雑草が小さい。
第七次四家房開拓団第二部落
○井戸　八月初めまで氷があるが、水は極めてよく、殊にポンプにしてからよい。冬は氷があるが、底は凍らぬので不自由なし。
○荏油（エサという。荏はエゴマの古名）　大日向では胡麻を作らぬので、その種をまいたところ、たちまち伸びたので喜んでいたら、いつまでも上に伸び、今もって花が咲かぬので失敗。
○ささげも同様、内地の種は今ようやく一部に実をつけた程度。
○之に反し満人のささげは、一ヵ月ほど前にぎっしり実がついた。
○山　大日向村の四周は山ありて、さにがら内地の如し。山には木もあり昨年はここで薪をとった。
○稲　四月廿日頃から耕耘にかかった。それ以前にできるらしいが、一年度のため準備できかねた。

牛耕、馬耕いろいろありたり。浅川政吉氏。
○組合　拓営農事実行組合（第二部落）の第一班十人なり。
○反別一軒三シアン割宛、十軒なれば三十シアン。之で四人で朝鮮人一位の割合で雇った。四月から十二月までの契約。賃は殻で籾二十石。金ならば二百円の契約。
○休日　この期間休日なく、田に用のないときは畑の仕事。
○臨時雇いは、一日一円五十銭。水のかかるまで。
○水がかかってから全部二円になった。
○除草の際はすべて二円。女の相当できるのが、一円七十銭。
○朝は太陽が上がるとすぐ来る。日没まで働く。
○水かけの時は、夜も注意して働く。
○籾まきは六月二十四、五日頃。第一回の除草はまきこみ了ってから十二日位、三寸位のびていた。この時水上にはまだ出ぬ。三日たったら（この間に休み）第二回をはじめた。で、第二回は全部は中に入れずなり。二回で了ったものがある。
○除草は稗ぬき一転張り。よくできたところに雨が来たので、イモチができるかと案じてボルドー液をある種類かけたが、場所が広すぎて中止した。
○品種　小田白　ショウジョウ緋。北海道種はイモチが多い。
○稗（稲の間に混じるやっかいなヒエ）―三種ばかりあり。エクサ（荏）。茎の紅いやつ。茎の青いの。

開拓地の耕運機

どのあたりまで機械化されていたのだろうか。撮影・早川孝太郎　昭和14年９月

開拓地の若い母親と子供たち

撮影・早川孝太郎　昭和14年９月

茎から葉の出る股に毛があり、稲と見分けがたい。
○朝鮮人　耕耘に非常にムラがあるが、あとで見ると、あまりに平等に深くおこすと、できすぎて駄目という。その説の通り。又、耘くに、幾つもの田を一列におこし、畔を除くが、之は土あげの時、反って都合よし。
○畔は高くせず、横幅を厚くする。之は風が強いので畔がこわされる。波が実にひどく立つ。
○団員中、朝鮮人は雇わず一人でやっているものがあるが稗が多くて困っている。朝鮮人同志で、日本人に雇われる者を私刑あり。夜ガラスびんを首にさしこんだ――。

分からない内容もあるが、寒冷地の満洲の農地は肥沃だったことを推測させる。渡る前の国内での体験に工夫を重ねることで、さまざまな作物をたくさん収穫できたことだろう。その部分だけでなら満洲に渡ったことに後悔はなかったはずである。

秋の朝鮮半島

昭和十五年（一九四〇）は、秋景色がおのずと目にはいる旅だった。現在の北朝鮮の北部へ、そしてぐっと南に下って済州島にも渡っている。満洲の開拓地では長野県泰阜村の分村の大八浪に行って一泊。また清水千代村団長にも会っている。どんな話をしたのだろうか。

十月十七日の手帳のメモ欄に、「朔州温浦洞にて便所を見しに、尻をふくには玉蜀黍の芯にてふくらし。之が翌年の二月頃まで用うという。その他は草など用う」。日本では木片を使っていたから、玉蜀黍の芯の方がまだ少し柔らかだったかもしれない。

つぎは北朝鮮の北部を歩いていた十一月一日の日記の抄録である。

零時半三岐につく。この町は昔の駅路と見ゆ。街の両側に日本の街道の駅路の如く溝がながれいる処なりかし。又、曲り家もあり。屋敷をめぐって果樹らしいきものあり。屋敷のまわりに垣根を設けたる多し。同時に南鮮式の草ぶきの家が出てくる。

山には緑の松あり。赤松もあり。杉の大木も見ゆ。朝鮮は今どこでもいなむら（稲叢）ができている。ことに甲山郡、豊山郡にかけての山地（高原地）では、畑作の稗、燕麦、そば、大豆のニホがどこにも見える。甲山、豊山二郡の水田地帯を除くと、稗とそばのニホが大小二つならび、それに燕麦や大豆のものが添っている。「稗ニホ」は上部を苧稈で葺いたものがある。

山々の樹は白樺、蒙古楢などが多くどろの木もあり。落葉松もある。スクスクと立ち、青いものは何一つなく、寒林疎影と云ったかんじふかし。火田が廃耕のあとには蓬が多い。

嶺を下り切った処が泥谷面、ここで一寸自動車がとまったが、その前に踏臼（山口県などで言うダイガラ）があった。踏木が二人で片足ずつ踏むことができる。それに寄りかかる横木がある。臼は直径一尺七、八寸の石で、その中央に直径五寸、深さ一尺位の穴がある。案外に臼の小さいのに驚いた。搗く度に穀物が飛び出すらしく、臼の周囲が、きれいに漆喰らしいもので固めてある。女達ががやがや言って自動車を見ていた。

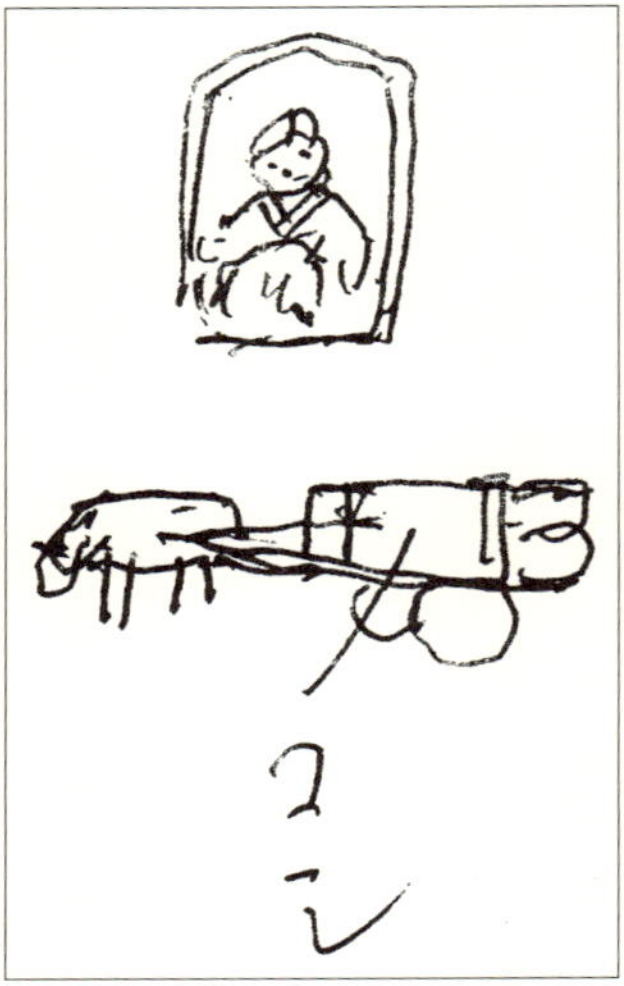

若いお嫁さんと牛車
絵・早川孝太郎　昭和15年11月

泥谷面から平地に向け、山峡をはしる途中でこんれいの輿にあった。牛車にのって内裏様のような美しいお嫁さんが、つめたい表情してのっていた。まだ年が極く若いらしい。輿のうしろに美しい布で包んだ荷物が二つ重ねてあった。しばらくしてから、別に家財をつんだ牛車にあったが、これは別のかもしれない。それというのが、間もなくモールでかざった自動車になったから、しかしそれにはお嫁さんらしい人はのっていなかった。

平地にはいるに従い、村のさまが内地によほどよくにている。屋根は瓦になり、田圃が多く、今稲刈りが正に終ろうとしてする処だ。畔にも田にも十字積みの稲がある。北青郡にはいってからは例の芋稈でふいたニホは見られない。「稲ニホ」はまだつくらぬらしい。昨日（三十一日）雲興免（甲山郡）で、能登で見るような棚田を見た。この辺の雲興米と云って一つの銘柄米となっている由。慶徳嶺は千五百米、ここの上にも茶屋一軒あり。そばや稗も作るらしいが、エンバクが多かった。

士雅里の李さんの家には、つばめの巣が二つあった。これをかんげいするらしい。まじないの呪符が座敷の入口に二ヵ所はってあった。近ごろ子どもを亡くしたのでやったという。化粧柳は実に美しい。ほんとに紅おしろいの感じ。之に対し川柳は黄いろい。黄柳とはよく言ったもの。昨日、今日あるいたところ、川の水は共に美しい。

旅を秋の日にしたのは、たぶん収穫の様子を見るためだったのだろう。早川は目には止まったものについても話を丹念に聞いている。高粱の株を高く刈ってあるのでたずねると、「冬期間、小作人がぬいて燃料とするため」ということだった。

2 興亜院嘱託

智恵への手紙

昭和十六年（一九四一）の日記は五月五日からで、それ以前はどうしたものか見当たらない。五月五日は九州帝国大学で知り合って七年になる、東京に出てきていた深尾松子が病院で亡くなった日で、その前夜のことから息を引き取るまでの様子を書いている。近くに松子の身寄りがいなかったので、葬式から七七日の六月二十二日まで早川がつとめ、その日まで、松子への想いを早川は切々と綴っている。

『村』の表紙の絵のサインに、二人の名を重ねたことは先に書いたが、松子の墓碑には朱を入れた孝太郎の名も並べて刻んだらしい。早川は『少女倶樂部』、昭和十七年（一九四二）二月から一年間、「少女の民話」を連載する。これは松子の遺児の純ちゃんのために書いたものだと宮崎智恵に話したという。

宮崎は出版社「ぐろりあ・そさえて」の編集者で、早川の『農と農村文化』を担当、早川がナイトと書いたのを「騎士」と直したことに、「同じように私も直したいと思っていたところで、たいへん嬉しい。これからも、ぼくの文章を直してください」といったのが、親しさを増すことになったという。島根県津和野町に生まれた宮崎は文芸を深く理解するとともに、歌人として認められ始めていた才媛で、早川より三十若かった。

二人の文通は松子の七七日の一カ月後、七月二十三日消印の葉書からある。九月二十九日からは交換日記も始まり、昭和十六年(一九四二)の大晦日までに交わした文通の月日は一三一日を数える。これは逢瀬の日を除いたほぼ毎日となるだろう。この毎日は昭和十七年の二月から三月にかけて中国へ行っている間も変わらなかった。日記も書いているが宮崎への手紙も毎日、早川は心の内をそのまま書いて出している。宮崎への恋文ではあるが、書き添えてある興亜院のことなどに当時の社会情勢もうかがえる。次は昭和十七年の中国から智恵への手紙である。

　二月十一日、紀元節です。この二、三日北京の天は全く春になりました。智恵は元気で智恵らしく暮らしてますかしら。孝は頑健です。
　昨日、東亜文化協議会の招待で周作人にあいました。さすがに中国では一流の人物を思わせます。二十五、六日頃に、一度ゆっくり遇って話をする約束しました。支那のこうした人に対して、日本の役人などの下品な態度が目につきます。一部の人たちが、日本人をさげすむのもムリないと思います。北京大学の人たちもみんなあいました。

二月十一日、夜十時三十分。今日の夕方、智恵にハガキを書いて、直ぐ幾久屋という日本料理店の招宴に招かれて行った。大変な建物、豪壮というか豪華というか、とにかくえらい家。そして其処の大広間に通されて見て二度ビックリ。そこへ職業婦人が二十人もそろって出で、舞踊があるやら流行歌をきかせるやら大変なこと。何だか少しあたまがおかしくなって来た。私たちは何しに来たのかと考え直して見たい位。

そこへ興亜院やその他の官権の役人たちが接待に出るのだが、その人たちの態度も、すこしわけがわからなくなって来た。こんな事していてよいのかしら、とやぼくさいことも言いたくなる。御馳走になってそんな事考えてはわるいのだが、ほんとにこれでよいのかと反問したくなる。

早く一日でもよいから田舎に出て、ほんとに支那の自然と人にふれて見たい。この意味で昨夜の周作人さんの招待会はたのしかった。ああいう人と、智恵と一緒に語りあかしたいように思う。かえりがけにしっかりと握手して、文学院の講ギたのまれた時、ほんとに心よいものを感じました。

二月十二日夜、十一時。今夜もまた宴会。毎日ホテルではどこかしらの団体の昼食の接待、それに夜の宴会で少し悲鳴をあげかけています。

早く、支那の農村にはいって見たく思いますが、まだ治安が悪いので、鉄道沿線だけにします。二十一日頃に北京の用事が済むので、それら出かけようと考えています。

二月十六日、夜十一時五十五分。昨夜おそく会議をやっていましたら、十一時頃、東亜文化協議会からシンガポール陥落をしらせてくれました。何かしら嬉しさがこみ上げて来るものを感じました。

今やっている学問なんて何もならないと思うけれど、でもこんど北京に来て、関係方面のいろいろの話を聞いて、第一に考えることは支那の民衆の、ことに農民の生活を自信をもって見ている人が一人だっていないこと考えさせられました。誰でもよい、もう少しそれを識る人があったなら、日本の政策もこんなくいちがいしなくて済むのにとも思いました。

日本の人達のいけないことが、沁々と考えさせられました。それは日本人だけではない、全体がいけないのだと思いました。支那の人もいけないけれど、日本人だってよいとはいえない。みんなをよくするためには、そこに真実ものをつかまねばならないのだが、みんな見当違いをしている。

会議は食糧問題

興亜院嘱託として出席した北京での会議は主に食糧問題だった。会議には食糧に関する報告があって、早川はその要点と共に話に出たことを手帳にメモしている。次は食糧に関するメモで、題名のあるものは題名を、ないものは内容を簡単に記す。

二月　八日「北支に於ける食習慣」。

華北、事変前、小麦、雑穀などの輸入について。岡本事務官の話。

二月　九日　北京飯店会議室。
華北農事試験場で試みている作物のこと。秋元華北産業科学研究所の話。
農村社会の動向。満鉄の稲富氏。
愛路勤農場（恵民道場）のこと。松本氏、西尾氏。
「北支十六年度農作物生産予想量」。華北交通の布施氏。
二月　十日　北京大学。
「食糧問題　都市食糧問題」。三浦氏。
二月十一日　合作社について。
平衡倉庫について。塚原氏。
小麦について。徳永小麦協会理事長。
食糧緊急対策。
棉花について。三原棉花改進会副理事長。
二月十二日　米の増産、土地改良の件。計費一億百十八万円。
二月十三日　華北農業股份関係。（股份《こふん》は中国で株式のこと）。

「二月十九日、はれ、春らしい穏やかなる日。昨夜、興亜院への答申書を夜二時半までかかって作製。やすみました」とあって、答申書はこの十九日に提出したのだろう。夜にはやはり宴会が二つ、九時からのは興亜院長官の招宴だった。でも続いた会議と夜の宴会はこれで終わり、早川は旅を始める。ところが最初の二月二十一日の朝は寝坊をして、顔も洗わずにホテルを飛び出して駅へ行った。でも予定していた汽車には乗れなかった。

三月三日、昨夜八・三〇分に済南からかえって来ました。この一週間の旅、夜は匪賊が出るので昼ばかり汽車に乗って、随分つかれましたが、兎に角無事にかえりました。

電話があって、北京大学の話は文学院と農学院の合同で、五、六、七の三日間、一日二時間宛、三時から五時までという事に決定しました。通訳が必要なので、一応、原稿を作製の必要があり、今夜から明日にかけてノートをつくります。通訳は華北鉄道の人で、今北京を通じて一ばん旨い人だそうです。

ノートを作ると書いているが、残っているのは二〇〇字詰原稿用紙に書いたもので四十九枚ある。通訳のために用意した要点で、前文に次のようにある。

最初の題目は「民俗学の方法論」であったが、内容を改めて「日本民俗学の現状」としてお話したい。第一日は、日本民俗学の成立過程、すなわち沿革について語り、第二日は、現在、日本民俗学徒が到達しつつある段階と目的について述べ、第三日は、将来の方向と中国との提携について、所見を申しあげたい。

しかし以上はくり返すが副産物で、日本民族が何者かについて、充分に反省し、すべての基礎となる思考の形式――すなわち物の考え方を摑もうとするのが、吾々の究極の目的であると信じている。

原稿用紙に書いている講義の内容の前半では、柳田國男についての話を主に、例題に『遠野物語』などを挙げている。その内容のあらましを二つだけ短く記すと、一つは方言の調査が進み、これまで辞書になかった語彙がたくさん集められ、古典の解釈にも役立っている。

二つ正月行事は中国の歴法とともに伝えられ、中国の思想が加わっている。上層社会のものは著しく中国に接近しているが、民間の正月の慣習はかならずしもそうではない。また日本は稲作が中心と思われているが、稲作地帯でも正月の作り物には畑作のものが多く、稲の作り物はきわめて少ない。

国内の食糧事情

戦争になった時の食糧問題は早くからあって、農村更生協会の稗叢書もそれに対応した出版だった。北京での会議は、男たちが戦場に送られて確かな働き手がなくなり、いよいよ米作りが十分にできなくなりつつなってきたことから、その対策を検討するためだったはずである。この会議を踏まえてどのような対策がなされたのか、ともかく男手の不足に本土空襲などが重なって、もう増産は望めなかった。敗戦の年の四月七日に、鈴木貫太郎内閣の農商大臣になった石黒忠篤は、この食糧不足の問題に一番に取組まなければならなかった。石黒は国民を餓死から守るためにも、戦争を早く終わらせなければならないと考えていたようである。

昭和二十年（一九四五）六月八日の御前会議に出席した石黒は、窮迫している食糧不足を申上げたという（『農政落穂籠』）。

この時の会議は「戦争指導基本大綱」を中心としたもので、総理大臣、と各省の大臣、陸海軍の主立ちが出席した。石黒は書いている。

大綱の国力の本文中にある通り、食糧は非常な状態であり、餓死者が出てくることを免れないという事情でございますから、どうしても減食の止むなきに到ることは明白な事実であります。（中略）統帥府は軍の食糧に付き充分に反省し、陸海一体になってやって貰い度く、地方で食糧がなくなったら軍の方から國民食糧の方へ融通してくれることが何とか出来る様いたし度いと考えております。

食糧不足に対して、軍部が持っている米を、国民に融通するように述べている。軍が兵士のためとして蓄積していた米の総量は石黒にも分からなかったが、相当な量だったことは確かだったようである。この食糧不足は戦争が終わった後もずっと続いた。

昭和天皇は昭和二十一年五月二十四日に、ラジオで「食糧危機突破」の題で放送しているが、これには石黒が申上げたこともあったのだろう。

第十章　信州の山村に暮らす

1　下條村に新家庭

早川は昭和十七年（一九四二）三月九日に船で大連を発ち、十四日に東京に帰ったようである。その後、宮崎智恵との手紙は四月四日からあるが、日記は五月まで空白である。五月十三日から早川は、長野県下伊那郡下條村鎮西《ちんぜい》の屋号「松屋敷」に住み始める。

「松屋敷」へ

五月十三日　第一日。朝八時新宿発。四・三〇分門島駅着。井澤氏、迎えてくださる。一旦井澤方におちつき、後、鎮西へ往く。風呂に入りて後、井澤氏と会食。十時井澤氏かえり、第一夜を過ごす。山口より速達あり。

早川が昭和17年５月から住んだ「松屋敷」　撮影・平成７年１月

新宿駅で乗った中央本線の辰野駅で飯田線に乗換えて門島駅に下車。連絡しておいた井澤練平に迎えられ、井澤家で一休みした後、住むことになる鎮西まで送ってもらった。

借りる「松屋敷」は家賃がなく、什器などは自由に使ってもよいということだった。鎮西は飯田線の門島駅から山道を歩いておよそ一時間、世話をしてくれたのは満洲移民の相談などで知った、村長もやった井澤練平である。下條村は長野県南部の村で、北に飯田市がある。当時そこから東京へ行くには、飯田線で北上して諏訪方面に出るか、南下して豊橋に出るか、どちらにしても短時間では行けなかった。そこに住むことにしたのは、早川の満洲移民の担当地域に近いので、表向きその業務に専念するということだったが、そこなら人知れず智恵と生活できる。池袋で子供と暮らす正妻と離婚したわけではなかったからである。

五月十四日　第二日。昨夜、さすがにねむれず二時起床。掃除をなし障子を貼る。終日、誰も訪れず。

早川は「ぐろりあ・そさえて」に二冊目の『農と祭』の原稿を入れていたが、智恵は四月末日にそこを退職し、母と姉が住む山口市の家に帰っていた。

五月十九日　おひるにグロリアより校正。二二五より二八八頁まで、即日済まして返す。鰻と水の神、道祖神のこと二篇見当たらず。注意を促す。

畳屋、今日で四日目、尚二畳残る。午后二時頃、井澤氏来る。一緒にパンを喰う。午后四時すぎ山口より電報あり。明日、富士にて向かうとのこと。井澤氏五時半かえる。明日の荷物のこと吉川氏にたのむ。夕食、筍と蕗の味噌汁に飛島の干物にて済ます。ひる抜きなので美味なり。終日雨。

五月二十日から二人は新生活に入ったのだろうが、日記の記載は二十九日までない。

六月一日　二俵目の炭貰う。この頃仏法僧《ぶっぽうそう》鳴く。ここの仏法僧は二声にて三声なし。又夜間に、にほ鳥がなく。スースーというように鳴く。そして時にホトトトトという風に鳴くのも、同じ鳥なるべし。庭の樹に毎朝小げらズーズーと啼きている。水恋鳥、郭公《かっこう》は時々なくだけなり。

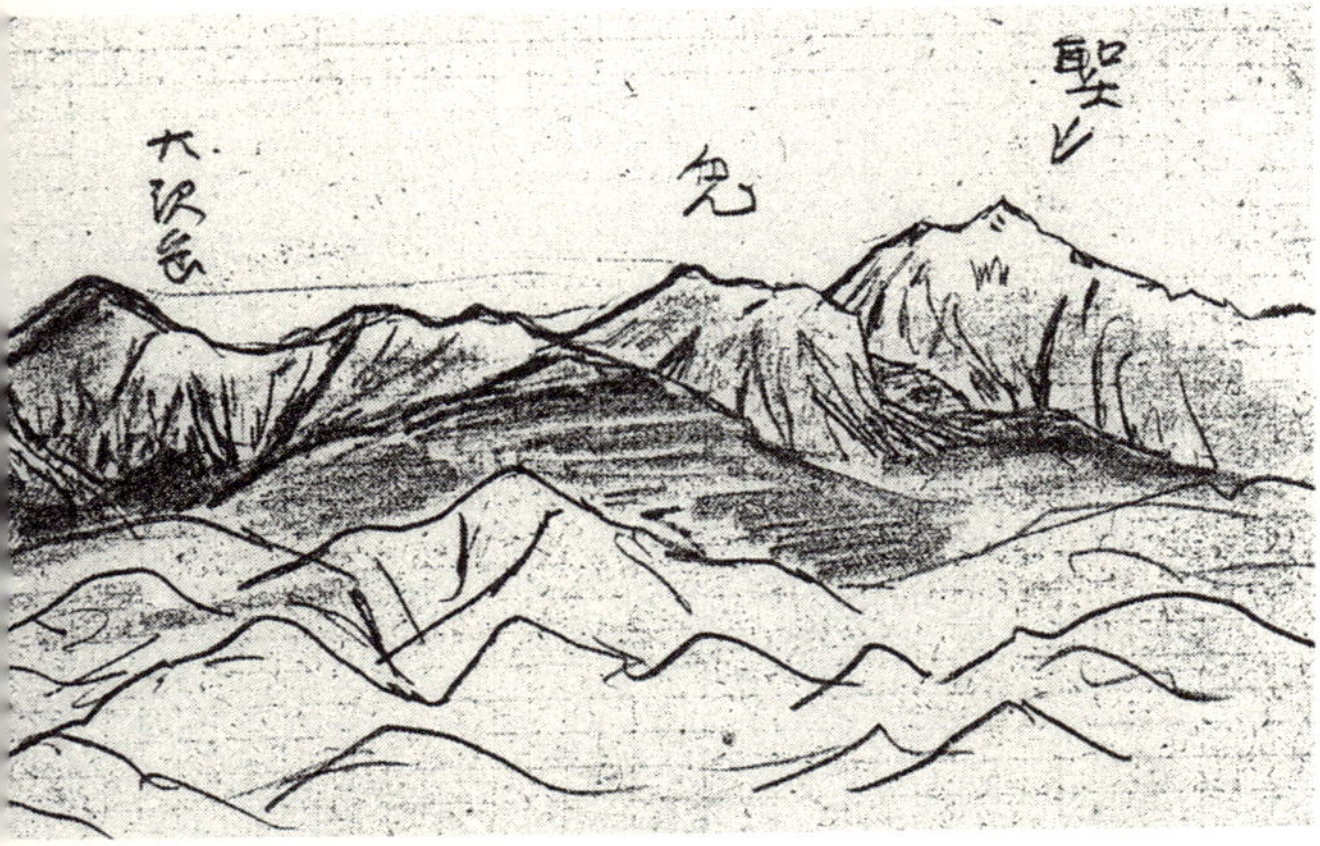

南アルプス　絵・早川孝太郎

これまでの日記には見られない、いかにも山村らしい響きと共に、ホッとしている早川の心うちが伝わってくる。

潁子誕生

夏になっても山村の朝晩はヒンヤリと涼しい。そんな八月二十日に女児が生まれた。智恵は森銑三著『初雁』の幼児の名をヒントに産んだ児に「潁子《えいこ》」とつけた。「穎」ではなく「潁」の字にしたのは字画を考えてのことだった。そうして親子三人の暮らしになる。

下條村は早川の生家よりは少し高いところにあるが、それでも山の村に違いないから、早川には里帰りのような感じだったはずである。それが思いもよらぬ山村暮らしとなった町育ちの智恵には、早川と同じ思いにはなれなかった。隣近所の人たちは温かく見守り、手伝いもよくしてくれたが、それまでの一人身の自由な時間が無くなったことの苦痛は少しずつ大きくなっていたようである。智恵はこのことを、一年後に山口市

下條村鎮西の西の極楽峠から望む

の母のところに帰っていたとき、早川に出した手紙に書いている。

早川の仕事は旅と繋がっているから、どうしても家を空けることが多くなる。早川はまだ智恵の苦痛を知らなかったが、旅先から心くばりの手紙をほぼ毎日のように出している。次は昭和十七年（一九四二）十月六日の智恵への手紙の最後の方である。

> 顯子のこと気をつけること。お風呂に入れるのに困るだろうが、二日もつづけて風呂に入れぬ日がないように。それに寒い時だから、お湯の方は考えもの、お風呂を汲むのに困ったらとなりをたのみなさい。くれぐれも留守の間、気をつけるようにたのみます。つぎに体に気をつけること。留守の間すっかり健康になっていること。では。

昭和十八年（一九四三）になって、早川がまずうれ

頴子を抱く早川

所蔵・早川孝太郎　昭和18年春

しかったのは、じっくり書き直し、資料を思い通りに補充した『大蔵永常』の補訂版が、山岡書店から出て届いたことだった。その補訂版の見返しに書いている。

昭和十八年（一九四三）四月二十一日到着
この書の刊行に当って萬感深く胸に迫るものあり且
汎く大方の芳志を想う
　　　　信州下伊那郡下條村の假寓にて

昭和十八年（一九四三）八月三十一日、智恵は頴子を連れて山口市へ発った。

九月二日　昨日の午后二時、無事ついたとの電報を見てホッとしました。頴子もなれぬので途中弱りこんだのではないかと、それも案じていました。先ず無事についてよかった。

昨夜七時少し前に警戒の警報で、少しくさりました。仕事がちっとも出来ない。昨日はとなりから菜びたし、佐々木さんから野菜の揚物を貰いました。今朝はねぼう、六時十五分なので、掃除をしたり、とやかくしてごはんは九時、そしておひるにはごはんを焚きました。今の処はトマトと茄子と瓜があるので大いに助かります。少しポカンとしています。茶の間を片づけて、蠅は一匹もよせつけぬ事とし、しめきっております。でもアリだけ一匹か二匹なので之は見遁してあります。

一人暮らし

空襲の警戒警報はこの山村でも始まっていた。警報が出ると夜は電気を消して真っ暗にしなければならない。それでは原稿を書くことはできない。昼にご飯を焚いたとある。むろん竈でだが、竈は火を入れるのもやっかいなら、ご飯が焚きあがるときの火加減にも気をつけなければならない。そのためだろう、早川はご飯を焚くのを止めている日もある。九月十日の手紙に、

母の背の穎子
所蔵・早川孝太郎　昭和18年春

穎がおばあさんにも家にもなれたことは何より。くれぐれも気をつけて下さい。おけい古のお嬢さんに抱っこしている姿が見えるようだ。せんたくももうやる気は失せた。少しさびしい。二ッ位いる蚤と夜はたたかっている。

早川の六十七年の生涯の中で、年間に執筆した原稿の数だけなら、昭和十六〜十八年が最も多い。講演もあって断っている原稿もある。忙しい年代だったということ

である。

早川が一人暮らしで、しかも忙しそうにしていることから、井澤家などからご飯や菜が届くし、寝巻きは隣の寺で洗ってもらったりしている。そうした一方で、早川はこの中旬ごろから潁子と智恵のいない淋しさ、恋しさを募らせる。智恵も手紙からそれを強く感じて一人にしたことを反省し、村に戻ることにした。ところが風水害で鉄道の不通が続いて、思うようにはいかなくなる。そのために二人の間に行き違いが生じる。九月二十七日の手紙に、

電報うけとりました。文字不明の箇所がありますが、とにかく変更延期のことはよくわかります。実はそのために少なからずムダをしたり他所に迷惑もかけましたが、一通り済ました。私は自惚れが強いから、山口へ帰っても家を案じて予定よりも少し早めに帰ってくれると信じていただけに、昨夜の電報で失望しました。そして結局之はあなたは帰りたくないのだと判断しましたが、間違いでしょうか。この間から御近所の噂では、早川さんの奥さんはもうおかえりにならぬだろうといっているそうですが、案外、他人の判断などあたるもの。

十月八日に潁子と智恵は下條村鎮西に帰り、再び親子三人の暮らしにもどる。

潁子逝く

それから九カ月後の昭和十九年(一九四四)七月二十九日、潁子は急性胃腸カタルで亡くなる。これには二、三の不幸が重なった。住んでいた鎮西に医者がいないため、土砂

降りの雨の中を峠を二つ越えて医院まで行った、ところが医者はアルコール中毒の発作中で、すぐに診察も処置もしてもらえなかった。

七月二十九日　三時頃さわぎ起きる。穎子、おなかの工合あしという。診るに手足冷え、オナカはがべがべいう。胃腸障害なるべしと思い、少しオナカもんでやる。ヤキシオをつくり腹部にあてやる。ねかしておかんと思えどねず。ラクラク考えるに雨さかんにふるので四時にならばミドリにゆき相談し、手当をし、イシャに見せんかなど思う。四時五十分お寺に行き、塩沢医院に電話す。かえり、めしをくい六時、大雨の中を穎子を負い出かける。尾関の店さきでやすみ、向い田の処にて休みゆく。上の原の途中にて奇声をあげてケイレンに泣く、心配。七時塩沢につく。中々見ず。やっと八時にに診てくれる。それ前にケイレン起こしヒキツケる。智恵シンケンになる。注射したれども動なく、午后十一時臨終近し。組の人見舞ってくれる。

七月三十日　前〇時三十分いよいよ臨終。かなし。

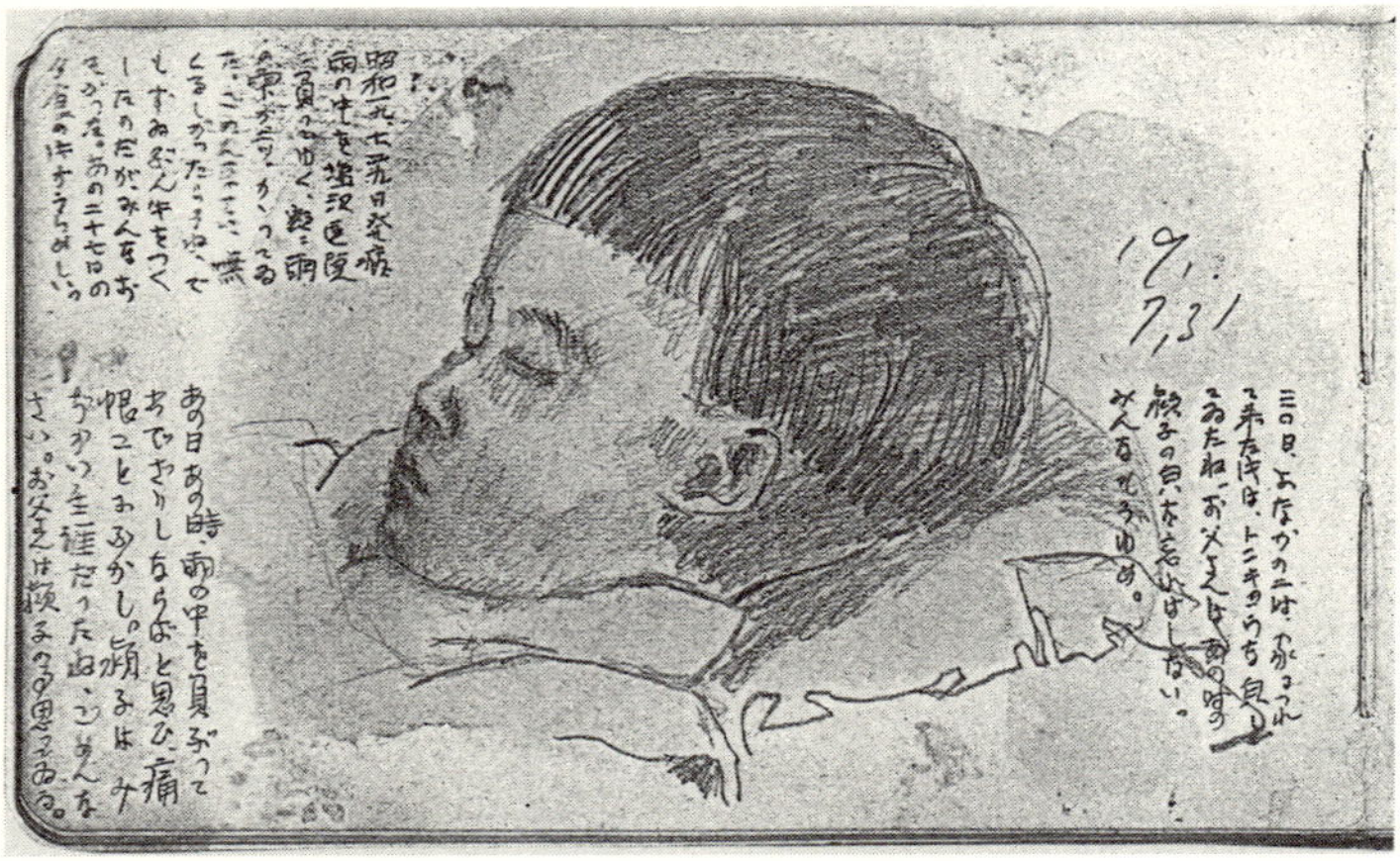

遠くへ行ってしまった穎子　絵・早川孝太郎

（上図の添書き）

昭和一九、七、二九日発病。雨の中を塩沢医院に負ってゆく。顔に雨の雫が二ツかかってゐた。嘸くるしかったらうね。でもずゐぶん手をつくしたのだかみんなおそかった。あの二十七日の夕食のときがうらめしい。

三〇日、よなかの二時、家につれて來たときトンキョウな顔してゐたね。お父さんはあの時の穎子の顔は忘れはしない。みんなもうゆめ。

あの日、あの時、雨の中を負ぶって出ざりしならばと思い、痛恨ことにふかし。穎子はみぢかい生涯だったね。ごめんなさい。お父さんは穎子の事思ってゐる。

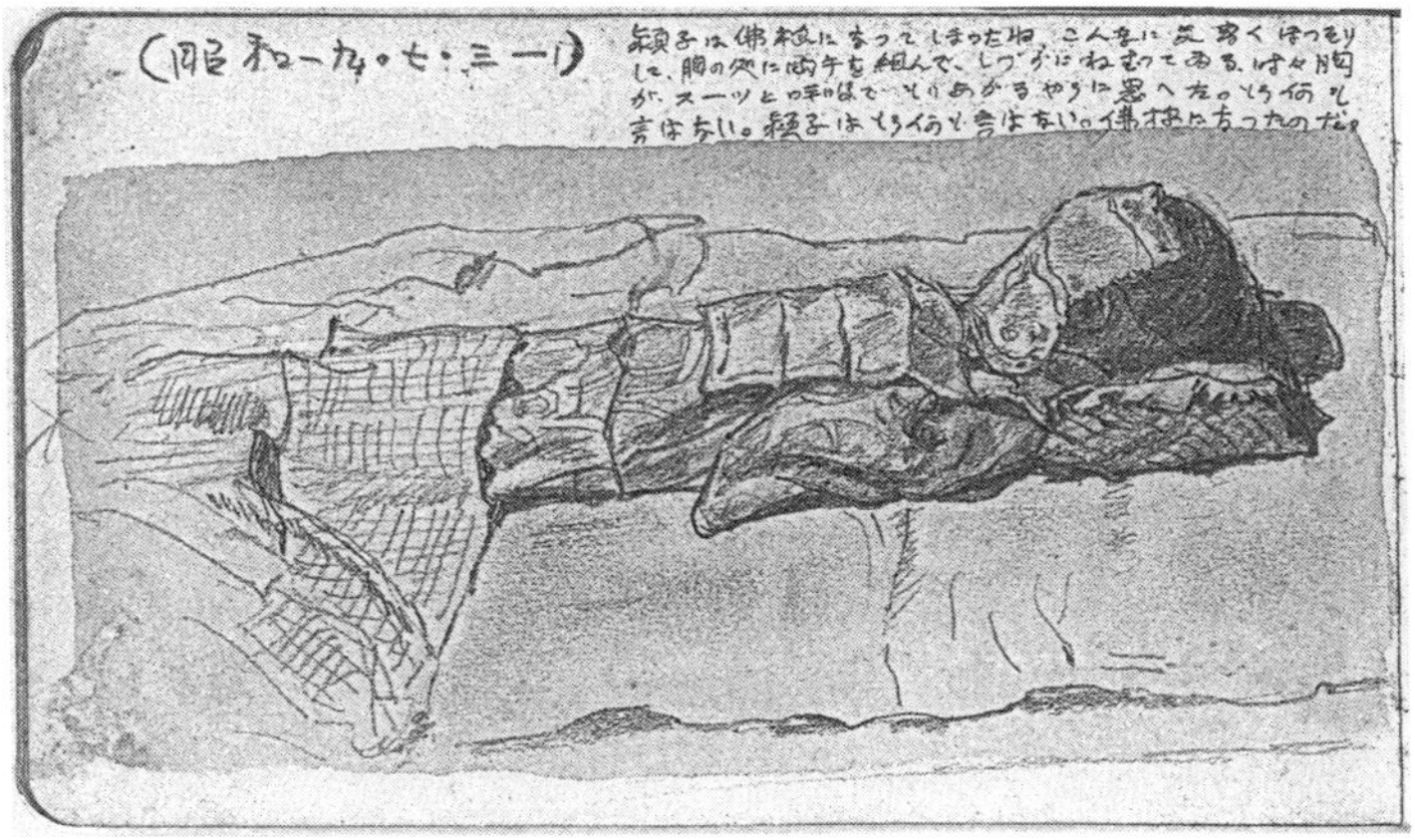

顔に白布の頴子
描いている時の早川の気持ちが伝わってくる

元気だった頃の頴子
所蔵・早川孝太郎

（上図の添書き）

頴子は佛様になってしまったね。こんなに気高くほっそりして、胸の処に両手を組んで、しずかにねむってゐる。時々胸がスーッと呼吸でもりあがるように思へた。もう何も言はない。頴子はもう何も言はない。佛様になったのだ。

穎子に

ごめんなさい、お父さんもお母さんも、おばァさんも、みなんのん気で、済まなかった。もっと気をつけてあげればよかったが、つひ、うっかりしてゐて、悪かったと思ひます。穎子は悧巧だから、みんなの不注意を責めないで、みんなが穎子が逝ってしまってから、どんなに悲しんだか。穎子はわかってくれると思ふ。お父さんが穎子を抱いてさう言ったでせう——穎子が元気で——ゐる時に穎子はお父さんの子供だ。だからキット悧巧な子供だって。さうして穎子はカハイ丶って言ったでせう。穎子もさう言ったね。穎子いよいよ臨終といふ少し前に、お父さんは穎子の頭を冷す水をあの筧に（塩沢医院の）汲みに行って、お月様を仰いで、穎子の名を呼んで、お父さんの両親やその他のみんなの佛さまに、何とかならば助けて下さいって、さう言ったのだが、みんなダメでした。穎子がなくなって、お父さんは仕方ないので、どうしたら穎子の代わりなってやかれるかと考へたのだ。お母さんも可愛想だ。それでお父さんは穎子の代わりにお母さんをもっと可愛がってあげて、お母さんと二人で穎子の代わりに、世の中の人の少しでも為になるやう働こう、それが一ばんよいのだとさう考へたのだ。それが一ばんよいでせう。穎子もお父さんお母さんと一緒になって、一つ心になって働きませうね。この世の中はい丶事はさう沢山はない。それに穎子はあんまり美しかったから、これから先、生きてゐれば少しづ丶でも汚れるだけなのに、汚れはしてもキレイにはならないのだ。それを思ふと美しくて逝ったのはよかったかも知れぬと諦めてゐる。穎子は美しいことが好きだったが、トテモ美しかった。

お父さんは生まれてはじめて、ほんたうに美しいものを見たのだよ。それは頴子なのだ。顔も、目口も、体も手も、ほんとに美しかった。棺に納めてから頴子が掌を胸の処に組んで数珠をもってゐる手の指は、佛さんよりも美しかった。お父さんは、ハルピンの博物館で見た、千年の前の人の掌が磚に押してあるのを見て驚いた――美しいのに――それから頴子の手は、胸の上に組んだ手はトテモ美しかった。組んだ手の、指の一本一本まで、こんなに美しいのははじめて見たのだ。蠟のやうにすき透って、細そりして、お父さんは感謝してゐる。お母さんもキット同じ心なのだよ。頴子が死んで、お父さんとお母さんの気持がほんとに一つになる事が出来た。お父さんとお母さんと、二人の間に生まれた頴子が、あんなにも美しいことは、考へただけでも勿体ない位。頴子はあの森の下に、静かに、美しく、頴子の好きなやうにキチンとして、いつまでも々美しくあるのだ。それを思って、お父さんとお母さんは、一緒になって仲よくしてゆく。頴子と三人でお父さんの頭の中には、頴子の美しい姿や、声がハッキリとある。頴子は死んでいないのだ。頴子の声は美しかった。お父さんは、その事いつも思ってゐたのだよ。誰にも言はなかったけど、頴子はお父さん、お母さんが一ばん好きだったね。だからお父さんお母さんも、頴子が一ばん好き、頴子って名前をお父さんお母さんが相談してつけた時も、今のやうに頴子が美しくなること、思っていたのだ。

――十九年八月六日記――

このあとに、頴子の発病から亡くなるときの様子、見舞いにきてくれた村の人々のことや葬式までの様子を詳しく書いている。早川の心情について智恵も書いている（月報8）。

誰かが届けてくださったあじさいが不思議なくらい水をよく揚げて、何日もいきいきとしていた。「死ぬ子可愛や昔も今も、陰に咲く花いろがよい」と言った早川の口調が忘れられない。

歌人の智恵は歌集にかならず亡き子を詠んでいる。つぎの三首は『歌集　草花帳』より。

なんといふ寂しき朝か目覚めせり潁子が逝きし夏めぐり来ぬ

紫陽花の切り花幾日も保ちゐしを吾子の命のごとく畏れき

世にありしは二年に充たず六百八十日生きて喜びをみせてくれし子

智恵が編集して発行していた『花影』より（平成五年四月号）。

くろ髪をなびかせるべく生まれきてうなゐのままに逝きし女童

2　終戦の近い頃

昭和十九年（一九四四）になると戦局はいよいよ厳しくなり、空襲は大都市だけではなく町や村も狙われる。早川が暮らす下條村でもひんぱんに警戒警報が発令された。でも爆弾が落とされることはなかった。早川の日記には戦死した家に悔やみに行ったこと、村人はいつものように畑を起こして野菜作り、また組の者が集まって太子講をしたことなどが書いてある。早川は鹿児島県へ行ったり宮崎県へ行ったり、旅は続いている。といって何もかも順調だったわけではない。四月二十八日の日記に次のようにある。

スパイ容疑

雨ふり。朝四・三〇分おき、今日は体が少しへんなり。おひるまで眠る。春雨なり。昨日來この部落の空気実にいやなり。狭い了見で他人を動心者にする心理にくむべし。この部落の連中、何かと陰けんにて他所者を排斥する。その手段実ににくむべし。ことに万事他をにくむように仕掛け、すべてを悉く解すること、いやになりたり。來月は五月にていよいよ満二年目なり。何かの事情にて茲を引払うようの事になるにあらずやと思う。十七年の五月十三日に來りしが、この部落のためか、それとも協会の事なりか。何か事変あるらしく思われ、一層、不愉快なり。平野屋煙草を不売の策に出たり。いよいよ八方責めなり。

何が原因なのか、前の日の伍長《ごちょう》（組長）の集まりで、早川は村の記事の話をしているが、それが村人に不信感をあたえたのか。翌二十九日に、「溝口をたずね、例のスパイ云々の事だけは注意あるようにたのむ」とある。智恵も書いている（月報8）。

Ｂ29が上空はるかに、白く柿の胚芽のような姿を見せた夜は、名古屋方面の空がいつまでも真赤に見えた。大本営の発表は嘘だらけであった。早川は戦況の実際を知っているようだったが、どこからか、「松屋敷の先生はスパイだ」という噂が立ち、特高が調べにきたこともある。

この後、日記にこれに関連する記載は見られないから、問題は大きくならなかったのだろう。それとはまったく関係のないことだが、この三カ月後の七月末に、二人には頴子の死という、大きな悲劇に出会う。この悲劇の心の整理がついたわけではないが、九月になると早川は東京に出て農村更生協会の用事をこなし、再び旅を始める。

リュックの荷

下條村に住み始めた頃から、早川は農村更生協会での用事を済ませた後、池袋の家によって、本や陶器、日記や手紙などをリュックサックにびっしり詰めて帰って来た。智恵の『歌集　草花帳』にある次の一首は最初のリュックの中身、昭和十七年のことだろうか。

柿右衛門のあいらしき茶碗と『花祭』まづ持ちこみし夫なりしかな

陶器は早川の趣味、『花祭』はいつも手元になければならない、最も大切な愛着のある書籍だったはずである。池袋の総檜造りの早川家は、昭和二十年(一九四五)四月十三日の東京大空襲で一切が焼けてしまう。灰が一尺も積もっていたという。

同年四月十五日の日記に、「あさ農産省より電報。急遽上京せよとあり。何のことかわからず。おそらく類焼につき上京の便を思い打電なるべし。石黒氏の配慮なるべし」とあり、早川は四月十七日に東京にはいった。

飯田橋駅にて石黒邸をのぞみビックリ、呆然。まるやけなり。青山にゆき、石黒邸に入り藤井氏にあう。夕方、池袋にゆく。まるやけなり。万事休す。恰度、登、來居りあう。神慮なるべし。

でもリュックで運んでおいたことで、日記や手紙、古文書、陶器など残ったものもある。妻のてるが守ってくれていたものもあった。松子との〝愛のノート〟である。こうしたものはまず最初にと思うが、早川の場合は新妻の智恵には見せられないので置いてあったのだろう。敗戦後しばらくたって早川が何かの用事で妻てるのところへ来たとき、てるは忘れ物を渡すかのように、早川に手渡した。てるの次男、啓の妻ふじ子がそれを見ている。

智恵にこの愛のノートは見せなかったが(後に見たかも)、松子のことは話してあった。出産のために山口市に帰っていた智恵は、昭和二十二年(一九四七)一月二十七日の手紙に書いている。

なお今年は松子様の七年になりますから、何とかして探して御供養をして上げて下さいませ。お気毒な人ですから、五月だったかと思いますが、私は存じません。お忘れではないと思いますけれど、私からも念をいれました。

この年の五月五日は山梨県の韮崎に行っているので松子の供養はしていない。二年前の昭和二十年（一九四五）五月五日の日記に、「永遠に神去りましし日なり。mよ安心してね。決してわるくなど思わない。どこまでも一つのものとして、仲よくしてゆきましょうね――」とある。

さらに六月十一日に「この頃しきりにmの事見る」と書いている。もしかすると松子は早川を彼岸に誘おうとしたのかもしれない。二カ月後に危うく命を落とすところだったからである。

登・朝子・啓・てる

昭和二十年四月十七日に焼けた池袋の家に行ったとき来合わせた登は、妻てるとの長男である。早稲田大学工学部を出たが幼い時から病弱で、昭和十五年（一九四〇）九月二日に徴兵で入営するが、翌日、除隊となった。結婚して生まれた女児、早川にとっての初孫は穎子の一カ月ほど前に亡くなっている。

早川は同年四月十九日に登が勤めている下谷仲御徒町の廣澤製作所を訪ねている。日記にこの記載を見た時、須藤は驚いた。製作所を経営する廣澤家は須藤家と親戚筋になり、須藤の父は仕事で上京する度に廣澤家に泊まったと聞いていたからである。

登はやがてヒロポン中毒となり、昭和二十四年（一九四九）一月二十八日に青酸カリを飲んで自ら命を断った。いつも水をガブガブ飲む人で、その日も母てると啓の妻ふじ子の前で飲み始めた。ところが水を飲み終えないうちに苦しみ出し、息絶えた。三十四歳だった。

柳田國男が名前をつけてくれた次男の啓は、茨城県の霞ヶ浦の予科練（海軍飛行予科練習生）を志願して入隊。昭和二十年七月四日に啓から届いたハガキに、「福岡出勤」とあった。早川は、「生前にも一度あえざりしか、残念なれどもいたしかたなし。不幸なれども、これも国が今の状態では如何ともなしがたし」と日記にある。早川は諦めているが、その頃にはもう飛行機はなく、啓は出撃することなく無事に帰ってくる。そして昭和三十九年（一九六四）四月に心臓病で三十八歳で亡くなる。

長女の朝子の名は早川の日記にまったく見られない。結婚した最初の夫が病気で亡くなって再婚、三人の子を残して癌のため五十三歳で逝った。

国防婦人会で活躍していたは妻てるは、敗戦間近に脳溢血で倒れ半身不随となった。そうしたてるを、昭和二十二年（一九四七）一月に啓と結婚したふじ子がみた。池袋の家を戦災で無くしたあと、練馬区の桜台に仮住まいがあった。ふじ子は早川がそこに三回ほど来た記憶があるという。てるはその住まいで昭和二十八年（一九五三）四月二十五日に六十六歳で亡くなった。

てるが早川の新家庭のことを知っていたかどうか、書き残したものはないが、薄々分かっていたであろうと推測される。亡くなるときの様子を早川は五月五日に啓に聞いて、「安心して死んだらし」と日記に書いている。二人の別居は十一年になるが、てるの早川に対する尊敬の念は失せることがなく、三人の子供に、学者としての父を誇りにするように語っていたようである。余談になるが、早川の血を引いているのか、絵が巧で図案を仕事にしている孫娘もいる。

ところで、啓が区役所に母てるの死亡届を出しに行ったのは日曜日だった。そのため埋葬許可だけをもらい、戸籍の処理は月曜日にお願いして、死亡届を日直の者に預けた。ところがその日直が忘れて戸籍から抹消されないままになっていた。

早川が入院して危ない状態になった時、鯉淵学園の教え子で早川の仕事を手伝っていた柴田十四生は、宮崎智恵の入籍手続きをするため啓の住まいを探してわけを話し、区役所に行き、三年前に亡くなっているてるの戸籍が抹消がされていないのが分かった。ほどなく早川は亡くなって、智恵は正式に早川姓を名乗ることはできなかった。

国敗れた年

昭和二十年（一九四五）は日本人の誰もが普通ではない、希望のない生活を強いられた。これには生死につながる不安も重なっていた。戦争によるものだが、さらに下條村ではこれに地震、落雷、出水という自然の襲来もあった。「一月三日　午后九・一五かなりの地震あり。時計の振子とまりかける」。智恵が（月報8）に書いているのはこの時の地震だろう。

地震は庭の石燈籠のてっぺんが塀の外に飛び、土間から蚕室へかけられた頑丈な梯子がはずれるほどのものであった。私は長男をみごもっていたが、戸障子を開け放ち、大火鉢を土間に運んで火を消していると、いち早くはだしで庭に下りた早川が、百日紅の幹にしがみついて「早く早く」と呼んでいる。関東大震災のとき、緋毛氈をひろげて絵を描いていて、筆先の水が飛び散ったのに驚いたと、話してくれたことがある。その同じ人の現在の姿を見て、その時私は初めて不信の心を抱いた。

早川は戦局についても書いている。戦争の確かな情報は東京に出たとき、石黒忠篤らから聞いていたと思われる。下條村ではその情報に新聞の記事をつないで判断していたのだろう。

一月四日　レイテ島の戦局絶望。憂鬱にてあり。日本は今年はいよいよ重大段階に局面せり。どうやら危険なり。指導者層が全くダメなり。

一月五日　勤奉隊の娘三人、ここの部落より立つ。台湾に五百キ敵機來襲の由。日本は今年は危うし。こうしてはいられぬ気がする。

二月十六日　東京空襲。艦載機。

二月十七日　東京つづいて空襲。

三月十六日　東京、十日の暁の爆撃大変な被害らし。

三月二十日　いよいよ日本亡びるの日至る。困ったものなり。小磯のバカを更迭した処ですでにあとのまつりなり。軍人は全部腹を切るべし。そうして国民に戦局の実情を知らせること。

そこから何ものが生まれるかどうか、それ以外に道なし。

今日二〇年三月二十日、ツラツラ考ウルニコノ光輝アル国家、ハジメテ戦敗汚点ヲツケラレルベキ期至レリ。ハッキリトソレガワカルナリ。困ッタコトナリ。何人ニモ語ル事ノ出來ヌ苦悶ナリ。ココニ至ラシメシモノハケダシ〇〇ナリ、噫。

三月二十二日　硫黄島玉砕の由。痛恨に不堪。守備の将士に感謝の念深甚なるものあり。瞑目合掌。

三月二十四日　名古屋爆撃あり。〇時より一時半まで音ひどし。

三月二十七日　沖縄本島に敵上陸の報をきく。日本いよいよ危局に迫る。

三月二十八日　国内持久戦の計画書作製。

三月二十九日　沖縄本島へ敵上陸。新聞の論調を見ても、沖縄への上陸に対して全く自信がなく、又軍そのものも全く無能力らしいから、不快になるばかりで、どうする事も出來ない。全く絶望状態と云うべきで、殊に海軍の無力ぶりに至っては言葉がない。日本もいよいよヤキが廻った事思わせるものがある。吾々の生活ももう絶望。日本は永久に救われぬ心地がする。

不安な日々

そして四月十七日、跡形もなく焼けた石黒邸と池袋の自分の家を見る。手帳のメモ欄に、「いよいよ吾家もやけたり。万事休す」、五月三日には「ヒトラーの死を伝えらる。正に一掬の涙。英雄の死を懐う」と書いている。

こうした時、早川には戦争より大変なことがあった。留守中に農村更生協会の石田助右衛門が下條村に訪ねてきた。それは〝人知れずの生活〟が知られてしまうことで、かなりの衝撃だったようである。

五月十日　石田君るすに來りしこと、井澤氏よりしらせる。万事休す。いよいよだめかもしれぬ。しかし致し方なし。これから大いに困るらん。火事につぐ第二の厄なり。かねて期したる事とはいえ、いよいよ來りしかと思う。いたし方なし。
五月十二日　石田君來てすべて表面に出て、この三年の籠屋の易となるらし。万事運命に委す。最後は死ぬかくごですれバ易し。

これは問題にならなかったようで、関連する記載は日記に見あたらない。

五月十七日　ナゴヤバクゲキ。沖縄戦局わるし。
五月二十三日　沖縄戦況よからず。敵、新たなる増援隊送るという。
五月二十九日　前一時、腹が痛むというのに、郷原の中島へゆく。まよなかなり。途中、白木屋による。かえり直ぐ井澤方にゆき、奥さんつれてくる。産婆まだ來ぬので三度出かける。四・四五分頃無事男子産る。ホッとする。台所でめしを焚いていた。

六月四日、生まれた長男に忠比古と名付けた。「九月五日　忠比古の食初式《くいぞめしき》。久しぶりにパンを作りくう」。さらにこの日の日記に書いている。

新聞を見るに、いよいよ沖縄の戦局も最後の段階に入りしようなり。そく聞する処にては、ここでも亦失敗ありしようなり。折角の軍隊を台湾に移し、そのるすに上陸されしとは情なし。統管部の信念を疑うのみなり。今は六月四日これより三ヶ月または六ヶ月の先はどうなるか。おそらくどうにもならぬ事態になる事明白なり。セトギワに來て軍及び官の態度は何たる事か。信濃毎日新聞の本土要塞を見るの記、痴人の𠿟言以上に出ぬものなり。例によりて軍がテレカクシの文句なるなり。もう少ししっかりした人物はいぬのか。ほんに軍人はクズというか、屑ばかりが軍人になっているなり。一人の識者なきか。この光栄ある国家がこの戦争に潰れる事があしきかぎりなし。陛下の御胸中いかばかりか。側近はよくない奴がハビコリ、陛下を誤る事のみ、たくらみ居るなり。大勢のくつがえらんとするを、もはや与うべきものなし。吾も早々覚悟をきめざるべからず。どうしてよいのか、全日本人がみんな覚悟すべきである。この期に至ってトヤカク言ってももうすべておそいなり。反省のない民族ほどおそろしきものなし。日本の台閣諸侯よ、諸君は何の顔あって今の席を汚し居るぞ……。

間一髪の危機

六月十八日に大空襲があって、市街のほとんどが焼失した静岡県浜松市に、七月十～十一日に行っている。空襲警報が度々あり、そのたびに早川は建物に待避した。浜松市に隣接する、旧三方原村に建設していた飛行場を見るのが目的だったらしい。八月四日に農産省に行き、翌日の帰りに機銃掃射を受ける。日記に、「あさ、楠氏と共に西ヶ原の農産省にゆく。梶原局長にあい、ヤキハタの要点を各課長連にはなす。后一時に楠氏とわかれ、登の家を訪い、石黒邸泊まる」とある。

もうすぐ敗戦の日を迎えるこの時期、国内の食糧不足はいよいよ切迫し、焼畑も考えなくてはならないようになっていたのだろう。その焼畑をやるには男手が必要だが、若い男たちはみんな戦地に取られていなかったから、焼畑はできなかったはずである。

その帰りに危うく命を失うところだった。

八月五日　日。はれ。十時十分新宿発。浅川、與瀬間にて敵キにヤラレ、左腕上カタノツケネを撃たる。出血甚だし。トラックで病院につれられ、手当をうけなんぎしてかえる。その夜は十二時に甲府駅ニつきねる。

八月六日　はれ。甲府四・三〇分発、門島一二・四〇つく。ヘトヘトになって三時頃家に辿りつく。夕方、井澤氏と安中氏來り、安中氏の診察受く。化膿せざればよしと云う。

浅川は現在、中央本線の高尾駅、與瀬は相模湖駅で、機銃掃射で撃たれたのは小仏トンネルの入口あたりらしい。智恵が書いている。

傷は左上膊部、一センチずれていたら心臓を抉ったであろう位置で、馬蹄型に肉がめくれていた。

兵隊の顔がはっきり見える近さに降下して撃ってきたという。すぐそばで子供が、ぱっくりとお尻の肉を削がれて死んでいたそうである。とっさに近くにあったこずみの陰に身を伏せると、「白いワイシャツは危ない」と男の人が自分の上衣を投げかけてくれたそうであるが、そのときはもう撃たれていたらしい。

早川はその日東京で、私の叔母から疎開荷物を詰めた行李をあずかっていた。（焼け出された叔母は、小泉信三先生のお宅の応接間に住ませて頂いていたので、早川はその頃上京すると小泉邸に泊まっていた）。そんな怪我をしながらも、その荷物の紐の結び目をくわえて列車に乗ったというところ、いかにも早川らしく、それにしても丈夫な歯だったと思う。傷はひと月くらいで治り、その後、痛むことはなかったようである。

診察してくれた安中氏は千葉医大の先生で、井澤家に疎開していた。八月二十五日まで毎日、傷の処置にきてくれたおかげで、治りも早かったようである。

八月十五日　機銃掃射を受けた十日後、よく聞き取れないラジオの陛下の声を耳にする。「私達は付近で一軒だけラジオを持っている、坂の上の家に集まって聞いた。聞き終わってもみんなあっけらかんとしていた」と智恵は書いている。

八月十五日　はれ。梅ヶ窪來り。十二時に重大報道あるという二、いよいよ最後至りしことを思う。

あさ安中氏手当。神社に心から国運を祈る。正午、陛下国民に愬へ給うなり。（インクの色が異なるので、陛下の文はのちに書きたしたようである）。

八月十六日　はれ。無条件降伏の第二日。この後、降伏のうき目をどんなに味わされることかと、それを思い暗然たるものあり。陛下、側近の和平論が勝ちたるなるべし。万事休す。仕事も手につかぬなり。智恵も忠比古も気の毒な事が起こるかもしれぬなり。アメリカ兵たいの姿思うもけがらわし。

十月五日　金。あめ。昨日來豪雨ふりつづき、午前八時頃雷鳴伴い、山崩れの川の音物凄く、どうなることかと思うばかり。午后に至りていよいよ大事件なること判明せり。夕方、雨少しやむ。

　未曾有の大水害となり。かじやの屋敷崩れ、県道の橋梁はことごとく流失す。手塚原では四軒押流され、たたみやなど十人死す。

十月六日　土。あめ、くもり。県道の崩壊など見て廻る。大災害なり。国亡びる年なる故か。いろいろのこと思う。国家の官吏の腐りたること思う。

十月九日　あめ。甘藷の配給につき、溝口をたのみ三〆五百目わけてもらう。午后、梅ヶ窪、柳場、井戸入、田村など寄り、茶をのみ雑談。新聞はじめて來る。電燈つく。連合国より、内相、警保局長特高警察の廃止令。

十月三十日　はれ。九時発、泰阜村にゆく。十一時半役バ着。遠山、宮下君不在。村長ニあい満洲開拓民の帰還対策につき相だん。六時かへる。石黒氏宛、供米対策原稿発送。

第十一章　昭和二十年代の日々

1　学園の先生になる

戦争が終わったあと、生活を襲ったのは米不足だった。主婦は箪笥《たんす》に納めてあった着物を引き出して農家を訪れ、米と交換してもらった。都市ではヤミ米が横行し、その取締まりの記事がしばしば新聞に大きく掲載された。

元旦の試筆

下條村に住んでいた早川は、昭和二十一年（一九四六）元旦を雑煮で祝い、七草には雑炊を作り、十四日には小正月の餅をもらっていて、食物への切迫感はない。「日の出を期して部落大山田神社に集まり祝賀常会。寒気きびし。終日ブラブラする。元旦試筆ニ鍬と南天を描く」、その年の元旦の日記である。

早川が正月に試筆をするようになったのはいつからなのか、昭和十八年（一九四三）元旦の日記に

「筆二枚」ある。翌二日には「元旦試筆出來る」とあり、続いて、「満洲、たゞより來翰。近藤、死の前の状なり。気の毒なれど共致し方なく」と書いている。「たゞ」は早川の末の妹の「多だ」で、近藤と結婚、早川の勧めで子供三人を連れて満洲に移民した。その多だの夫の近藤が亡くなる前に投函した手紙ということである。

それから三年、昭和二十一年(一九四六)元旦の試筆は、そうした憂いもなく、楽しみつつ描いたことだろう。しかし最良の一年ということにはならなかった。

一月十九日　土曜日。うらゝかにて温かき陽。珍しき好天気なり。柳場のお上さん、配給物を持って來り。上がって話をする。折柄手紙、内藤友明氏より來り。二月より鯉淵の農事講習所へ転任の事通知し來る。いよいよ來るもの來りし感あり。この際ゆきたくなけれ共、石黒さんその他の人々の好意を想い、ゆかざるべからざるか、ともかく往くことに肝だけきめる。智恵は心すすまぬようなり。今日、鶏の雛はじめて卵をうむ。いよいよこの下條にも訣別の日來りしか――

一月二十日　日曜。夜、八時頃より雨ふる。自分もいよいよ更生協会を去ることゝなった。思えば昭和十一年五月十九日以來、正に十ヶ年である。無事過ごし來りしこと更めて感謝させられる。この一、二月の中に何処かに家を求めなければならぬが、そのあてもなし。困ったものなり。

講師となる

農事講習所は「全国農業會高等農事講習所」のことで、茨城県鯉淵村内原（現・水戸市）に、終戦間もない昭和二十年（一九四五）十一月一日に創設された。

満蒙開拓青少年義勇軍訓練所があった内原には、昭和十四年（一九三九）に満蒙開拓幹部訓練所、その四年後に満蒙開拓指導員養成所が設立された。いずれも昭和二十年九月三十日に閉鎖されることになり、これらの機関に密接なつながりのあった当時の全国農業會の会長石黒忠篤と、それらの機関の所長であった加藤完治らが協議を重ねて、幹部訓練所と指導員養成所の施設、土地、教職員、それに満蒙開拓青少年義勇軍訓練所の一部の土地と施設を全国農業會が引継ぎ、日本農業再建のために、優れた農業指導者の養成を目的として全国農業會高等農事講習所を発足させた。これには指導員養成所の在学生の学歴を確かにすることと、その養成所の教授から看護婦、書記に至る職員の処遇のためもあった。

鯉淵学園の三人の特別学級卒業記念
小出満二（左）と早川（右）。所蔵・早川孝太郎　昭和23年３月

所長には早川が九州帝国大学で指導を受けた小出満二が就任。昭和二十一年四月一日に私立学校として茨城県の認可を受けた。卒業生の多くが農業普

及員の試験をよい成績で合格した。

農事講習所は昭和二十六年(一九五一)四月に「鯉淵学園」と改称し、現在に続いている。

早川は亡くなるまでこの学園の講師として、主に「村落社会」と「生活文化史」を講義した。初めは専任講師だったが、昭和二十二年(一九四七)十二月からは非常勤嘱託となる。非常勤嘱託となるのは、創設期の農事講習所の内部事情によるものだった。

十二月十日の日記に、「非常勤嘱託になる。給料六〇〇円少なくなる。やむなし」とある。さらに昭和二十四年(一九四九)四月九日、「鞍田氏にあい、この際引退の旨話あり」として四月三十日に、「今日限り辞職す」とあるが、五月十日まで講習所にいる。そして五月三十日に、「講師決定。來週講ギの話」とある。これにはおそらく石黒の配慮があったのだろう。

学生たちは早川をどのように見ていたのだろうか。早川の葬式のとき、鯉淵学園同窓会代表として弔辞を呈した小口芳昭は語っている。

顧みれば、私どもが鯉淵学園の本科学生として、先生の村落社会学の教えを受けましたのは昭和二十一年四月からでありました。以來十星霜、格別の御愛導をいたゞきました。

教壇で、御風姿端正にして静かに、諄々として説かれる村落の発達と農村社会の解明とは小さき胸にも異様に浸み入りました。入学早々や東西古今にわたって例示される先生の民俗学を骨董農村史或は農村雑学史などと申していた友人も、何時しか先生に魅せられて、卒業後も先生の村落社会学を学んだ有難さを語り、「ゆるがせにするな」と後輩をいましめるほどでありました。（中略）全国に亘って先生の至らざる所はない程に農村を調査、御研究になり、先生に自己紹介する時には何県出身では用をなさず、郡、町村、時としては部落名まで申上げなければなりませんでした。（中略）先生は自分を持すること峻厳でありましたが、私共には極めて寛容であり、卒業して年を経る程、先生に愛敬の念を抱くのも当然でありました。

教え子で早川の仕事を手伝っていた柴田十四生も書いている（月報5）。

「〇〇のやろうが……」という言葉を聞くと想い出すのが早川先生のことである。ふだんは決してこのような言葉は口にされなかったが、教え子等で心から心配している人の話題になると、決まってこの言葉を口にされていた。勿論、私と二人だけの話の中で口にされる言葉であるが、私はこの言葉を聞くと、いつもその相手に対して羨ましさを感じたものであった。

というのは、早川先生は、心の中で「彼はどうしているか、相談にきてくれたら何とかしてやりたいのに」というような場合にのみこの言葉を口にされていたからである。表面では決して「何とかしてやる。まかしておけ」というようなことはいわなかったが、「いつ相談にきてくれるか」と心持ちにしているのに相談にきてくれないという淋しさから、この言葉がでていたのではないかと思われる。早川先生はどちらかというと、とっつきにくい人であったが、反面にこのように、非常に淋しがりやであったと思われてならない。

早川と直接の関係はないが、柴田は『鯉淵学園二十年史』に、「私の鯉淵時代の想い出——洗面器のことなど」の題で書いている。

懐しい、といえば、何といっても寮生活であろう。その寮生活で最も懐かしい物が一つある。それは洗面器だ。寮生活でこれ位い重宝な物はない。

何がそんなに重宝かといえば、まず顔は洗える、洗濯はできる。その上食器になる、鍋になる、フライパンになる。ざっと数えても五つの用途に使えるのだ。こんなに数多くに使えて安い物は無い筈だ。

具体的に私が利用した事を列記すると、洗面、洗濯はもとより、飯・ウドン・汁が一度に多量に炊けるし運搬できる。夜間実習（当時は正課？）のサツマイモや馬鈴薯又は栗をこれでゆでる。南瓜や茄子を煮る事もできる。又落花生をイル事だってできるのだ。これも団体生活の利点を活かし、皆でやり皆でつつくのだから、その味は又格別である。今でも舌のどこかに、当時の味が残っていて忘れられない。

講義のある日、早川はその前日に鯉淵学園にきて独身寮に泊まった。そうした時よく話を聞いた助教授の松田信行は、二代目園長の鞍田純に、早川が熱心に取り組んでいた酵素肥料についてふれながら早川について書き送っている（月報7）。

酵素肥料

早川先生は感情の起伏がはげしく、それがかえって愛敬になりました。昭和二十二年頃、先生は「コウソ（皇祖、酵素）肥料」という神がかりの肥料に凝り、その分析を中村先生に頼んだところ、中村先生はコウソ肥料は効果なしのインチキ肥料だ、とおっしゃいました。すると早川先生は怒り出し、私に中村さんの分析の方がインチキだといって、中村先生の悪口をいい、後に中村先生が中央公論社から『案山子の話』という本を出したとき、早川先生は、あれは私が『村』に連載したものの完全な剽窃だ、といって怒ったりしていました。だが中村先生が別の本の表紙に早川さんの絵を入れて謝金千円を渡したら、すっかりニコニコしてしまい、『村』の発行者は表紙代をくれないのに中村さんはくれた、といって大喜びをしていました。そういう点、なかなか愛敬がありました。

農事講習所では昭和二十一年（一九四六）八月から、農村更生協会と同じ書名の『村』を発行、やはり早川が表紙を描いた。でも原稿が思うように集まらなかったのと、販売網がなかったために多くの読者が得られず、昭和二十三年三月で廃刊となった。

酵素肥料はしばしば行っていた宮城県新田村（現・登米市）で初めて見て、昭和二十年（一九四五）

十二月九日に村で製法を教えてもらい、元種の菌をもらった。どのような肥料なのかは書いていないが、日記に時々その肥料の状態や、下條村の人や友人に元種を分けてやったこと、近隣の村から元種をもらいに来たことなどを書いている。昭和二十一年五月四日に、「いよいよ鎮西で酵素肥料の組合設立のよし、悦ぶ」とある。下條村内での広がりが見せているが、もと東亜聯盟にいたという者がきて、菌がわるいとか方法が異なるとかを話していったと聞いて、早川は「訳のわからぬことのみ多し」と日記にやはり怒って書いている。

2 別々の暮らし

内原と山口

戦時中の早川一家の下條村での暮らしは、いたって平穏なものだった。それが農事講習所（鯉淵学園）の講師になった昭和二十一年（一九四六）から次第に平穏とは言えなくなる。まず借りていた松屋敷の家主が帰って来ることになり、三月中旬に井澤家の座敷へ引越さなければならなかった。早川はこの井澤家から農事講習所のある内原（早川は友部とも言っている）へ月に何回か通うことになる。

五月二日に智恵は忠比古を連れて山口市の母と姉の家へ帰った。早川はその後に農事講習所へ行くが、腹の調子がわるく熱が出てさがらないため、五月十三日に入院、二十八日に退院した。退院前日の智恵への手紙に、「五月二十七日　今朝は谷田部さんという方が卵を二つ持って來てくれました。

京都から來ている生徒が玉露のおいしいのを少しくれました。夏みかんだけがおいしかったので、熱のある間にたべたのが百円になりました。しかし数は十五位です。忠兵衛さんそろそろ立てそうかしら。お誕生日が近づきましたね」。

智恵は六月十五日に帰るというので豊橋まで迎えに行ったが、夕方の汽車にも乗っていない。心配していると、豊橋の知人に明朝の六時着と電報があった。「六月十六日　一一・四〇分門島着。一時ころかえる。ホッとしたり。つかれたり」と日記にある。

忠比古は時々、高熱を出した。でも下條村では医者が遠く、診察はあてにできなかった。それに次の子を身ごもっていたので、昭和二十二年（一九四七）一月十日、智恵は再び早川を村において山口市へ引き上げることにした。早川は一緒に山口市まで送って行った。それから五年後に東京都武蔵野市に家族そろって住むようになるまで、早川はしばしば内原と山口市を往復した。当時の汽車はいつも混んでいてなかなか座れなかったから、苦行に近い往復だった。

一か月か二か月に一度、遠路を山口市まで玉子やそば粉をみやげに帰ってきました。四、五日の滞在で発っていくとき、幼い兄弟を乳母車に乗せて駅まで見送りに行きます。早めに〝さよなら〟を言って、線路ぞいの道をもどってくると、見通しの利くところで待っていて、もう一度さよならをするのです。列車が近づいてくると、早川はデッキから身を乗り出して帽子を振ります。あるとき、オーバーを両手に持って振っているのを見て、肝を冷やしたこともありました（月報5）。

乳母車の幼い兄弟とは、長男の忠比古と昭和二十二年三月二十八日に生まれた次男である。

昭和二十二年（一九四七）
四月一日　火。二時五二分トヨハシ発にのる。京都にてタマゴの包みを盗なんにあう。
四月二日　水。雨のちやむ。山口一二・一〇ふんごろつく。病院にゆく。子供にタイメン。
四月三日　木。はれ。子供七夜になる。彌比古とつける事にきめる。退院日なり。
四月四日　金。はれ。今日、届書出す。いろいろ不安あれ共万事黙す。二日にこゝに來た時床に数珠あり。又三日退院した時、机の下に黒水引あり。不吉予感。これがホンモノになれば万事休す。

「不吉予感」は、亡くなった頴子に重ねた胸さわぎだったのだろう。でも予感はあたらなかった。彌比古は元気に育ち、早川と智恵に幸せをもたらす。次は智恵への手紙である。

五月廿三日　だんだん友部へゆく日がおくれました。昨日は『村』の表紙を描き、今朝出発のつもりでしたが、彌比古の端午の節供のお祝いと思って一日延期して色紙描きました。色紙がたった一枚しか残っていなかったので、慎重を期しましたがどうも旨くゆきません。しかしこれでがまんしてやって下さい。猪を描いたのは彌比古が猪の年だからで、熊でない処に意味をもたせました。（中略）では万事気をつけて、子供たちに風邪ひかせたりおなかこわさぬように、お二方にもどうぞよろしくを。

知己の人々

この昭和二十二年の最後の日、十二月三十一日に三ッ瀬（東栄町）の原田清が病気で亡くなった。早川は原田が入院していた病院に見舞いに行っているし、原田は詳しい病状を早川に手紙で書き送っている。

原田は早川を物心両面から支援してくれた山林経営者で、奥三河に行くと早川は最初に原田家を訪れ、遅くまで語り合って泊まった。早川とはかぎらず、中在家の花祭のそばに家があるので澁澤敬三はしばしば立ち寄ったし、澁澤と一緒に行って厄介になった学者、文化人も大勢いる。

山口市にいた早川の昭和二十三年（一九四八）正月の日記に、

一月三日　土。うす日を見る。風さむし。庭前の菜圃に雪あり。原田君逝去を井澤方より知らせ來る。暮れに遇わざりしが残念なり。悔状出す。原田君の死は何としても気の毒なり。友情にもとる感もあれど、これが恰度よきならん。

一月二十二日　木。はれ。原田君の葬式。クボタ、杉君と共に田口よりトラックにてゆく。一一時式。役をつとむ。原田方泊。

澁澤敬三は翌昭和二十四年（一九四九）一月三日に三ツ瀬を訪れ、原田清の墓参りをした。そして久しぶりに中在家の花祭を見た。これが澁澤が花祭を現地で見る最後となった。

詩人で彫刻家の高村光太郎は、智恵のいる山口と同じ地名の岩手県太田村山口（現・花巻市）に建てた粗末な小屋に住んでいた。早川は昭和二十五年（一九五〇）十月七日にその山口の高村の小屋を訪れた。智恵への手紙に書いている。

青森県から六日に岩手県にはいり、厨川の農事試験場、盛岡の県庁を駆けめぐり、その日の夕方花巻温泉の奥の太田という村に辿りつきました。そこの農家に夜おそくつき、翌七日には快晴なので二里ばかり歩いて、山口という山の中の部落に、高村光太郎さんを訪ねました。ひどい堀立小屋の中に、話のようにポツネンとして居られました。大変喜んでいろいろ二時間ばかり話しました。いろいろの人の話、宮沢賢治のこと、佐々木喜善や私の本のことなど、おどろいたのは、定めしブショウ髭でもはやして、山男のような生活していられるかと想像したのが、全くちがいました。ジャンバを着ては居ましたが、綺麗に身嗜みよく、そしてトテモおいしいお茶を入れて下さったこと、小さな炉に自在鉤がかゝり、ハシリは整頓よく、椅子やすりこぎなどが整然とおいてありました。たゞ何分にも狭いので、やすむ時は本を片づけて、床をとるのだと仰言いました。少しうらやましくもなりましたが、私には出來そうもありませんでした。はいってから四年になるが、まだ何もやらぬ。世間の人はなまけていると思うだろうがなど言っておられました。ほんとに富も名利も問題にして居られないのがよくわかります。もう少し話したかったのですが、村長さんや村の人たちが、よい機会だとばかりはいって來たので昂奮されたようなので、よい機会とばかりお袂れしました。家の脇のハンの樹の林まで送ってくれて、小さなせゝらぎを境にわかれました。サヨナラと言ってふり返ったら、もう尾花が遮って居ました。

年月は戻るが、早川は昭和七年（一九三二）十一月二十二日に、和歌山県田辺市の自宅に南方熊楠を訪ねている。昭和十六年（一九四一）の年末に南方が亡くなったとき、その日の日記に「南方先生を訪うの記」を書いたとある（日記は残っていない）。南方の生活と人柄を彷彿とさせる内容である。

昭和二十七年

昭和二十六年（一九五一）には、七月二十九日に郷里の長篠中学校で話をした。十二月九日は日本國民高等学校二十五年記念祭に出席、久しぶりに加藤完治らに会った。そして家庭でも仕事の上でも忙しい昭和二十七年（一九五二）を迎える。

二人の男の子は智恵のもとで大きくなり、四月には忠比古は山口市の小学一年生にあがった。早生まれの彌比古も次の年に入学する。そこで智恵はこれではまずいのではないかと思い始めた。延々と別居をつづけ、父親はたまにしかやってこない。二人の間ではごくあたり前のことになっていたが、田舎では不審の目で見られて当然だった、子供への影響も考えなければならない。このことを手紙に書いてやると、早川はいとも簡単に同意してくれた。民俗学者の能田多代子《のだたよこ》が中央線沿線の西荻窪で経営する下宿の一部屋を借りて、早速、家探しを始めた。鯉淵学園で自炊していたことや、六十歳を過ぎてそばに妻子のいない淋しさが早川を勢い立たせたのだろう。家についての手紙が三日おきぐらいにきたと智恵は書いているが（月報9）、それは何月だったのか、日記に見えるのは九月になってからである。同じ民俗学者の瀬川清子にも頼んだりしている。

十月二十六日の日記の予備欄に、「或いは今夜、三河へ立ちて原田家にたのみ、三〇万円借用申込まんかと思う」とある。この日は学園の運動会だったので、夜ではなく朝発っている。この早川の申しこみを、原田夫人は夫の清から聞いていたと言って、快諾してくれた。もう五万円を夏目一平に願い、十一月二十七日に受け取っている。お礼に、原田夫人には二代柿右衛門作とされる有田焼の香炉と色鍋島の七寸皿、夏目には朝鮮三島の皿を呈上した。

家は一緒に見に行った武蔵野の家を智恵が気に入り、早川も賛成して決まった。買価、周旋屋礼金、登記料、保険料合わせて三八万一八五〇円だった。

それまで住んでいた一家が十二月三日に引越し、翌四日に山口市から荷物が届いて、早川家はようやく四人そろいの生活になった。五日に智恵は子供を連れて上野動物園に行ったようである。

「十二月三十日　火。はれ。風邪。半日ねている。母の祥月命日なり。智恵、菓子を買い來り祀ってくれる。不孝者なりと思う。二十七回忌なり」と書いている。智恵の心づもりでは一時ここに住んで、あとゆっくり家を探せばいいというものだった。ところが結局、二人には終の住処となる。早川は三年、智恵は六十年近く住み、あとを息子が継いだ。

師走にようやく落着くことができたこの昭和二十七年（一九五二）には、期待をこめて持ち込まれた調査や原稿執筆がいくつもあった。『農業茨城』の原稿、「北設楽郡史編纂会」、『茨城縣農會史』の執筆、「農村食生活実態調査」、「対馬調査」、それに石黒忠篤の選挙応援もあった。

『農業茨城』には一年間、月ごとの年中行事の解説を執筆した。全三巻の『北設楽郡史』の第一巻は「民俗資料編」で、早川は二月二十八日に開かれた最初の編纂会に出席した。そこで夏目一平の父が亡くなって葬式のあることを知り、弔電を打ったとあるが、編纂会の様子については何も書いていない。昭和四十二年（一九六七）十月に発行された「民俗資料編」に、早川が書いたものは載っていない。

『茨城縣農會史』は鯉淵学園教頭の鞍田純と共著になっているが、すべて早川が書いたようである。分からないのは発行日が「昭和二十六年五月」と表紙にあることで、同年七月二十三日の日記には、「鞍田氏に茨城農政史をことわる（留守）」とある。ところが昭和二十七年四月十四日の日記には、「いよいよ茨城農政史にかゝる」とあり、その間のいきさつは分からないが、発行日はそれ以後でなければならないのは確かだろう。

食生活実態調査

農民の日々の食生活の実態を摑み、その改善を計る資料とすることを目的とした「農村食生活実態調査」は、日清製粉が設けた「財団法人　食生活研究会」があたり、調査の依頼を受けた澁澤敬三は石黒忠篤とも相談し、早川に調査項目の作成と調査地の選定を依頼した。早川は三月三十一日から三日間、集中してその作成にあたり、食生活調査項目を四月三日に澁澤に送っている。

この調査は一つの集落の五～十一戸を選び、一年にわたり、日々の消費食品、調味料、嗜好品などの品目と数量、それらを使った献立と食べた人数を記録してもらう。これをやれるのは比較的大きな農家で、労働力にゆとりがあり、こうした調査に理解と熱意がなければ続かない。そのため、おのずと集落の上層あるいは中層の上部の農家になってしまう。その結果、上位の農家の食生活になった、と調査報告書の『農村食生活実態調査』の総括に書いている。

調査は次の十二集落で行われた。

●平野水田地帯農村

宮城県登米郡新田村字十五丸（現・登米市）、十一戸

新潟県中頸城郡津有村字荒屋（現・上越市）、十一戸

香川県綾歌郡久万玉村栗熊字西行末（現・丸亀市）、十戸

●山間水田地帯農村

三重県名張市中村町字箕輪、五戸

広島県庄原市一木町、十戸

山口県阿武郡嘉年村字吉部野、土居（現・阿東町）、十戸

●山林地帯農村

秋田県雄勝郡東成瀬村椿台、七戸

愛知県北設楽郡田口町字長江（現・設楽町）、五戸
●畑作地帯農村
栃木県芳賀郡茂木町字鮎田、五戸
山梨県東山梨郡松里村字三日市（現・塩山市）、五戸
京都府綾部市故屋岡町、五戸
長崎県北松浦郡平戸町字大垣、大野（現・平戸市）、十戸

これらの集落にはたいてい早川の知人か友人がいる。食物についてかなり細かなことを毎日、しかも一年にわたることから、指導はむろんのこと、連絡やお願いもしやすいところを念頭において早川は選定したようである。

この十二の集落が同時に調査を始めたわけではなく、昭和二十七年（一九五二）十月から四年後の十二月まで、年に二〜四カ所ずつ行った。記録は一カ月ごとに提出してもらい、各家の食品ごとに集計し、月を上中下の三段階に分けた表に書き入れる。神経を使う大変な作業だったはずだが、給料をもらっていた早川はそれをきちんとまとめた。しばらくして教え子の柴田十四生がその作業を手伝ってくれるようになる。

この調査の報告書『農村食生活実態調査』は昭和三十九年（一九六四）九月三十日に刊行された。その時には石黒忠篤、澁澤敬三、早川孝太郎、そして食生活研究会の担当者の田中安治も故人になっ

ていた。澁澤敬三は「序」を一年前の十月に書いているが、同じ月の二十五日に亡くなったので、この「序」は澁澤の絶筆とされる。

なお、として綴るのは失礼かも知れないが、食生活研究会を設けた日清製粉の社長は正田英三郎、皇后美智子の父で、早川は何度か会っている。日記に見られる最初は昭和二十七年（一九五二）六月三日、次は昭和二十八年一月十九日の理事会のとき、三度目は同年七月七日で、この時は石黒と澁澤への感謝状を出してもらう相談と、つぎの理事会の打合せを正田としている。

昭和三十四年（一九五九）四月十日に皇太子と結婚して美智子妃となられたとき、もし早川がいたらどのように言ったであろうか。成婚に尽力したのは東宮御教育係だった小泉信三《こいずみしんぞう》だが、智恵の叔母がその邸内にいたことからよく訪れていた。日記に小泉に会ったという記載はないが、繋がりはあったから、惜しみない称賛を送ったことが想像される。

離島振興法

対馬の総合調査は昭和二十五年（一九五〇）七月に八学会連合で、翌二十六年七月に九学会連合で行われた。澁澤敬三の提唱による八学会は、考古、人類、宗教、社会、地理、言語、民族、民俗で、これに心理が加わって九学会となった。のちに考古学会が脱退し、東洋音楽学会が参加した。対馬は最初の共同調査だった。

この調査の民族学班に参加した宮本常一は、調査から帰ると澁澤に島の生活を向上させる方法はないものかと相談した。すると澁澤はそれには国会議員の協力が必要だとして、石黒忠篤に島の視察を願った。石黒は「対馬総合開発診断」としてそれに応え、国会議員、農林、水産の代表、長崎県庁の

仁位（豊玉町）を行く調査の一行
石黒忠篤は先頭の馬に乗る。所蔵・早川孝太郎　昭和27年８月

職員二十数名が昭和二十七年八月八日に対馬に渡り、五日間にわたって島の北から南までくまなくを見てまわった。

早川もその一員として診断に加わり、主に島の暮らしと陶山訥庵《とうやまとつあん》の事跡を調査した。訥庵は郡奉行となった元禄十三年（一七〇〇）から九年ほどかけて、島に棲息する猪を退治をしたことで知られる。捕獲処分した猪は三万頭近く、それは当時の島の人口とほぼ同じだった。この時の早川の「陶山訥庵と対馬」の草稿はあるが、十月十九日の日記に「奥さんに渡す」とある「対馬生活記録」の原稿は見当たらない。

石黒を中心としたこの「対馬総合開発診断」と称する視察により、翌昭和二十八年（一九五三）七月二十二日に離島振興法が公布された。それによって離島の生活向上のための施策がなされるようになり、今に続いている。

早川の正妻てるは、昭和二十八年（一九五三）四月二十五日に亡くなった。このことは五月五日に次男の啓に聞き、日記に「一〇、〇〇〇渡してくる」と書いている。翌年、啓から、「自宅で一周忌をするのでなるべくきて下さい」という葉書が来ているが、その日の日記には「家で仕事」とだけあって、行っていないようである。

昭和二十八年九月三日に折口信夫が亡くなった。早川は五日間にわたり書いている。

九月三日（木）くもり。記録映画社にゆく。かえり折口さんの死去の新聞見ておどろく。夕日あざやかなりし。九月三日午后一時三〇分、折口氏慶應病院に死す。胃癌なりと。三一日ハコネの仙石原で重体。ケイオウ病院に入院せるなり。いよいよ孤立せり友なし。

九月四日（金）くもり。あさ大森に折口さんの悔やみにゆく。一〇時ころあのなつかしい道を通って出石《いずし》に。門下生がいた。座敷には棺がすえられ、写真だけが飾られてあった。西角井、今泉、高崎など。金田一さんが來られた。二階で鈴木金太郎さんに久しぶりに会って悔やみをのべた。

九月五日（土）雨。終日、折口さんを思ってくらした。何か悔やまれることばかり。花祭のシナリオつくる。二通。

九月六日（日）はれた。今日は折口さんの葬ギだ。一二時三〇分に葬ギ中にゆく。金田一さんにあった。松本信広さん、安城三郎、有賀君、澁澤氏、櫻田氏、岡兄弟、角川君など、いろいろの人にあった。大藤時彦氏ニあう。折口さんがあなたの事はなしていたという角川の言が、あたまについてはなれぬ。

九月七日（月）くもり。折口さんの思出をかく。

「思出をかく」として書いたのが「折口さんと採訪旅行」である。

このころ花祭の映画の話があって、早川はそのシナリオを書いていた。それができたら折口に見てもらうつもりだったので、悔やみは大きかった。

映画「花祭」

折口が亡くなる少し前、八月二十五日に記録映画社の上野耕三から速達がきていて、初めに、「花祭の映画の決定とのこと、御同慶の至り存じます」とある。これからすると映画の話は愛知県北設楽郡町村会事務局から早くにあって、相談を受けていたようである。

　早川はシナリオと書いているが、四〇〇字詰原稿用紙十五枚の題は「花祭映画筋書―解説」とある。次の「筋書説明」は、連絡を取合っていた奥三河の竹下角治郎宛てのものである。

早川が芸能，民俗などで教えられることの多かった折口信夫

所蔵・早川孝太郎　昭和24年春

花祭の筋書は、振草村古戸の花祭を想定に置いて作製した。しかしその間に出來るだけ二十ヶ所全体の風物をとり入れることゝする。細かい点は撮影の際に指示する予定。大入川系のものは園村御園の花を想定に置く。はじめ二ヶ所の祭りについて筋書を作ったが、散漫になりまとまりがつかぬ杞憂があるので中止。しかし切草、祭場等は御園のものを使用する事にしたい。

この筋書に依って大体二巻三、〇〇〇呎にまとめあげる予定。撮影には舞踊に中心を置き、これを如何に正しく、美しく見せるかが大切である。従來、文化財としてこの種のもの、映画が只慌たゞしく混雑の態だけに堕て居るのは遺憾であるから、その点に特に注意を要する。三、〇〇〇呎時間約三〇分では、余りに短いとの不満があろうが、前記の意図に依って資材として、撮影は出來るだけ多く撮り、後の編輯で三〇分にまとめるから、差支えなしと思う。三〇分以上に亘ることは無理である。之は専門家の意見を徴し、且知人にも相談の結果である。舞は一部分ずつとって、全体として全部の型をまとめることゝしてある。斯様な関係で撮影は一ヶ月を費す予定とし、風物、生活等をも取入れることゝする。

以上の趣旨に依って岩波映画製作所で見積をして貰った。尚別に記録映画社の見積書は二、三日後れるので、出來次第に送ります。

尚岩波、記録映画の二社に各々筋書を渡す等にて、この処筋書造りに追われて居るのを、別紙筋書は汚ないか、勘弁あり度し。県会へ出したり、町村会事務局提出等そちらで三、四部謄写本を作られたし。折口さんの忽然の死去でいさゝか心中混乱。この人にも相談するつもりなりしが、今となりては術なし。関係の皆様によろしく。

シナリオとする「花祭映画筋書―解説」とこの「筋書説明」を、岩波映画製作所の見積と一緒に九月十一日に、翌日には記録映画社の見積書を竹下に送っている。次は見積を送ってきた、岩波映画製作所の取締役の添状である。

御端書と筋書をありがたく拝見致しました。

先日もお話申上げました様に実施調査の上、脚本が出來ませんと仕上りの長さも不明確であり、従って同封致します見積は極めて大ざっぱなもので御座いますから、その点お含みください。

花宿を決めるまでのいきさつ、祭場の整備、七日前から始まる下稽古、祭りが終わってからのエピローグなど、やはり撮影日数は二十日間位見ておく必要があると思われます。

三〇~四〇分位とのお話ですが、これも脚本の形にしてからでないと決められませんが、あまり長いのは作品としても感心しない様に思われますので、一応仕上がり二八〇〇呎（約三〇分）と致しました。それ以上の条件は先生の筋書からも知ることができませんので、常識的な数字をあてはめてある様です。

尚　他社の見積もお送りになる由、勿論結構で御座いますが、映画の製作は諸条件が異なりますので、金額で決められる事は危険と思います。何れ又御拝眉の折詳しく申上げますが、とりあえず概算見積添えて御返事まで。

見積書は竹下に送ったので残っていないが、早川はメモしている。

フィルム	三九六、八〇〇
製作	一、〇〇八、〇〇〇
ロケーション	三三四、〇〇〇
製作間接費	三四六、七〇〇
	計二、〇八〇、五六〇

岩波映画へ

早川はこの岩波映画製作所と記録映画社の見積を見て、どちらにするか決めるつもりでいた。ところが北設楽郡町村会事務局の氏原智が十月五日に上京し、岩波映画製作所と交渉して決めてしまう。その前に早川に電報を打って拝眉を願っているが、早川は五日、六日は鯉淵学園で講義があって抜けられなかった。氏原が交渉を急いだのは、愛知県教育委員会から、製作先と製作費を明記の補助金申請書を五日（とあるが、十五日の間違いか）までに提出するようにという連絡を受けたためだった。

十月九日の氏原から早川への手紙に、まずお詫びと上京のいきさつを述べ、契約は先生の指導を得て決定したい。岩波映画製作所の姿勢として、到底採算は取れないが文化財保護の見地から引受けてもよい。示された見積一五四万二〇四四円だったが、北設楽郡町村会やその他を含めて七十万しか用意できない。現地の宿泊、人夫は地元協賛ということで交渉したとある。この手紙の前に氏原はこのことを電話で竹下に話し、竹下はそれを早川に伝えたようで、早川は承知して足らない製作費を埋めるべく、知っている機関にお願いをしている。

十一月八日の氏原からの手紙に、十一月五日に県教育委員会の指示で、花祭の映画の方針などについて、岩波映画制作所から取締役にもきてもらって打合せ、花祭の映画は正式に決まった。早川の指導のもとに作成すること、県補助約三十万円、国補助七万円とある。

撮影は早川の想定の古戸と御園になった。早川は十二月十日の古戸の花祭に行って、撮影に立会い要点を指示、翌日の午后七時過ぎの最後まで見ている。だが翌年一月二日の御園の花祭には行っていない。家で原稿の整理をしている。ただ気にはしていて、日記に「御園の花如何か」と書いている。

「奥三河の花祭」
企画　愛知県北設楽郡町村会事務局
製作　岩波映画制作所
脚本　西尾善介
監修　早川孝太郎

脚本は早川の筋書を参考に西尾善介が書いたのだろう。上映時間二十分のこの映画は昭和二十九年（一九五四）一月十四日に三河の人達に、一日おいた十六日に澁澤敬三、岡茂雄らを迎えて試写会を行った。二月二十六日にはＮＨＫテレビで放映された。そしてこの「奥三河の花祭」は、昭和二十九年度の観光映画コンクールの最優秀作品になった。

氏原から昭和三十年（一九五五）三月二十二日の速達に、三十日に日本橋の白木屋ホールで映画コンクールの発表会が行われるので、先生に是非出席してほしいとある。はたして早川は出席したかどうか、日記をスラれてこの日の動きは分からない。新しくした手帳の見返しに書いている。

—一九五五—日記　七月二十六日　東京駅より乗車、網棚におきたる風呂敷包みと一緒の食生活報告書三部と、一九五五年職員手帳を入れおきスリにスラる。致し方なくこの日記を作りて間に合わすものなり。

早川は靴をスラれたこともある。昭和二十三年（一九四八）七月三十一日に名古屋駅から中央本線の夜行に乗ったときのことで、上諏訪駅に下車したときの早川は、背広に帽子、折鞄を抱えて駅事務所まで靴下で歩いて行ったというから、想像するとまことにおかしい。

なお、観光映画コンクールで最優秀作品にもなった「奥三河の花祭」は、昭和三十一年の暮れに亡くなる早川の花祭への最後の情熱となった。

第十二章　終わりのない旅

1　文化財審議委員

早川は持ちこまれるいろいろな仕事をこなしながら、その合間に旅をしている。

そうした日々には喜びもあれば悲しいこともある。鯉淵学園の村落社会研究室が漏電で民具も資料も焼失したのは昭和二十九年（一九五四）四月二十六日、翌日、焼跡を見に行った早川は、「下條氏來路の原稿紙一枚やけのこり見ゆ。悲惨なり」と書いている。十一月十三日には小出満二鯉淵学園長の喜寿の祝いがあったが、その半年後に胃癌で亡くなった。

民俗資料を調査

早川は昭和三十年（一九五五）三月一日に、文化財専門審議会臨時専門委員を委嘱される。所属は第三分科会で、任期は三月三十一日までの一カ月である。これは前任者の残りの期間のようである。新年度の辞令は残っていないが、四月一日以降も文化財保護委員会から委員会開催の日時を知らせる書簡が届いているので、文化財審議委員は続いた。文化財保護委員会・民俗資料部の祝宮静《ほふりみやしず》技官からの書簡は、いずれも「料金後納郵便」のため年月の消印はないが、文面から見て昭和三十年のはずである。祝技官は澁澤邸によく来ていた旧知の間柄だった。

拝啓　先日は御多用のところ御足労を煩わし申訳ありませんでした。又、今日は御指示いたゞきたゞき恐れ入りました。御指示の地区は、若者組か、子供組か、隠居性か、その何れか、その点も伺いたく存じます。甚だ御手数ながら、もう一度、御指摘下さいませ。

全く別の話ですけれど、一昨年、専門委員の決議で、文化財研究所の一部に「民俗資料部」を設置する様に要望してありますから、急速に実現する様、促進方を御配慮いたゞきたく存じます。御覧の通りの状況にて、現在は事務局にすぎませんため、調査報告上の研究など全く出來ないのでございます。独立の「部」になれなくとも、一応、「分室」として早く発足したいと存じますので、是非とも御後援の程、御願い致します。

大体、記念物課の内部は、史蹟とか名勝とか天然記念物とか、いろんな部門があり、しかも何れも可なり多用で、事務的にも「民俗資料」は不利な立場にあります。欠勤中のことですが、各課に課長補佐が一名づゝ増員されたにも拘らず、記念物課だけは依然として一名で増員されません。出來ることなら課長補佐を一名まして、民俗資料を事務的に取扱ってほしいと存じます。それには田原氏が事務官出身ですから、同氏を課長補佐に推して、事務的にも有利な立場を築き上げて行くことが一策だと思います。一応、この線で推進したいと存じますので、是非御助力下さいませ。つまり研究面と事務面を分けて、拡大強化して行きたいのであります。拝眉の節、詳しく愚見を申上げますから、又、お寄り下さい。お願い致します。

敬具

四月廿日

先日は御多用のところ御足労を煩わし有がとうございました。また昨日は有益な御意見を御寄せ下さいまして恐れ入りました。昨日休息いたして居りましたので失礼いたしました。

御意見につきましては、全く同感でありまして、初めての方に「指定の方針」を伺ったところで仕方がないのですが、事務官あがりの若い課長としては、何か得るところがあろうかと思ったのでしょう。しきりに先生方の御意見をきゝたがって居りました。

元來、文化財と考えられて居たものから見ますと、民俗資料は、その質においても、量においても、それこそ雲泥の差があるということを、この委員会では、誰も知らなかったのであります。頭の切り換えという言葉も古くさくなりましたが、美術工芸品を扱ってる頃からの頭が全く切り換って居ないのですから仕方がありません。私は先日の様の機会に再教育していたゞくということが大いに必要だったのです。有りがとうございました。

委員会事務局そのものゝ頭の切り換えが出來て居なかったことの次に、私の非常に困ったのは、無形文化財というものが別に切り離されて居たことでありました。現行法では、どうにもなりませんので、法律改正という大問題にまで持って行く必要があり、同時に、改正されるまでの間、この盲点を如何に処理するかで頭痛の種でありました。どう考えても、民俗資料を有形文化財だけに限る事は、学問的に肯定されませんでした。しかし保護行政と学問研究とは一応、切り離さなければなりませんので、仕方なく、割り切って來ました。

事務局の機能としても、無形文化課というものが作られたこと自体、甚だ変な話で、役人の頭というものが察せられると存じます。

次に、文化財保護と申しても、収集・保存ということではなく、法的な借置としては、例の指定だけしか出來ないので、あれも集めろ、これも保存しろという御注文には応じられないのでありま す。民俗学の専門家としては御尤もですが、収集・保存は博物館においてこそ実現し得るものでして、こちらでは全く出來ない相談なのでございます。而かも指定という問題だけでも、民俗資料に関しては実際的に困難な事情がありますので、さてこそ、先日の会合となりました次第でございます。しかし実のところ、半日、一日の会合でほんとうの結論が出る筈はありません。要するに色々な御意見を承ったり、謂はゞ御理解を深めていたゞければ幸甚と存じて居りましたが、一応、その目的を達したかと存じます。

要するに、指定の実際に関しては、理論的にも技術的にも問題がありますので、又ゆっくりと御意見を伺いたく存じます。余り多勢の人が集まったところで、効果はございません。

電話は文部省○○、内線の○○○を御呼び下さい。御都合の宜しき所へ参上いたします。私はい

つもブラブラして居ります。まずは延引ながら御礼まで

二伸　いつか御尋ね申上げました祭り田、神田の類につきまして、御教示いたゞくことを期待して居ります。農地改革で、一応、昔の姿が、洗いだされたところもあるのではないでしょうか（そして消え去ったわけですか）、私などは従來、神社（それも大きい）のことばかり考えて居たと存じます。座とか講とか、小さい祭祀組織のことも考えなければならないと気付きました。マツリの財源について研究を出直すつもりですから、何卒御指導下さい。

尚　公家や武家の日常生活用具など―そんなものが果たして現実に残存するか否かも知りませんが―まで入れることは、おかしいと存じます。矢張り、一般民家というか、庶民・常民というか、一線を引くべきかと思って居ります。

十月廿三日

傀儡人形から

美術工芸品への文化財の理解はあったが、民俗資料についてはまだ理解が十分でなかった頃の、担当者の苦痛とともに、早川への期待が読みとれる。文化財に値する民俗資料として、早川がどこの地域の何を書き送ったのか、そのメモは残っていない。昭和三十年（一九五五）は打合せと審議会に出席して意見と提案をした早川は、昭和三十一年には文化財審議委員の肩書きで九州と秋田県で調査をしている。

最初は二月一日、福岡県吉富町の古表《こひょう》神社に伝わる傀儡《くぐつ》人形と、大分県中津市伊藤田の古要《こよう》神社の

やはり傀儡人形を調査した。吉富町では町長、渡辺神主らもきて、岩田屋で三番叟と相撲の実演をしてくれた。どちらも傀儡人形による舞と人気のある人形の相撲が今も三年ごとに行われている。

二月二、三日、早川は大分市小野鶴で会合に出席したり知人に会ったりしている。四日は南下して宮崎県妻町《つま》（現・西都市《さいと》）の日高正晴《ひだかまさはる》家に泊まった。調査に出る前に文化財保護委員会・記念物課の田原久《たはらひさし》から手紙があって、九州での連絡先の中に日高の名もあった。

狩猟用具調査

当時、西都町立博物館長だった日高は、昭和二十九年（一九五四）十一月十一日から東米良村《ひがしめらむら》（現・西都市）で狩猟用具の調査をした。すべてが山地といってよい同村には猪や鹿が多く、狩猟は日常のことだった。といってただ獣を獲るのではなく、村の狩人は獣に感謝し、その霊を供養する狩猟儀礼をしっかり守っていた。狩猟の古式を伝えていた。またそのころには狩猟用具は少しずつ変わり始めていたが、そこではまだ昔の狩猟用具を持っているという人を耳にした。

日高は旧知の銀鏡《しろみ》神社宮司・濵砂正衛《はますなまさえ》と東米良村役場で落ち合って、まず大字尾八重《おはえ》字大椎葉に行き、それから尾根を越えて、標高五〇〇メートルほどのところに数軒しかない字湯久保の中武家を訪れた。古い狩猟用具を持っていると聞いていたからで、日高は『宮崎縣文化財調査報告書第一輯』に中武家の家全体が民俗博物館のようだったと書いている。火縄銃、尻皮、巻袖、山カラシ、メンパ、エンシュイレ、タチアゲ、テゴ、テヌキなど、後に国指定文化財になる狩猟用具の多くがこの中武家にあった。

五日間の調査を終えると、日高はすぐ文化財保護委員会に連絡したようで、翌十二月十八日に祝技官が予備調査にきた。祝技官はさらに昭和三十年九月と昭和三十一年三月に県の文化財主事ときて調査をしている。田原から早川へ連絡先を知らせる昭和三十一年一月十九日の手紙に、この東米良村の狩猟用具のことも書いてある。

狩猟具は昨日用具二十一点、ワナ八点（計二十九点、十七種目）の指定申請及写真が來ましたので、その指定価値について御覧願いたいと存じます（これは北で阿仁合《あにあい》、根子《ねっこ》のマタギ用具も申請される筈ですので合せお考え願います）。

傀儡人形には田原のこうした添え書きはないし、現地での早川は人形のスケッチをかなりしているが、聞き書きのメモはごく少ない。それに比べると日高や濱砂からの聞き書きのノートは多い。あるいは三十年前に出した『猪・鹿・狸』と重なるものがあって、早川はときめきを持って東米良村を訪れたのかもしれない。二月五日に西都原古墳群を見学し、そこからさらに銀鏡へ行っている。銀鏡までは西都原からでもかなりの距離があるので、おそらく日高が用意した車で行ったのだろう。

狩猟と神楽の銀鏡

東米良村の中心地だった銀鏡には、古代遺跡も神話もある。室町時代の長享三年（一四八九）創建の棟札のある、龍房山をご神体とする銀鏡神社には、天皇家にまつわる話が伝わっている。濱砂正衛宮司は歴史と文化のあるこの銀鏡を広く知ってもらおうと、

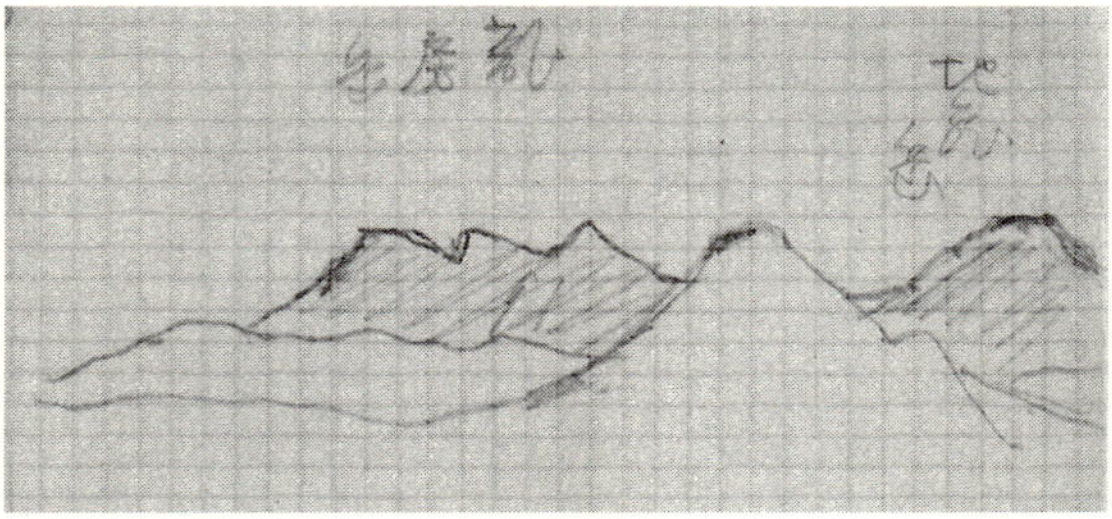

早川が手帳に描いた銀鏡神社御神体の龍房山　昭和31年２月

歴史、考古、芸能などそれぞれの分野の学者を銀鏡に招いて調査をしてもらっている。

日高と一緒にきた早川も歓迎だったはずで、狩猟とその儀礼などについても語り、早川はそれを丹念にノートしている。銀鏡神楽についても話が少しだけ出ているが、猪狩りの様子を狂言風に演じる「ししとぎり」の一番については触れていない。早川に予備知識がなかったのだろう。

この東米良村での見聞を早川は文化財の関係者にどのように話したのか、ともあれ「東米良村の狩猟用具」二十九点は、早川が亡くなった翌年の昭和三十二年（一九五七）六月三日付で国指定重要有形民俗文化財となる。それらの狩猟用具は西都市妻にある西都市立歴史民俗資料館に展示されている。

須藤が銀鏡に行くようになるのは昭和四十四年（一九六九）からで、その年に見た猪狩りと狩りの儀礼、そして神楽はまだこうした世界があるのかと強烈な印象を受けた。

正衛宮司は明治生まれの人に共通した（と思っていた）頑固さと、それでいて大らかなユーモアを持っていた。須藤は銀鏡ではその正衛宮司の家に泊まり、夜遅くまで話を聞いた。若いとき海軍にいて軍艦で外国に行った思い出、狩猟用具の文化財指定の話では、「秋田県のマタギ狩猟用具より先に文化財になったとですとョ」とうれしそうだった。

ちなみに秋田県阿仁町《あにまち》（現・北秋田市）のマタギ狩猟用具が国指定文化財になるのは、平成二十五年（二〇一三）三月十二日、点数は東米良村の十倍の二九三点である。

また銀鏡神楽は昭和五十二年（一九七七）五月十七日に国指定重要無形民俗文化財になる。県内各地にいろいろな神楽がある宮崎県では最初の指定で、「一番ですとョ」と語る正衛宮司の口許はほころんでいた。

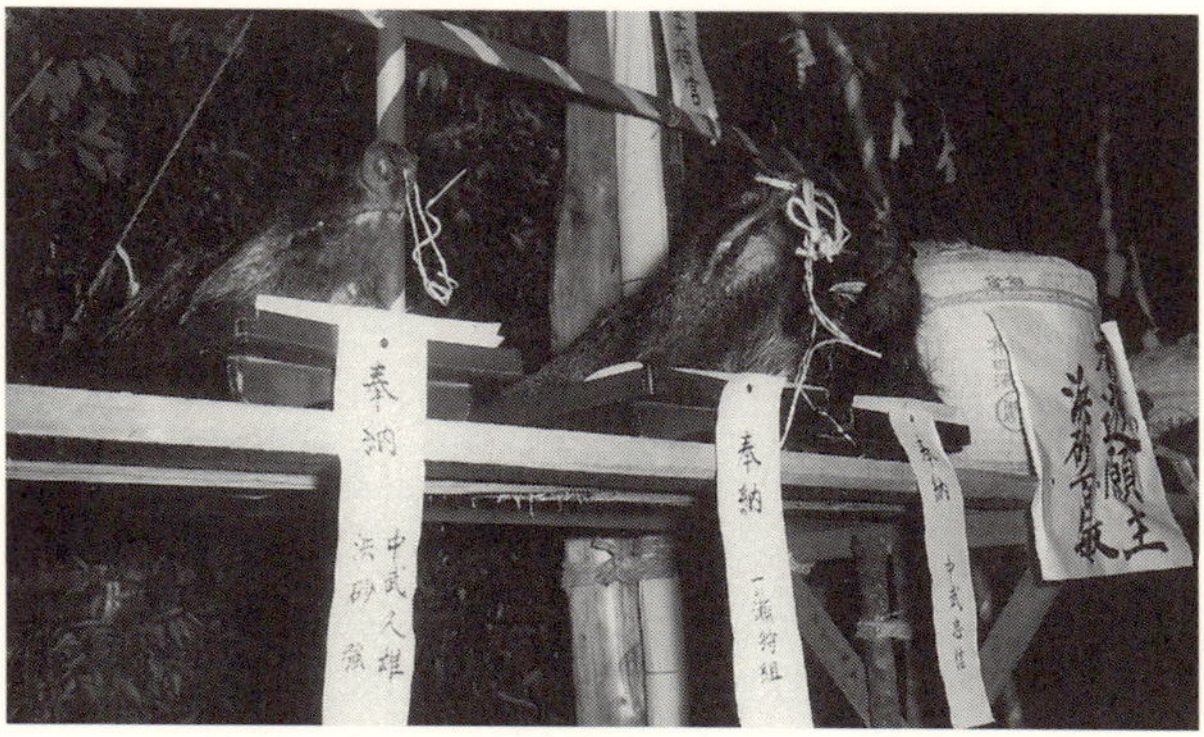

銀鏡神楽のとき贄《にえ》として奉納される猪頭　撮影・昭和51年12月

銀鏡では小さい猪は背負って解体場所までおろす
撮影・昭和44年12月

正衛宮司の銀鏡神社への最後の奉祭は、昭和五十四年（一九七九）十二月十四〜十六日。入院していた病院の医者に頼んで特別許可をもらい、病気の顔を見せることなく、例年の通り神楽や神事をきちんと務め、翌年五月六日に八十五歳で帰天した。

2 田植習俗調査

まず見舞い

昭和二十九年（一九五四）十二月二十五日に告示された、「記録作成の措置を講ずべき無形の民俗資料選択基準」による「田植に関する習俗」は昭和三十年から着手して、昭和四十一年（一九六六）までに十一県の習俗を作成した。最も早いのは昭和三十一年の秋田県と広島県で、早川はこの記録作成を指導する文化財審議委員として秋田県へ行った。ちなみに最後は高知県で、昭和四十一年（一九六六）に調査した。

秋田県にしたのは早川自身だったと思われる。秋田の田植習俗に関心のあったこともあるが、民俗を研究する知人が多く頼りにできたこと、それにもう一つ、参議院議員に立候補していた石黒忠篤の選挙のからみもあったはずである。

早川が秋田へ行くことについては、祝技官が秋田県教育庁に連絡してあった。次はそれに対する同庁の社会教育課文化財係から早川への問合わせである。

本日　文化財保護委員会記念物課の祝技官からの書翰によりますと、先生は十八〜二十二日の間が好都合とのこと。実は当方では田植が始まるのは大体五月二十五日頃からで、最盛期が六月七日頃、六月十五日頃まで続くので、出來れば五月下旬か六月初めにお出をお願いしたいと考えていたのですが。先生の御調査はどのように行われるのでしょうか、当県には田植そのものに変わった習俗は見当たらないので、必ずしも田植えを御覧にならなくともよいということであれば、十八〜二十二日の間に調査されても結構と思います。

先生に秋田県内でどうしてもここは調査するという御希望の地域がございますでしょうか。昨年文化財保護委員会から田植習俗記録の予備調査について文書があったのには、県内では仙北郡角館附近と北秋田郡扇田近辺と二ヶ所指定してあったのですが、そのように予定してよろしいでしょうか。たゞ角館から扇田まで汽車で五時間かりますので、三日間の予定では少し御無理ではないかと考えます。現地との連絡の都合もありますので先生の御希望を御聞出來れば幸いと存じます。

右　時期と地域の点について至急御意見をお伺い致したく　お願い申しあげます。

早川はこれに返書を送ったかどうか、五月三十一日に上野駅から秋田へ夜行で発っている。翌六月一日の朝大曲駅で下車して生保内線《おぼないせん》（現・田沢湖線）に乗換え、角館駅下車、角館町（現・仙北市）の病院に入院していた武藤鐵城《むとうてつじょう》を見舞っている。

武藤は秋田県のスポーツ振興とともに、考古学、民俗学の研究をした。早川と繋がりがあったのは民俗学においてだが、互いに人柄に引かれるものがあったようだ。昭和八年（一九三三）の秋に澁澤、早川らが角館から岩手県沢内村などを旅したとき、武藤が案内をかねて参加したのがきっかけで知り合った。

昭和十年（一九三五）五月に発刊されたアチックミューゼアム彙報の一冊、武藤の「羽後角館地方に於ける鳥虫草木の民俗学的資料」は、一見して内容が分かるような表題が望ましいという澁澤敬三の考えに沿ったものだった。それにしても長い表題である。

早川が見舞った日、早川が来ることを聞いて武藤の病室には、奈良環之助《ならたまのすけ》、富木友治《とみきゆうじ》、藤田秀司《ふじたひでじ》、渡《わた》部《べ》小勝《こかつ》、同茂、それに問合わせをくれた文化財係の小田島邦夫もきた。小田島以外は当時の秋田の民俗研究の主な人たちである。

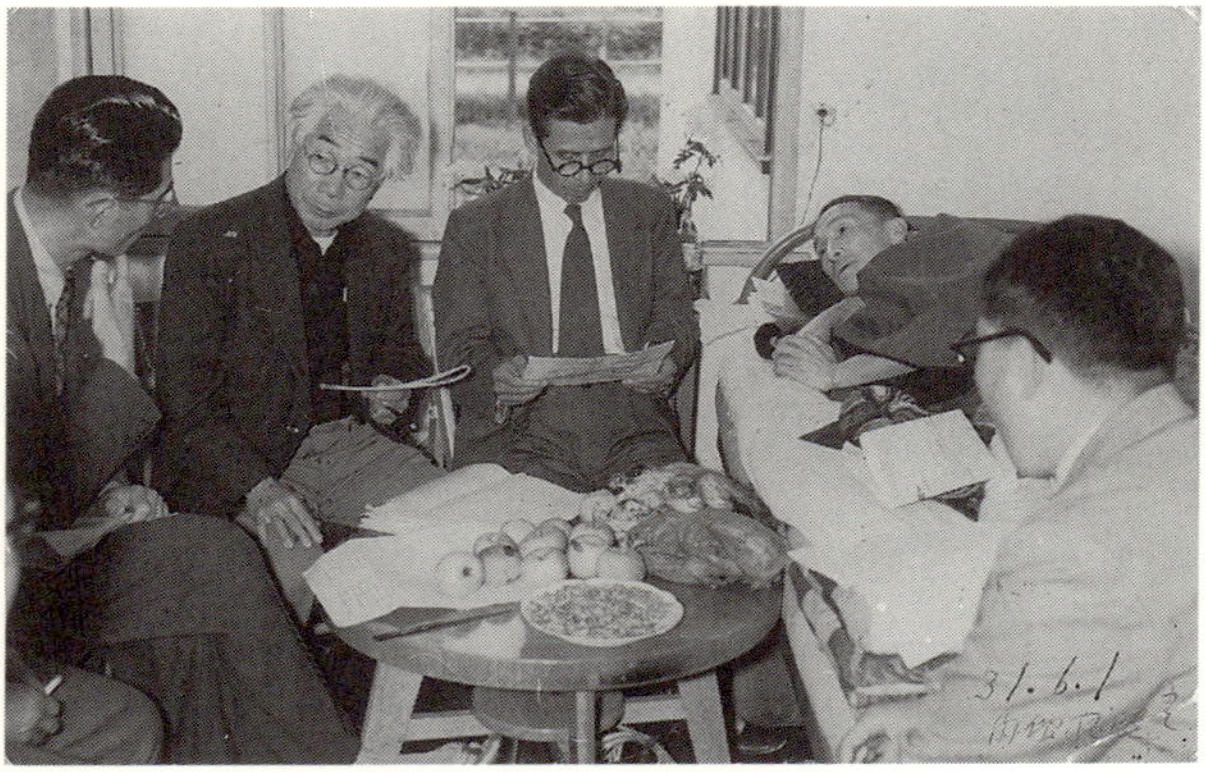

武藤鐵城（ベット）の病室

武藤の左に早川，奈良，小田島。右端は渡部。所蔵・早川孝太郎
昭和31年６月

上の写真は武藤が葉書にして早川に送ってくれたもので、消印は「31、7、25」である。武藤はこ

の消印から一カ月足らずの八月二十日に六十歳で亡くなる。

病気は腸癌だったが本人には知らされていなかった。武藤は、マタギと熊の肉でドブロクを飲んだのがあたったとして、枕許においた熊の頭骨を「こんちくしょう」と手で打っていた。その子供らしいしぐさが思い出されると藤田秀司は語っている。

初ショトメ

早川は見舞いを終えると汽車で本荘市（現・由利本荘市）に向かった。翌六月二日は本荘市石沢で田植の調査をした。日記に「カッコーを聞く。本荘市長」とある。文化財の調査ということで市長は挨拶にきたのだろう。石沢の調査は三時に引上げ、その夜は秋田市に宿を

川添村水沢の初ショトメとなる女の子

母親は娘用に作ったミジカ（上衣）の袖に，飾り布と星模様をつけた。前結びの三幅前掛けもしっとりと可愛らしい。足元は見えないが，履いているアシダカ（足半）の鼻緒もインボ結びという飾りにしてある。撮影・早川孝太郎　昭和31年６月

ハナガオの本荘市石沢のショトメ

左右のショトメは田植のときの正装とされる袖無しを着けている。
撮影・早川孝太郎　昭和31年6月

取った。六月三日の午前中は、秋田市金足に奈良環之助家を訪ねて歓談した。環之助は由緒と歴史のある奈良家の別家で、秋田県文化財専門委員を務めていた。午後、川添村水沢（現・秋田市）訪れて調査をして話を聞き、やはり写真を撮った。

石沢と水沢を選んだのは誰だったのだろう。それはともかく早川の写真を見て、やはり秋田だな、と思うのは野良着が生きていることである。土が付いて泥まみれになる野良着なのに美しい。秋田では早乙女をショトメというが、襟元に白襦袢の襟の見えるショトメもいる。清楚である。それは稲田を見守ってくれる田の神への礼節と言ってもよい。

女の子は十二歳になると初ショトメとして田植に加わる。母親はショトメとなる娘のために新しい野良着を作ってやる。

紺無地のミジカ（上衣）、アネコモッペ（下衣）、

化身して伊勢詣でをしたという松の下に，伊藤家十三戸の総墓がある
撮影・早川孝太郎　昭和31年6月

腕まであるテウェ（手甲）、三幅前掛けなどである。ミジカに刺子をするのは自由だが、川添村水沢では、襟は絣をつけるのが普通だった。水沢の大人のショトメはナガテヌゲを頭から被って頰を覆う。このナガテヌゲ模様には、若向きりヤマミチと中年、老年のウマカタがあるという。本庄市石沢では目だけ出して顔を覆う、右頁の写真のハナガオをする。頭は手拭被りか編笠である。

野良着だけではなく、石沢も水沢も昔からの田植作業が守られていた。機械化される前の姿で、早川の写真はその様子を今に伝える。

墓と五月節

田植ではなく墓のことになるが、川添村水沢には円形の石組三段の「総墓《そうばか》」というのがある。水沢の集落を開拓した伊藤家一族の墓で沖縄の門中墓を思わせる。上部の石塔に文政八年（一八二五）の年号があるが、総墓は大同年間（八〇六〜八一〇）から使用されているという。六月三日の夜は、その一族の一軒の家で宴会があった。日記に、「大黒舞」とあるから「秋田大黒舞」も出たのだろう。次は歌ってくれた五月節である。

一　思う人のェ田植ならば
うえからチシゲてたもれや
笠とコゥテを買ってだしょか
笠もこうてもりもせん
お嫁さんになりたい
テロロー

二　この家の田主は
なにしに鍬などかついだ
クフグ（ごふく）の種子をおろしこで
それで鍬などかついだ
テロロー

本荘市鮎瀬で庚申塔を写生する早川　所蔵・早川孝太郎　昭和31年6月

三　お田の神のェお茶の水
　どうからどうと流れる
　流れるよしの根からェ　しのびーて
　こうやませさんに流れる
　　　　テロロー
四　この家おちぼのェ　松の木は
　枝からごようまで　そえめぐる
　　　　テロロー
　早生は五升なら中生は七升
　まして晩生稲（オクシネ）みではかる
　亭主あれみれ　倉の扉がひらく
　積んだるィー俵は銭と米

水沢の少し東の戸米川に伝わる歌で、五月節というが田植歌ではないらしいと早川は書いている。テロローは深山ショウビン、水恋鳥のことで、「アカイトリ、テロロー」ともいうとある。

早川が指導をした「秋田県の田植習俗」は昭和四十三年（一九六八）四月二十八日に、平凡社より『田植の習俗　3』として刊行された。奈良環之助、藤田秀司の執筆である。口絵にあたる最初の頁

稲刈りも始まっている秋の田
秋田県鳥海町（現・由利本荘市）撮影・昭和45年9月

に本荘市石沢と川添村水沢の田植習俗の写真が多く使われているが、本文に二つの地域の記述はない。また江戸時代から秋田の米作りを担ってきた、大事な労働力だった若勢についても触れられていない。若勢は昭和三十年代前半にはまだいたはずである。

挨拶まわりに

秋田の調査から帰って鯉淵学園の講義に区切りがつくと、早川は六月二十日から七月四日まで愛知県田口町（現・設楽町）、奈良市、京都府綾部市、島根県松江市、広島県庄原市、長崎市、長崎県佐世保市と平戸市、佐賀市（鍋島知事に会う）、熊本市、熊本県八代市、大分県日田市、島根県津和野町などをまわり、七月六日に東京に帰った。

これは石黒忠篤の選挙のお願いの旅だった。石黒は昭和二十七年（一九五二）の補欠選挙で当選しているが、かつて「農政の神様」と言われた石黒も、戦後十年経って広く大勢に知られるということはなくなっていた。早川は選挙の運動員ではなかったが、残された手紙には、お世話になった石黒を影で支えようとしていることが読み取れる。選挙の投票日は昭和三十一年七月八日だったが、早川は昭和三十年の後半あたりから、旅に出たときしばらく会わなかった人を訪ねたりしている。それも影の選挙運動だったが、そうして会ったことが、昭和三十一年の年末に亡くなる早川の、最後の挨拶まわりのようにもなった。それは早川にとって幸いだったかもしれない。石黒は当選した。その投票日の七月八日の日記に、「明日の講ギの準備と要目作製」とある。

七月二十六日　木。秋田県へ田植調査の予備記録を送り、調査の方針を通知する。武藤氏よりこの六月一日の写真届く。返事出す。
七月二十七日　金。うすぐもり。レントゲンの写真とりに日赤（境）にゆく。写真の結果、相当右胸が進行しているから、入院すすめられる。一寸躊躇。では今日は血沈をとり、月曜に來るようにとのこと。一寸暗い気持になる。
八月三日　金。三四・二。あつし。どうも入院の必要あるらし。又レントゲン撮る。結核の兆見ゆと。困ったものなり。
八月六日　月。八時出かけ。診察の結果、入院せず治療の事になる。ストレプトマイシン注射。薬を貰う。七日分。
八月六日　火。むしあつし。三四度以上。家にごろごろしている。少し胸いたし。

そうして八月十二日に飯田橋の警察病院へ入院する。通っていた日赤に病室の空がなかったからである。入院の朝のことを智恵は書いている。

まるで隣の家にでも行くように、机の上も片附けないで、パナマ帽をかぶった和服姿で、原田家の車に乗って家を出たのである。

肋膜に悪性の腫瘍と説明してくれた医者は、智恵に「一年で死ぬのです……」とも言ったという。早川が自分で書いた日記は九月二十八日が最後で、その後は智恵が見舞いの人や輸血にきてくれた鯉淵学園の学生のこと、病状などを書いている。石黒は本当にしばしば見舞いに来ている。

一期六十七年

十二月二十日の六十七歳の誕生日に、智恵は病院の近くのフランス料理店で温かく縁起のよい海老グラタンを求め、葡萄酒とケーキを添えてベットの食卓においた。早川はその祝膳をゆっくり箸を運んで三分の一くらい食べた。そして「今日のこの日は、過去につながるのか、未來につながるのだろうか」と言った。「もちろん次は武蔵野の家で、子供たちも一緒にお祝いしますよ」と答えたが、なぜ医者は私をだましてくれなかったのかと思ったと智恵は書いている。

十二月二十三日　日。（十二月三十一日智恵記す）

昨夜通しみとる。こんすいというまでもなし。意識あるまま朝を迎う。山口へは昨日電。藤井様に朝電報。藤井様來らる。石黒先生來らる。山口さん子供つれて、湯川、池田様に会う。二時急変。永眠。

十二月二十四日に茶毘に付し、三十日に池袋の祥雲寺で告別式を行った。弔辞は文化財保護委員会、全国農民連合会、鯉淵学園、鯉淵学園同窓会、農村更生協会、澁澤敬三が呈した。澁澤は弔文を霊前に奉ることなく持ち帰った。次は二三一頁の農村更生協会の弔辞の続きである。

ところが今あなた亡くなって、奥さんから「つい数日前に六十七歳の誕生日を迎えたんですよ」ときいて、あゝそれならあの当時は、当然老の尊称を受くべきであったなとはじめて気がついた次第です。更に小学校四年と五年の小さいお子さんが二人あったということもはじめて知ったんです。

あなたはほんとに自分の身辺の事となると一切おしゃべりをしない人でした。そのくせ浮世の様々の風物については、実によく吾々と一緒にしゃべってくれた人でした。とりわけ早川さんの諸国艶笑譚は天下一品と折紙をつけて吾々の仲間で傾聴したものです。

私共が人の本の受売りみたいなことをしゃべっていると、「あれは違ってるよ、どこどこではこういう事例があるし、こういう事例もある」と、それからコンコンとふき出る泉の水の様に、次々と諸国の実例を出してこられ、これをチャンと体系づけた説を持ち出して、私共の書生論にアッサリ打っちゃりをくわせたなどの事がまるで昨日今日のことのように思い出されます。当時、協会で出していた機関紙『村』の表紙が毎号型の違った「農家」がスケッチされ、この解説が又独特の筆で大評判になったものですが、これは勿論、孝太郎さんのものです。あの原画と解説が保存されていたなら、これだけを編集しても日本の農家、これにともなう農家の生活態度が立派に浮彫されて、いい本になると思います。

とにかくあなたの言動はすべてこれ、足で歩いて自分から古文書を掘り出したり、農家の炉辺談話から、又アンマさんからき丶出したり、それだけに非常に自信にみちたものとして吾々を傾聴させずにはおかなかったものでした。

こうした縷々とあなたの思い出話を申しておりますと、どうも農村更生協会の特徴として、何となく天下に自負しているものは、どうやらあなたがかもし出し、あなたの人となりに自然と皆影響されていたものではないかと、今になって気づく様な気がします。

早川さん

あなた自身の特徴で、自然に極めて特色のある存在となった協会の仲間は、全国方々に今や散在しています。これらの仲間の力を集めて、これからあとに残った奥さんや、小さいお子さんのお力になって上げたいと思います。あなたは一切、家庭のことを私共にしゃべらなかったけれど、これからは私共が多少あなたの家庭のことに立入ることをあなたは許してくれますか？　多分、天のどこかの一角から少し垂れ気味にかけた、黒ぶちの眼鏡の底から「どうも仕様のない奴共だな」と苦笑し乍らきっと見逃してくれるでしょう。

早川さん

ではさようなら、さようなら孝太郎さん

この中の、「これらの仲間の力を集めて」は、遺児教育資金として全国の仲間や早川を知る人達に呼びかけて実施する。発起人は、石黒忠篤・澁澤敬三・国枝益二・鞍田純・楠正克・宮本常一・藤井米三・小口芳昭・柴田十四生である。応募金は三十二万円近くになり、経費を差引いて早川の一周忌に二十九万円を智恵夫人に差上げたと報告書にある。それには御香典は三十七万円余とある。資金へ応募してくれたのはおよそ六〇〇人、北海道から鹿児島まで三十七都県に及んでいる。それはそのまま早川の全国の人脈だったのだろう。

柳田國男は早川の告別式に来てくれなかったので、智恵は挨拶に行きたいと大藤時彦に頼んで連れて行ってもらった。花祭の花笠を手みやげにした。柳田は早川にもらったという古皿などを出して見せながら、早川の話をしてくれたという。

智恵は初め西武デパート婦人ホールに勤め、のち月刊誌『クロワッサン』の編集部に移って働きながら二人の子を育てあげた。

これはむろん申合わせたことではないが、澁澤敬三・折口信夫・早川孝太郎の三人はみな六十七歳で亡くなっている。石黒忠篤はもう少し長生きして七十六歳で、江戸時代の旅人の菅江眞澄も、旅先の秋田でやはり七十六歳であの世に旅立っている。

何の根拠もなく、民俗学の研究対象でもないが、六×七、七×六は四二、すなわち「死に」となる。単純にいうとおもしろい人達、少し考えてみると、終わることのない旅、課題を残してくれたように思わないでもない。

参考文献

（1）早川孝太郎著書（『早川孝太郎全集』（未來社）に収載の全集○巻と発行年を記す）

『猪・鹿・狸』郷土研究社　大正十五年十一月　全集第四巻　一九七四年

＊山に囲まれた早川の故郷では猪や鹿、狸などが多く、出会った人が少なくない。その時の話をなどでまとめた人と獣の生活誌。評価の高かった一冊である。

『茨城縣農會史』農業發達史調査會　昭和二十六年五月　鞍田純と共著

『羽後飛島圖誌』郷土研究社　大正十四年十月　全集第四巻　一九七四年

＊民俗誌では最初の写真と文章を組み合わせた書誌。今はなくなった蛸穴漁業や行商の五月船についてなど、貴重な記載もある。

『大藏永常』文部省學術奨學費　昭和十三年七月

『大藏永常』補訂版　山岡書店　昭和十八年三月　全集六巻　一九七七年

＊大藏永常は諸国の農業を見てまわり、話を聞き、自らそれを実施して農業指導書を著した江戸時代後期の農学者。早川はその事績を丹念に調べて執筆した。

『おとら狐の話』玄文社　大正九年二月　柳田國男と共著　全集第四巻　一九七四年

＊長篠合戦を見ていて怪我をした狐が、人について病気をひき起こしたり、死にいたらしめることもある早川の故郷の話。

『古代村落の研究――黒島』小川書房　昭和十六年六月　全集第九巻　一九七六年

＊黒島は九州の南の海に連なる島の一つ。その島に残されていた享保十二年（一七二七）からの古文書に、島の生活史を読んでいる。

『三州横山話』郷土研究社　大正十年十二月　全集第四巻　一九七四年

＊生まれ、子ども時代を過ごした故郷のさまざまな話。早川がどのようところに住み、大きくなったのか知ることができる。

『朝鮮及び満蒙の稗』稗叢書第十六輯　昭和十四年十二月　全集未収載

『農と稗』稗叢書第五輯　昭和十四年六月　全集第十巻　一九八八年

『農と農村生活』ぐろりあ・そさえて　昭和十六年七月　全集五巻　一九七七年

『農と祭』ぐろりあ・そさえて　昭和十七年六月　全集八巻　一九八二年

『能美郡民謡集』郷土研究社　大正十三年十一月　全集第三巻　一九七三年

『花祭』岡書店　昭和五年四月　全集第一・二巻　一九七一・一九七二年

＊早川の主著で、その人生を決めた著書。花祭は故郷の少し北の山里二十カ所に伝わる霜月の祭りで、早川は細かに調べ、田楽や地狂言なども併せてまとめた大著。

『稗と民俗』稗叢書第六輯　昭和十四年七月　全集第十巻　一九八八年

『村松家作物覚帳』アチックミューゼアム彙報　昭和十一年四月　全集第七巻　一九七三年

＊寛政十年（一七九八）から明治十二年（一八七九）までの村松家の畑作の記録により、家と作物の歴史をたどる。早川には花祭の生活の背景を探る意味もあった。

（2）早川孝太郎編輯

『公有林と山村生活』農村更生協会　昭和十四年六月
『山村生活と国有林』農村更生協会　昭和十二年三月
＊山村更生研究会は三回開催され、早川はまとめの編輯をした。いずれも興味深い内容だが、二回目のこのまとめには密造の濁酒の話もある。
『山村生活と指導』農村更生協会　昭和十三年二月
柳田國男『女性と民間傳承』岡書院　昭和七年十二月『柳田國男集　第八巻』昭和三十七年二月

（3）早川孝太郎執筆論考（本書に記載の論考を記す）

「悪石島見聞記」日本民族學協會　昭和十一年七月　全集第九巻　一九七六年
「悪石島正月行事聞書——鹿児島県十島村」日本民族學協會　昭和十一年一月　全集第九巻　一九七六年
「鼬の話」郷土研究社　大正五年四月　全集第四巻　一九七四年
「色々の蛇」郷土研究社　大正四年四月　一九一五年　全集未収載
「岩手県二戸郡荒沢村浅沢見聞記——斎藤善助家にて」自筆原稿　執筆年月不詳　全集第十一巻　二〇〇〇年
「臼のこと」郷土研究社　大正六年一月　全集第十二巻　二〇〇三年
「鰻と蛇——雲南・資料」旅と傳説　昭和十九年一月　全集第四巻　一九七四年
＊雲南といっても中国のことではなく、東北地方に多い鰻を神の使いとした信仰のことで、雲南の地名と雲南権現などから信仰の解明を試みている。
「鰻と水の神」旅と傳説　昭和十三年六月　全集第八巻（農と祭収載）一九八二年
「おとら狐の話」郷土研究社　大正五年九月　全集第四巻　一九七四年

「おとら狐後日譚」山陰民俗学会　昭和二十九年八月　全集第四巻　一九七四年
「踊りの着物――薩南十島」三元社　昭和九年八月　全集第九巻　一九七六年
「折口さんと採訪旅行」中央公論社　昭和三十年一月　全集第十二巻　二〇〇三年
＊歌人で芸能の研究者でもあった折口信夫と初めて花祭に行ったときの道中記。歩くしかなかったころに山路を行く、惨憺たる様子を懐かしみつつ書いている。
「還らぬ人　菅江眞澄の故郷」三元社　昭和五年八月　全集第十二巻　二〇〇三年
＊旅に出て、故郷の三河には一度も帰ることなく七十六歳で秋田で亡くなった眞澄が、三河のどこで生まれ、どのような知人がいたのか探し歩いた探訪記。
「案山子のことから」郷土研究社　昭和八年三月　全集第八巻　一九八二年
＊晴れた日も雨の日も田に立ちつくす案山子、それに対する農家の人々の思いからその広がりを検証する。
「川平紀行」自筆原稿　全集第九巻　一九七六年
「北津軽の民俗」三元社　昭和六年八月　全集第十一巻　二〇〇〇年
「器物の名称について」岡書院　昭和八年十一月　全集第十一巻　二〇〇〇年
「高原の村・家・人」山と渓谷社　昭和九年十月　全集第四巻　一九七四年
「佐賀県稲作坪刈記録」農業総合研究所　昭和二十五年三月　全集第七巻　一九七三年
「薩南十島を探る」自筆ノート　全集第九巻　一九七六年
「三州長篠より」郷土研究社　大正四年二月　全集第十二巻　一九七四年
「山湊馬浪」自筆原稿　昭和六年執筆　全集第四巻　一九七四年
「椎葉聞書」自筆原稿　全集第十一巻　二〇〇〇年
「地狂言雑記」民俗藝術の會　昭和三年一月　全集第二巻　一九七二年

＊柳田國男に最初に調べるようにいわれた、土地の人々が歌舞伎などの役を演じる地芝居の見聞記。早川には花祭の調査の発端になった。
「島の生活――ふたたび羽後飛島に渡って」旅と傳説　昭和六年十月　全集第九巻　一九七六年
「田植の儀礼性」文藝春秋社　昭和十八年六月　全集第八巻　一九八二年
＊各地に見られる稲作にまつわる神事のともなった儀礼について、その内容や自然への対応、儀礼の必要性などを簡潔に記している。
「滝に関する話」郷土研究社　大正五年三月　全集第三巻　一九七三年
「朝鮮の穀神――収穫祭に關聯して」旅と傳説　昭和十六年二月　全集第八巻（農と祭収載）一九八二年
「尊き足跡――故宮本勢助のことども」日本民族學會　昭和十八年一月　全集第十二巻　二〇〇三年
「東部三河の農村の正月」郷土研究社　大正六年一月　全集第十巻　一九八八年
「陶山訥庵と対馬」自筆原稿　昭和二十八年十月　全集第十二巻　二〇〇三年
「吐噶喇列島の民具」角川書店　昭和三十三年一月　全集第九巻　一九七六年
「鳥に関する俗信」郷土研究社　大正五年八月　全集第四巻　一九七四年
「長篠村の船――郷土随筆」長篠中学校文化部　昭和二十八年二月　全集第十二巻　二〇〇三年
＊生家の前を流れる寒狭川（現・豊川）のかつての河川交通のことと、それにまつわる早川自身の体験などを語っている。
「日本民族の食糧生活と大豆」大日本農會　昭和十六年一月　全集第十巻　一九八八年
「猫を繞る問題一、二」三元社　昭和十二年十月　全集第四巻　一九七四年
「農村社会に於ける部落と家」刀江書院　昭和十三年　全集第五巻　一九七七年

「一つの回顧」アチックミューゼアム　昭和十一年三月　全集第十一巻　二〇〇〇年
＊主に蒐集物、のちの民具について早川の考えを書いている。生活に必要とした用具、民具は全て蒐集するべきではと述べている。
「簿記記帳部落の性格」農村更生協會　昭和十四年八月　全集第六巻　一九七七年
「北鮮火田に於ける凍寒馬鈴薯澱粉について」農村更生協會　昭和十七年一月　全集未収載
「三河の院内に就いて」郷土研究社　大正五年一月　全集第三巻　一九七三年
「三河南設楽郡より」郷土研究社　大正四年八月　全集第四巻　一九七四年
「南方先生を訪ふの記」山岡書店　昭和十七年二月　全集第十二巻　二〇〇三年
「苗字のこと」自筆原稿　昭和六年九月　全集第十二巻　二〇〇三年
「民間傳承の採集」四海書房　昭和六年九月　全集第十一巻　二〇〇〇年
＊民間傳承＝民俗、すなわち生活の中にある信仰やさまざまな生産技術などをどのように聞き出し、それをどのようにまとめたらよいか、早川は考えている。
「民俗学と石黒さん」六人社　昭和三十一年七月　全集十二巻　二〇〇三年
「山と蒼空」生活社　昭和十九年　全集第四巻　一九七四年
「山と農業」農村更生協會　昭和十六年七月「わが國農業の山岳性――國土開発を顧みて」を改題。全集第十巻　一九八八年
「わたくし雨、わたくし風」三元社　昭和十三年十一月　全集第八巻（農と祭収載）一九八二年
＊陽が照っているのに雨が降る、それを「わたくし雨」といったり、「狐の嫁入り」といったりすることについての論考。

（4）参考文献（奥付に記載の発行年月を記す）

アチックミューゼアム編著「『民具問答集』アチックミューゼアム　昭和十二年五月
有賀喜左衛門『南部二戸郡石神村に於ける　大家族制度と名子制度』アチックミューゼアム　昭和十四年十二月
石黒忠篤『農政落穂籠』岡書院　昭和三十一年
＊戦前に農林大臣を勤めたときに見た国の姿、何がどのように動いて、それにどう対処したのかということを忌憚なく書いている。
泉鏡花「貝の穴に河童のいる事」『鏡花短篇集』岩波書店　一九八七年
石橋幸雄『鯉淵学園』上・下巻　筑林書林　一九七九年五月・七月
井上勝英編集『五十年のあゆみ――農村更生協会設立50周年記念誌』農村更生協会　昭和五十九年九月
岩崎卓爾『岩崎卓爾一巻全集』伝統と現代社　一九七四年六月
小平権一『石黒忠篤』時事通信社　昭和三十七年
鯉淵学園二十年史編集委員会『鯉淵学園二十年史』鯉淵学園　昭和四十二年十一月
今和次郎『日本の民家――田園生活者の住家』鈴木書店　大正十一年
今和次郎・吉田謙吉共編『モデルノロジオ（考現学）』春陽堂　昭和五年七月
櫻田勝徳「椎葉紀行」『櫻田勝徳著作集　7』名著出版　昭和五十七年二月
佐々木喜善『聴耳草紙』三元社　昭和六年
＊柳田國男に遠野物語を語った佐々木喜善が、自らまとめた遠野の物語。『遠野物語』とは少し違った味わいがある。
佐々木喜善『民間傳承』発行・佐々木喜善　昭和六年一月
佐藤全弘・藤井茂『新渡戸稲造事典』教文館　二〇一三年一〇月

設楽民俗研究会編『設楽』合冊版　昭和四十九年六月
澁澤敬三還暦記念写真集『柏葉拾遺』中山正則編　柏葉会　昭和三十一年
＊澁澤家にあった明治時代からの写真をまとめたものだが、早川を含めて、澁澤家に出入りしたさまざまな人々の澁澤家と繋がりをうかがうことができる。
澁澤敬三「アチックの成長」昭和八年九月記『澁澤敬三著作集　第1巻』平凡社　一九九二年
澁澤敬三「津軽の旅」『龍門雑誌』昭和八年十二月『澁澤敬三著作集　第1巻』平凡社　一九九二年三月
澁澤敬三「二十年前の薩南十島巡り」『澁澤敬三著作集　第5巻』平凡社　一九九三年七月
澁澤敬三編著『豆州内浦漁民史料』アチックミューゼアム彙報　昭和十二〜十四年
昭和天皇「食料危機突破」録音ＮＨＫ　昭和二十一年五月
高市志友・加納諸平編『紀伊國名所圖繪』文化八年（一八一一）歴史図書社復刻　昭和四十五年
田村善次郎『宮本常一略年譜』田村善次郎　平成十六年五月
東栄町誌編集委員会『東栄町誌　伝統芸能編』北設楽郡東栄町　平成十六年三月
長篠郷土研究会編『長篠村誌』長篠中学校内　昭和三十三年十二月
奈良環之助・藤田秀司「秋田県の田植習俗」『田植の習俗　3』平凡社　昭和四十三年四月
新渡戸稲造『農業本論』裳華房　明治三十一年九月
新渡戸稲造『武士道』丁未出版社　明治四十一年三月
日本常民文化研究所編『日本の民具』角川書店　昭和三十三年一月
話をきく會編『話をきく會』昭和六年九月
日高正晴『宮崎縣文化財調査報告書　第一輯』宮崎県教育委員会　昭和三十一年
本田安次『日本の祭と藝能』錦正社　昭和四十五年十二月

松枝茂夫譯『周作人文藝随筆抄』冨山房　昭和十五年六月
満蒙開拓青少年義勇軍編成に關する建白書『村』農村更生協會　昭和十三年一月
三隅治雄『早川孝太郎』講談社　昭和五十三年八月
＊早川の人生に少し触れながら、書誌や執筆原稿を通じて民俗学者としての早川を書いている。
宮崎智恵『歌集　草花帳』短歌新聞社　平成十三年二月
宮本常一『民具学の提唱』未來社　一九七九年
宮本常一「早川さんの島の旅」『早川孝太郎全集』第九巻　一九七六年
柳田國男『後狩詞記』自家出版　明治四十二年三月『柳田國男集　第二十七巻』昭和三十九年四月
柳田國男『遠野物語』聚精堂　明治四十三年六月『柳田國男集　第四巻』昭和三十八年四月
＊佐々木喜善が語った遠野地方に暮らす人々のさまざまな生活をまとめたもので、民間伝承、のちの民俗学へ展開する最初の著書とされる。
柳田國男「郷土會記事」『郷土研究』大正五年二月『柳田國男集　第三十巻』昭和三十九年八月
吉田晶子「早川孝太郎収集民具について」国立民族学博物館　平成十四年二月
吉田三郎『男鹿寒風山農民手記』アチックミューゼアム彙報　昭和十年三月

（5）年譜参考文献（早川孝太郎執筆は3に記載）

岩波書店編集部編『近代日本総合年表　第二版』岩波書店　一九八四年
折口信夫『日本文学の発生』『折口信夫全集　4』中央公論社　一九九五年
家庭総合研究会編『昭和家庭年表』河出書房新社　一九九〇年
加藤三吾『琉球の研究』未來社　一九七五年

澁澤敬三著『澁澤敬三著作集　第五巻』平凡社　一九九三年
定本柳田國男集編集委員會編『定本柳田國男　別巻5』筑摩書房　昭和四十七年
地名情報資料室編『市町村名変遷辞典』東京堂出版　二〇〇三年
原田清「原田清日記」渋沢史料館　永井美穂翻刻　二〇一三年
文化庁文化財保護部編『田植の習俗　3』平凡社　昭和四十三年
宮崎智恵『歌集　花泉』宮崎智恵　昭和二十七年九月
宮本馨太郎編『民具研究　あの頃その頃の思い出話』宮本馨太郎　昭和五十三年

おわりに

私は二十歳代に奥三河の入口にあたる豊橋市に住んでいた。師走になると新聞の地方版に、かならず花祭の記事と大きな鬼面の写真が載る。どんな祭りなのだろうか、引かれるものがあって、土、日が祭日になった昭和三十八年(一九六三)十二月七日の東栄町月の花祭に行った。

そこで、「昔よく早川さんがきたな」という年輩の花役の話を耳にした。少し前に『花祭』の抄録の本を買っていたので、その著者であることは分かったが、昔に亡くなった人と思っていたから、知っている人がいるのは意外だった。あとでその年は早川が六十七歳で逝ってから七年目で、同年代あるいはそれより少し若い人でも、早川に会っていて不思議はないと知った。そして早川を身近な人として感じるようになるが、長く『花祭』の著者という以外には知らなかった。

大著『花祭』の著者として、早川孝太郎の名は、民俗学の研究を志す人ならたいてい知っている。『花祭』は早川がまだ民俗学と呼ばれる前の柳田國男のそばにいて、民間伝承の教えを受けつつ柳田の研究を支えていたことから生まれた。しかしそうした柳田と早川の繋がりが語られることあまりない。柳田の周りにいた一人として書かれるのもまれである、それは澁澤敬三、石黒忠篤との繋がりについても同じである。

私が早川に関心を持つ、というより持たざるを得なくなるのは、まず、早川のことを書くことになり、未來社に置いてあった早川の資料が、平成三年（一九九一）十一月十三日にすべて私のところに送られてきたことである。日記、手帳、スケッチ帳、手紙、写真、古文書の写し、未定稿の原稿などかなりの量だった。それをコツコツと整理しているうちに日記と手紙、写真とスケッチなどが繋がるようになり、『花祭』の著者としてだけではない、早川の生涯が少しずつ分かるようになった。

さらに宮本常一が昭和五十六年（一九八一）に、宮田登が平成十二年（二〇〇〇）に亡くなって、『早川孝太郎全集』の編集をするように言われ、分かったことをまとめる必要があった。そこで気付いたのは、早川について書いたものには間違いが少なくないということだった。

ある『花祭』（抄録）の解説には明らかな間違いが三カ所と、〝はて〟と思う解説が二カ所ある。その一つ、「一地方の小さな祭りにすぎない花祭」という一節は、後述の文を受ける意図もあるようだが、「小さな祭り」という根拠は示されていない。「祭り」に大きい小さいはない。

間違いは、早川の生涯についての資料がほとんど出ていなかったことから生じている。また花祭のような芸能の伴った祭りの多くが芸能史からの研究（これも大事だが）で、民俗の伴った芸能、すなわち数百年にわたり花祭を続けてきた人々の信仰、希望などを含む生活の視点からの研究がなされてこなかった、ということにも原因がある。この生活の視点からの研究がなされて、初めて早川の『花祭』を超えることになる。花祭に関わる芸能の芸能史の視点での研究は、『花祭』の亜流に過ぎない。

奥三河に住み込むようにして歴史、民俗、芸能の研究を続けた武井正弘《たけいしょうぐ》は、早川の『花祭』に批判の伴った視点を持っていた。たとえば花祭の次第の説明に、早川は調べた数カ所の次第を一カ所の次第のように記している。次第の名称は同じでも、衣装、舞手の人数、所作、舞の詞章など継承する集落によって異なる。その違いを書き分けなければならないが、それには集落それぞれの花祭をきちっと調べる、悉皆調査が必要と説いていた。

これに生活の視点を加えることで、花祭はより確かな研究になるだろう。

早川についてよく聞かれるのは、二つの家庭を持ってやっていけたのか、ということである。これについてはっきり答えられる資料は残っていない。正妻てるは実家の援助を受け生活していたという。農村更生協会での早川の給与は、昭和十八年（一八四三）に六級俸とある。これは年額二二〇〇円、月額では一八〇円余となる。同年の銀行員の初任給が七十五円だったようだから、早川の給与で下條村で暮らすには十分だったと思われる。

早川は自分の目で見て、耳で聞いて書くという基本を貫いた。しかも旅はそのため、早川の時代には歩くしかない場合が多かった。日記に書いてあるのは起点と終点だけだが、その距離は決してわずかではない。二、三里（一里は約四キロ）は普通で、五里、八里のこともある。そうして歩いたことで途中で出会った人に話を聞き、農家や村里の風景を描くことができた。訪れた村でも人に会い、出してくれた古文書を筆記している。その量からして、徹夜で書き続けたと思われるものもある。

農村更生協会で一緒だった鈴木棠三が書いている（月報4）。

更生協会時代のことを書き続けると、いろんな話題があるが、この時期の早川さんは石黒農政のよき参謀であった。石黒先生の信任もあつかった。いったいに早川さんという人は、目上に可愛がられた人で、最初は柳田先生、渋沢さん、石黒先生、或いは小出満二さんなどの信任と指導をうけ、またそれによくこたえて居られた。ただ学問上の関係だけではなく、生活的にもそれらの大物パトロンから面倒をみてもらっていた。それらのパトロンはいずれも学者としても、経世家としても、一流であったことは、早川さんに幸した。そして早川さんもその恩顧に報いるためにベストを尽した。しかし皮肉な見方をする人は、その点に早川さんの学問の限界があると評するかも知れない。

ともあれ早川が残した日記や手紙、写真には早川の時代の生活の伴った民俗を読み取ることができる。それには新しい事実がまだ秘められているように思われる。たとえば秋田県角館町（現・仙北市）の武藤鐵城からの手紙の二伸に「眞澄翁少々懇ろであった女性の戒名と思われるもの　安相心妙信女慶應二年十一月三日死」とある。その事実の確認は難しいが興味深いものがある。旅人としての早川をこの菅江眞澄に重ねて語る人もいる。二人の生まれは同じ三河である。

最後になってしまったが、宮崎智恵には大変お世話になった。早川について、東京都武蔵野市のお宅にたびたび伺って話を聞いた。早川の日記や手紙の崩した文字の読み、須藤が執筆した早川に関する原稿の訂正、それに自宅に保存されていた資料の一部も送ってくれた。その中に、葬式の時に早川のことを忌憚なく語っている弔辞もあって、これも早川を知るよい資料となった。
また智恵自身が編集、発行していた短歌の同人誌『花影』は、出るとすぐ送ってくれた。その中にたいてい亡き頴子と早川を詠んだ句があった。その句を探すのが楽しかった、といったら叱られそうだが、いずれも二人への愛情あふれる想いが強くこめられていて、感心しながら幾度も読み返した。宮崎智恵は平成二十四年（二〇一二）三月に、二人のもとに旅立った。

平成二十八年八月　すでに先祖様になっている
早川孝太郎の六十回目のお盆に

須藤　功

早川孝太郎年譜

和暦	西暦	齢	関係事項	一般・民俗事項
明治二二	一八八九	0	**12・20**早川要作・志んの長男として愛知県南設楽郡長篠村横山に生まれる。姉三人、弟一人、妹二人、養子一人のうち、姉と妹一人は夭逝。後継ぎの誕生として初節供の祝いに親類や縁者からたくさんの凧、村から五〇〇枚張りの大凧が贈られた。	2・11『風俗画報』創刊。
二九	一八九六	7	**4月**長篠尋常小学校入学。毎朝、「コウタロウサマ」と呼びに来る近所の子供たちと小学校に通った。	7・8東京美術学校、西洋画科を新設。
三三	一九〇〇	11	**3月**四年制だった長篠尋常小学校卒業。**4月**長篠尋常小学校高等科入学。好きだったのだろう、早川は図画、地理、歴史の成績が良かった。	9・11上野駅と新橋駅に初めて公衆電話設置。
三四	一九〇一	12	**反閇**「たしか十三の年の春だったと思うが」として、近くの村が呼んだ振草村の一力花の榊様が家にきて、早川自身も「へんべえ」を踏んでもらったことを『花祭』の後記に書いている。その時の様子をよく	2・3福沢諭吉没、六十八歳。 3・11國木田独歩『武蔵野』刊。

			絵にしている。	
三五	一九〇二	13	3月長篠尋常小学校高等科卒業。早川家では稲作、畑作と共に製茶、養蚕をしていたのでかなり忙しく、父要作は学校を終えた孝太郎の手伝いを期待していたが、絵筆を持っている方が多く、孝太郎の手伝いはあてにはならなかった。	1・23青森県の八甲田山で多数の兵士遭難。
三六	一九〇三	14	5・25長姉さとが養子の芳次郎と結婚。八日後に一枝が生まれるが、8・30に死亡。さらに11・6にさとも亡くなる。さとの死後ほどなく、愛知県鳳来町大野（現・新城市）に本店のあった大野銀行に縁のある次姉まさの夫が、就職の話を持って来てくれた。早川はその話に乗って、愛知県豊橋市の大野銀行豊橋支店に就職する。銀行で働きながら豊橋素修学校に通った。実用の英語、英文の学科に重きをおいた学校で、明治三十四年に創設し開校、四十年に三河中学校となるが、内紛で三年後に廃校となった。豊橋に出たことについて、早川は「おとら狐後日譚」に、長姉さとが亡くなったことと関係があったと書いている。	10・1浅草に初の映画常設館ができる。
三九	一九〇六	17	4月豊橋素修学校を卒業。この後に上京したという	3・25島崎藤村『破戒』刊。

四一	四二
一九〇八	一九〇九
19	20
話もあるが、確かではない。 **上京**月日は分からないが、早川は絵の勉強をしたいと上京、雑貨屋で丁稚奉公していた弟の照治のもとに転がり込んだ。といって二人だけの部屋ではなく、数人の丁稚が起居する大部屋だったので他の人に迷惑をかけることになる。照治は主人にも同僚にもきちんと話をして了承を取った。絵を学ぶには金が掛かる。後継ぎだからやがて横山の家に帰ってくる、暫くは好きなことをさせてやりたいと父母は金を送った。でもそれでは足らなかったので、照治は時間外にアルバイトをして早川を助けた。絵を学ぶ早川は初め黒田清輝主宰の白馬会洋画研究所（後の葵橋洋画研究所）で油絵を学び、白馬会の展覧会にも出展するようになった。『長篠村誌』にはこの研究所で明治四十三年まで学んだとある。その後、大正時代に洋画から日本画に転じ、一説に川端龍子の門下になったとされるが、川端龍子は昭和二年の青龍社結成まで弟子をとっていないので、川端玉章の川端画学校ではないかと言われる。	**兵役**二十歳で徴兵検査を受け、兵役に就いたとされ
1月『婦人之友』創刊。4・28第一回ブラジル移民七八三人出発。	3・11柳田國男、椎葉村の資料

			るが詳しいことは分からない。早川は十二月生まれなので、徴兵検査は翌明治四十三年の春だったのではないかとも思われる。	『後狩詞記』自家出版。 明治四三年 6月柳田國男『遠野物語』刊行。
四四	一九一一	22	**家督**兵役を終えて帰京すると上野の美術学校の近くの家に書生として入り、絵の勉強を再開したとされる。4・16父要作が六十一歳で死亡。早川は家督を継ぐが、家業は母にまかせて絵筆を握り続けた。	12・4新渡戸稲造宅で「郷土会」創立。 大正二年 3月柳田國男『郷土研究』創刊。
大正 三	一九一四	25	**結婚**月日は分からないが、亀戸（東京都江東区）で薬種問屋を営む長井孝二郎の長女てると結婚。二つ年上のてるは先に群馬県高崎市の鉄砲鍛冶と結婚したが、夫が鉄砲の暴発事故で亡くなり、婚家を出て上野で働いていたところ、同じ上野にいた早川と知り合った。	1・12櫻島大噴火。12・18東京駅開業式。
四	一九一五	26	**自画像**二十五歳になって間もない早川自身とされる画像に（口絵2頁）、「1915・1・16 KOTARŌ-HAYAKAWA」とサインがある。**投稿**『郷土研究』二月号に「三州長篠より」を投稿したが、早川孝太郎は住所を書かなかった。柳田國男は「探すのに骨が折れたね。警察まで煩はして探したが貴族院の守衛長が見つけてくれた。それでやっと手紙を出した」	大正五年 この頃、折口信夫、初めて柳田

			と述べている。この投稿がきっかけで柳田國男の指導を受けるようになる。早川は『郷土研究』に大正六年一月号まで投稿を続けた。『郷土研究』は同年三月号で休刊となる。3月長男の登生まれる。	國男を訪ねる。 大正七年 8月「白茅会」神奈川県津久井郡内郷村を調査。
八	一九一九	30	12月長女の朝子生まれる。	
九	一九二〇	31	2月柳田國男と共著の『おとら狐の話』発刊。旧暦一月十八・十九日、段嶺村田峯（現・設楽町）の田峰観音堂の境内にある舞台での地狂言を見る。11月三河路を旅してきた柳田國男から、三河と周辺の地域に見られる地狂言をまとめるように言われるが、余り気乗りがしなかったようである。	10・1第一回国勢調査実施総人口七六九八万八三七九人。
一〇	一九二一	32	12月『三州横山話』発刊。この年、柳田國男の弟で画家の松岡映丘の門下生たちが、松岡映丘と川路柳虹を顧問に新興大和絵会を結成、大正十五年から会友でなくても出展できるようになる。早川は昭和二年から五年まで出展した。	9・2日本青年館設立。理事長・近衛文麿。
一一	一九二二	33	手紙書簡の無い「11・3・10」消印の封筒がある。宛名は「岩手縣上閉伊郡土渕村　佐々木喜善様」、差出人は「東京市下谷池ノ端七軒町三十七番地　早川孝太郎」。以後の早川から佐々木喜善へ八通、	4・21一橋如水会館で南東談話会が開かれ、金田一京助、折口信夫、新村出、岩崎卓爾、喜舎場永珣らが出席しているが、早

一二	一九二三	34	佐々木から早川への手紙は五通ある。**9・1**に発生した関東大震災で、印刷所に入れてあった田峯の熊谷丘山が執筆した花祭の原稿が消失した。この原稿は、早川孝太郎が大正九年に田峯の地狂言に行った時、熊谷丘山が本にしてほしいと頼んだようである。この原稿を見たことで、早川は花祭に足しげく通うようになったと熊谷丘山は言っていた。**12・22**柳田國男の自宅で民俗学に関する第一回談話会が開かれ、早川孝太郎、金田一京助、三上永人、今泉忠義、松本信廣、松本芳夫、中山太郎、西村眞次、岡正雄、岡村千秋、宮本勢助が参会した。同席の宮本勢助は服飾を中心に民具を研究、同じ上野の池之端七軒町に住んでいることを柳田國男が早川に教えた。絵のことなど共通の話題が多かったことから、早川は三日とあけず宮本家に来たと宮本馨太郎が『民具研究あの頃その頃思い出話』に書いている。宮本勢助・馨太郎親子は早川の誘いでアチック例会に昭和四年から参会。二人は澁澤敬三の民具研究を中心になって支えた。	川の名はない。 **1月**菊池寛『文藝春秋』創刊。 **12・1**東京の築地魚河岸開場式挙行。
一三	一九二四	35	**11月**柳田國男が長い序を書いている『能美郡民謡	

一四	一九二五	36	集』発刊。11・8「早川孝太郎氏　揮毫　新日本画頒布會」案内状。発起人は金田一京助、中山太郎折口信夫、宮本勢助、岡村千秋。家を建てる資金のためと思われる。5・31から八日間、飛島（山形県酒田市）を歩いてまわり、景観、生活、人物、信仰、史跡などの写真を撮る。民俗誌では最初の写真と文章で語る『羽後飛島圖誌』を十月に発刊。8・5東京・京橋の富士見軒永楽クラブで開かれた「北方文明研究會」に金田一京助、折口信夫、伊波普猷たちと参会。12月次男が生まれる。三〇〇坪の屋敷に新築して間もない、東京市外池袋九六六の家に柳田國男がやって来て「啓」と名前を付けてくれた。	7・12東京放送ＪＯＡＫ本放送開始。10・24柳田國男『おもろさうし』研究会を開く。11・4隔月発行の『民族』創刊。
一五	一九二六	37	1・9長野県・新野（阿南町）の「雪祭り」へ行くために折口信夫と新宿駅から夜行列車に乗る。十日深夜に新野に着き、寝る間もなく叩き起こされて十一日未明の神迎えを見る。翌十二日はこれといった行事がないので新野峠を越えて奥三河の山内（豊根村）に行き、初めて花祭を一睡もしないで見た。十三日に新野に戻り十五日の朝まで雪祭りを見続けた。	5・2～12澁澤敬三と石黒忠篤、台湾の旅に続いて石垣島、宮古島、沖縄本島をまわる。

昭和元年	一九二六		さらに村の人に話を聞きたいと再び奥三河に下る。この時の旅は「極端な自己虐待だった」と早川は「折口さんと採訪旅行」に書いている。紹介この旅から帰ると、柳田國男が澁澤敬三を紹介してくれた。早川がそれまでの経緯や見て来たばかりの花祭のことを話すと澁澤敬三は支援を約し、詳しく調査して完全なものにするようにと言った。11月『猪・鹿・狸』発刊。12・30長篠村横山の家から池袋の早川の家に来ていた母志んが、わずか六日しかない昭和元年のこの日に六十四歳で亡くなった。	大正天皇逝去により12・25昭和と改元。
二	一九二七	38	4月新興大和絵会の第七回展に「山の家」を出展。8月下津具村（現・設楽町）村長の夏目一平を訪ねる。夏目一平は大正十一年に「津具郷土史料館」を設立、後に民具と呼ばれる生活用具などをすでに蒐集していた。早川は花祭について尋ねたいことがあって訪れたのだが、陶器の趣味も同じで話の合うことが多く、またその人柄から夏目一平とは終生にわたる深い繋がりとなる。翌年一月五日にこの夏目家で会った、小学校校長で田口町（現・設楽町）に住	7・10岩波文庫刊行開始。8・13日本放送協会、甲子園で最初の野球実況放送。12・10国内最初の地下鉄、浅草と上野間開通。

三	一九二八	39	む窪田五郎とも同様の親交が続いた。9・11柳田國男の「老媼夜譚」談話会に参会。11・13北多摩郡砧村（現・東京都世田谷区）の柳田國男の新居を訪ねる。金田一京助、有賀喜左衛門、折口信夫も来る。**蒐集物**早川は祭りの用具などを貰ってきていたが、夏目一平の生活用具などの蒐集を見て、それら用具の蒐集の必要性を感じ、昭和二年から蒐集物を少しずつアチックに納める。澁澤敬三は初め郷土玩具を蒐集して研究していたが、早川が納める生活用具が庶民の生活文化を示す資料になるとして、積極的に蒐集するようになる。昭和五年に早川が中心となって『蒐集物目安』をまとめた。1・5西角井正慶、今泉忠義と豊根村上黒川の花祭へ行き、花宿で折口信夫を迎えた。またそこで大山林地主の原田清に会い、以後、早川は奥三河に行くとまず本郷町三ツ瀬（現・東栄町）の原田家に最初に立ち寄るようになる。花祭のある中在家がすぐ目の前の三ツ瀬の原田家には、澁澤敬三もしばしば、そして中在家の花祭に訪れた多くの文化人が原田家で世話になっている。2・3澁澤邸で開催の初回の

「アチック例会」に出席。この例会や送別会、新年会、部会などへの出席者を記した「アチック來訪者芳名簿」に、昭和十三年二月二十六日の第一部会まで早川の名がある。3・11を予定して早川が交渉にあたった、夏目一平の住む下津具村の花祭の東京公演が、いろいろな事情で中止となる。4・1〜20新興大和絵会の第八回展に二点を出展、「稚児の舞」は売れたが「室鎮め」は買い手がなく、原田清に買ってほしいと頼んでいる。代金は諸経費を差引いて一一〇円にしたいと手紙に書いている。当時の大学出の銀行員の初任給は七〇円だった。4・9柳田國男が北設楽教育会で講演。その後の原田清への手紙に「柳田國男が日本青年館での講演で北設楽郡の印象を盛んに引用されて、小生も肩幅がひろくなり」と書いている。5・27の夏目一平への手紙に、柳田國男が『設楽叢書』の刊行を決めたとあり、早川は『花祭』の執筆と併せてその準備をする。だが一番に挙げていた『熊谷家傳記』を、長野県の伊那史料叢書刊行會が先行して出版を進めていると分かったためと思われるが、刊行は成らなかった。12・15〜

3・18柳田國男、青森県八戸市からイタコを招きオシラ祭りを行う。12・8方言研究会できる。

四	一九二九	40	16本郷町中在家（現・東栄町）の花祭へ。1・4～7豊根村上黒川の花祭へ。澁澤敬三の旅譜では昭和三年になっているが、早川が初めて澁澤敬三を花祭に案内したのはこの年。高橋文太郎、藤木喜久磨たちが同行。4・27～5・20新興大和絵会の第九回展に出展した「雪の家」がH賞となり、他の五名と共に会友に推薦される。**執筆**この年の前半は『花祭』の原稿執筆が最終の段階に入っていて、疑問が出るとすぐ夏目一平に手紙を出して調べてもらっている。	4月『民族』休刊。7月折口信夫、宇野圓空、金田一京助ら民俗学会を設立し、『民俗学』を創刊。
五	一九三〇	41	1・4～6澁澤敬三、今和次郎、折口信夫、袖山富吉、宮本勢助らと園村足込（現・東栄町）の花祭へ。4・5岡書院より『花祭』限定三〇〇部刊行。見返しに番号を付け、第1冊は柳田國男、第2冊は折口信夫、第3冊は澁澤敬三に進呈　早川自身は第10冊を所有した。4・13『花祭』の刊行と澁澤家の綱町邸改造竣工の祝いを兼ねて、綱町邸の屋敷に設けた花宿に中在家の花祭を勧請、一力花を執行する。柳田國男、泉鏡花、石黒忠篤、新村出、金田一京助、宮本勢助、前田青邨、小林古径ら参観者は二〇〇人	この年、都心でのカレーライス一皿、十銭。この年、白米十キログラム二円三十銭。

六

一九三一

42

近くになった。泉鏡花は見た花祭のことを小説「貝の穴に河童のいる事」に書いている。綱町邸の前に上野池之端の宮本家を訪れ、榊様などをまった。それを宮本馨太郎が十六ミリで撮影している。4・14澁澤敬三は舞を再現してもらい十六ミリで撮影、写真も撮った。原田清と早川は折口信夫を訪ねた。4・15綱町邸での一力花を済ませた中在家の一行は雨中を東京見物、夜行列車で帰途についた。4・19綱町邸の花祭に来た関屋宮内次官の執奏により、『花祭』第101冊を宮内庁に届けた。早川は所有する『花祭』第10冊の見返しに「賜　天覧」と書いている。4・22〜5・14新興大和絵会の第一〇回展に「青垣山」を出展。朝日新聞の記者が好評している。なお新興大和絵会展はこれが最後となる。5・21早川は日本橋の乾物問屋の窪田栄次と共に、原田清の林業経営の現場、事務所のある長野県神原村（現・天龍村）の本山に入って十日間滞在し、周辺の山村を歩きまわった。二十三日に早川は愛知県富山村（現・豊根村）の小学校で民俗学の話をした。

1・3〜5澁澤敬三、有賀喜左衛門、小

この年、砂糖一キログラム三五

田内通敏、土屋喬雄、村上清文、白井一二と上黒川、中在家の花祭へ。中在家の花祭は前年まで十二月中旬の土・日だったが、澁澤敬三の都合を考慮して、この年から祭日を一月三日・四日にした。四日の夜、澁澤敬三は再び中在家を訪れ、前年四月に撮影した綱町邸での舞の活動写真を映写して見せた。3・20消印の夏目一平への手紙に「柿ノ澤宇連の萬作物覚帳を出版したい」とある。これはアチックミューゼアム彙報第一『愛知縣北設楽郡下津具村　村松家作物覚帳　早川孝太郎校註』として、昭和十一年四月に刊行された。5・30〜6・2澁澤敬三、高橋文太郎、酒井仁、岡本信三と飛島（山形県酒田市）へ渡った。早川は七年ぶりで『旅と傳説』十月号に「島の生活——ふたたび羽後飛島に渡って」を書いている。6・2〜7一行は飛島から津軽半島を旅して突端の龍飛崎に立った。6・8〜9青森市で一行と別れた早川は、仙台市に住んでいた佐々木喜善を訪ねた。早川孝太郎は佐々木喜善の生活の内情を知り、同情を寄せるようになる。7月設楽民俗研究会が『設楽』を発行。早川孝太郎は同誌刊行の相談にの

銭、塩七銭六厘、マヨネーズ一四〇グラム瓶入り二十銭。ビール大瓶一本三五銭。9・22柳田國男は松本市の「話をきく會」の分会を自宅で開く。折口信夫、金田一京助、北野博美、池上隆祐、八角三郎、中道等が参会。秋、東北と北海道は冷害で凶作となり、山形県最上郡のある村では四五七人の娘のうち五十人が売られたという。

り、年五回発行予定の表紙を描くことになる。7・6『大藏永常全集』の刊行委員会が開かれる。新戸渡稲造、後藤文夫、石黒忠篤、小野武夫が委員で早川は大西伍一と実務にあたることになる。8・8三重県伊勢市の神宮皇学館で講義を終えた柳田國男を愛知県御津町（現・豊川市）の引馬野旅館に迎え、早川を幹事に設楽郷土研究会員と懇談会を持った。8・11長野県松本市の「話をきく會」で話をする。予定は九日で、会場には二十人ほどが来て早川の到着を待った。でも来ない。そのうち一日延期という電報が入った。早川は柳田國男を迎えて開いた懇談会の幹事だったので、抜けることができなかった。早川は十日に夏目一平と原田清を伴って松本へ駆けつけた。松本の人々は二人を九日の埋合せとして歓迎し、十一日の「話をきく會」は楽しく盛り上がった。9・1消印の長野県平谷村の小学校の先生から、中馬稼業をした塚田藤治郎が、中馬の用具を持っているという手紙があった。中馬は馬で荷を運んだ駄賃付の長野県の呼称である。手紙を見せると澁澤敬三はすぐ平谷村へ向かい、手綱を握る者と馬の身仕

七　一九三二　43

度、馬の背へ荷の着け方、道中の様子など往時の中馬の姿を再現してもらい、十六ミリで撮影した。早川、高橋文太郎、村上清文、小川撤、宮本馨太郎らが同行した。9・7「話をきく會」で話をする澁澤敬三に有賀喜左衛門と共に参会。早川は二人の花祭の歌で舞をまい、その後、澁澤敬三がにわか造りの面に鉞の代わりの箒を手に榊様を演じた。

1・3～6天龍村坂部の冬祭りと富山村大谷（現・豊根村）の霜月神楽を見る。3・5～6澁澤敬三が療養のために滞在していた、静岡県沼津市内浦三津の松濤館に、夏目一平と原田清が来る。澁澤は前年の十一月十一日に亡くなった祖父・澁澤榮一の看病と葬式、その後の忙しさのために急性糖尿病になっていた。二人が来たのはそこで開く「アチック例会」に出席のためだった。3・7奥三河からの二人が帰った午後、三津に隣接する長浜の大川四郎左衛門家にたくさんの漁業史料が保存されているのが分かり、帰るつもりでいた早川はそのまま十八日まで残り整理をした。漁業史料は室町時代の永正年間（一五〇四～一二）から明治時代まであって、整理

4・25柳田國男「郷土生活の研究法」の会を開く。

にアチックの数人があたった。上中下巻の三冊にまとめられた『豆州内浦漁民史料』は、昭和十五年四月六日に日本農學會より農學賞を受けた。9・24〜25奈良県立五條中学校で「不用品展覧会」を開催。主に生活用品だが、刀剣もピストルも弾丸もある。11・14消印の鹿児島県坊津町で出した夏目一平への手紙に、九州内をまわって対馬（長崎県）へ渡り、二十日頃に紀伊（和歌山県）へ行く予定とある。11・22和歌山県田辺市に南方熊楠を訪ね二時間ほど話をした。その時のことを「南方先生を訪うの記」に書いている。12・15柳田國男『女性と民間傳承』刊行。早川が編集して註を執筆したが、編集がよくないと柳田國男に人前で罵倒されたという。

八

一九三二

44

1・1〜6下津具村（現・設楽町）の花祭を澁澤敬三、高橋文太郎、原田清と見る。花祭の後、同村柿の澤宇連の村松家を訪ね、原田清の林業経営の拠点の長野県神原村（現・天龍村）の本山に行って泊まる。4・22消印の夏目一平への手紙に、「私もこの秋ごろから或いは都落ちをしなくてはならぬかも…」とある。九州の大学への留学の話が、この頃す

5月柳田國男、比嘉春潮と雑誌『島』を編集して二年間発行。9・14この日より毎週木曜日の午前、柳田國男は自宅で「民間傳承論」の講義をすることにした。この会は翌年一月から「木曜會」となり、さらに戦後、日

九	一九三四	45	でに出ていたということである。5・20〜22新潟県朝日村三面探訪。澁澤敬三、高橋文太郎、村上清文らと山形県から車も使って入る。三面については「山と農業」に書いている。5・23〜25帰りは三面から新潟県村上市に出て粟島（粟島浦村）に渡った。9・29佐々木喜善が腎性高血圧による脳出血で亡くなった。四十八歳だった。9・19〜10・3秋田県角館町（現・仙北市）、田沢湖、仙石峠を越えて岩手県雫石町と沢内村を旅する。澁澤敬三、高橋文太郎、村上清文、それに案内役として角館町の郷土史家の武藤鐵城が加わる。この旅の途中で、佐々木喜善の死去を耳にしたかもしれない。11・4アチックの談話室で九州帝国大学留学を祝う集い。奥三河の原田清、佐々木嘉一も上京して参加（口絵1頁）。11・11九州帝国大学へ向かう。途中、本郷町三ツ瀬（現・東栄町）の原田清家に寄り、広島市で礒貝勇に会った。11・23日帰りで志賀島（現・福岡市東区）へ渡る。	本民俗学会の談話会となる。この年、米は大豊作。
			1・2〜4中在家の花祭。澁澤敬三、高橋文太郎、夏目一平、窪田五郎たちと見る。相談中在家の花祭	8月より三年間にわたり、柳田國男の木曜會が山村生活調査を

から帰ると、早川は柳田國男に佐々木喜善の家族に何かしら援助の方法がないかと相談に行った。相談は三日間続けた。2・15〜17櫻田勝徳と肥後（熊本県）山地を旅する。3・17〜20櫻田勝徳と高千穂町から九州山地を南下し、十九日に宮崎県椎葉村に入り、村内を歩きまわって村人の話を聞いた。5・12〜20「薩南十島探訪」。鹿児島県の南の海に連なる、竹島、硫黄島、口永良部島、口之島、中之島、諏訪之瀬島、平島、小宝島、宝島、奄美大島の十島を、澁澤敬三を団長に、アチック同人、大学教授、奥三河の原田清も参加して総勢二十名余が探訪。この探訪のまとまった報告書は出ていない。早川孝太郎は島の風景や人々を丹念に、しかも色彩でスケッチしている。執筆に「薩南十島を探る」、「踊りの着物――薩南十島にて」などがある。5・23〜26薩南十島探訪の一行を鹿児島市で解散。その後、澁澤敬三、高橋文太郎、櫻田勝徳、早川たちアチックの十人は日本海の隠岐島（島根県）に渡って、島前、島後を探訪した。6・21〜30九州帝国大学の小出満二教授と高知県内を旅する。「寺川郷談」の本川村寺川

する。10月日本民族学会設立。昭和十七年八月二十一日に日本民族学協会と改称。東北冷害、西日本旱害、関西風水害で米など大凶作。東北地方の農家は借金がかさみ、娘の身売り、欠食児童、行き倒れ、自殺など惨状を呈した。

一〇	一九三五	46	（現・いの町）、近年まで焼畑が行われていた池川町椿山（現・仁淀川町）、室戸岬などを訪ねた。9・6～11石黒忠篤の農林省退官慰安の東北の旅。石黒忠篤、澁澤敬三、高橋文太郎、村上清文、宮本馨太郎、大西伍郎、小川徹たちと男鹿半島の吉田家（秋田県）、浅澤村石神（岩手県）を経て八戸（青森県）へ。このとき澁澤敬三が見つけた石神には大家族の斎藤善助家があった。有賀喜左衛門、今和次郎、土屋喬雄がその家族制度の研究をする。10・24～11・5五月の薩南十島探訪の時に行けなかった黒島を訪ねる。台風のために硫黄島で四日間も足止めされたが、滞在した七日間に島の人に話を聞き、ノートにたくさんの古記録を取り、『古代村落の研究——黒島』にまとめた。12・18農林大臣に「社団法人 農村更生協会」の設立が認可される。初代会長の石黒忠篤は他の仕事につかず、この会に専念するとした。1・1～4御園と中在家の花祭へ。澁澤敬三、小川徹、宇野圓空、市川信次たちと。2・24～3・1九州帝国大学の龍野壽雄、篠原忠志と肥後（熊本県）五家荘を旅する。6・1～9やはり薩南十島探訪の	7・11～8・6日本青年館で日本民俗学講習会が開かれた。9・18柳田國男編輯『民間傳承』発刊。この雑誌は各地にい

時に行けなかった悪石島に九州帝国大学の篠原忠志と渡り、話を聞いて「悪石島正月行事聞書——鹿児島県十島村」、「悪石島見聞記」などを書いた。**8・4**澁澤敬三夫人たちを案内して北アルプスの槍ヶ岳に登った。**8・17～21**澁澤敬三の銀行へ寄って鉄道パスを借り、岩手県の石神へ行き、斎藤善助家で話を聞いたり、斎藤家の子供たちを連れて周辺を歩いたりする。執筆年月不明の草稿「岩手県二戸郡荒沢村浅沢見聞記——斎藤善助家にて」にまとめている。**9・18～10・7**九月二十七日まで沖縄本島各地を歩きまわる。次いで宮古島を経て八重山の中心地、石垣島へ渡る。九月二十九日に「天文屋の御主前」と呼ばれ、島の人々に慕われていた岩崎卓爾に会い、澁澤敬三たちからの伝言、岩崎卓爾の全集出版の話をする。八重山にいくつかある島のうち、パナリと呼ばれる新城島、その島から近い黒島へ渡って話を聞き、民具を蒐集する。十月七日に石垣港から台湾へ向かう。「川平紀行」に翌八日の基隆、台北での様子が少し書かれているだけで、それ以降の台湾での動向を書いたノートや手帳はない。**秋**九州帝国大

た民俗研究者を繋いだ。この年、澁澤敬三とアチック同人は足半の研究に熱を入れた。

一一 | 一九三六 | 47

学の作物学の盛永俊太郎より、佐賀県巌木村の一五〇余年にわたる稲の坪刈りの記録を渡される。その記録を整理してまとめた「佐賀県稲作坪刈記録」の前文に、「昭和十年の暮に私は福岡を去って東京に還った（中略）あけて翌十一年の二月、私が新たに属した農村更生協会の要務で九州に出向くことになったので、一日巌木村を訪問…」とある。このうち福岡を去るのと、農村更生協会へ属する年月に違う記録が昭和十一年にある。

2月発行の「アチックマンスリー」八号に、「九州帝國大學を退いて帰京」と早川の消息が書いてある。**2・1**農村更生協会が月刊誌『農村更生時報』を創刊。同誌は昭和十二年十一月に『村』と改称、早川は表紙を担当する。同年十一月号に新穀感謝祭、十二月号に炉辺回顧を描き、昭和十三年一月号からは各地の民家を、昭和十九年三月の『村』の最終号まで描いた。描いた七十枚の民家の原画は石黒邸に預けてあったが、昭和二十年四月十三日の東京大空襲で、石黒邸と共に灰になった。**2・11**この日『佐賀県稲作坪刈記録』の前文にある佐賀県厳木村に入り

再婚を含む平均婚姻年齢は夫二九・三歳、妻二四・七歳。初婚は夫二七・九歳、妻二三・九歳。**5月**大阪の月給取りの平均月収は六四円四一銭、副収入合わせて七〇円三七銭、総支出は一カ月八四円四銭で、不足分は妻の内職などで補っていた。**10・24**日本民芸館開館。館長・柳宗悦。

一二	一九三七	48	1・2〜3原田清は中在家の花祭に来た人を日記に書いている。早川孝太郎、村上清文、宮本馨太郎、林魁一、澤田四郎作、岡正雄、有馬大五郎、吉野清人、野口孝徳、志村義雄、石田英一郎、村尾雅章、	2・11文化勲章制定。第一回の受章者は、幸田露伴、佐々木信綱、長岡半太郎、本田光太郎、横山大観ら九名。柳田國男は昭

話を聞いた。5・19「早川孝太郎氏を調査嘱託とす」と『農村更生時報』七月号の協会日誌に記されている。10・13農村更生協会の事業の一つの「農家簿記運動」は、簿記を付けて計画的な収支で生活の向上を計り、負債を少なくするとした。範例集落として全国二十二カ所の集落を選定、早川はその集落の状況をつかむため、まず香川県栗熊村（現・丸亀市）を訪れた。10・28〜31秋田營林局と農村更生協会共同主催の第一回「山村更生研究会」を山形県最上郡の瀬見温泉で開催。主題「山村生活と國有林」。早川は小野道雄と速記録をまとめた。11月から一年間、四国と九州で大藏永常の事跡調査をした。11・28〜30第一回「山村更生研究会」の後、地域調査をすることになり、早川は秋田県雄勝郡東成瀬村、仙北郡檜木内村（現・仙北市）、北秋田郡上小阿仁村などを訪れた。

竹内芳太郎、肥後和男、井上頼寿、柳宗悦、河井寛次郎、浜田庄司、外村吉之介、水谷良一、夏目一平。澁澤敬三も来る予定になっていたが来なかった。**問状**早川は昭和六年から民俗についての問状を各地の民俗研究者に送り、回答を求めている。この年には、田植、食生活、雲南様、一人役とキジなど問状を最も多く出している。一人役とキジへの回答は十五回の問状の中で一番多い四十四通あった。7・13～15青森県營林局・農村更生協会共同主催の第二回「山村更生研究会」は、「山村生活と指導」と題して岩手県稗貫郡の大澤温泉で開催、早川は速記録を編輯した。8・21～24早川は岐阜県の白川村を訪れた。11・30十一月三日に提出された「満蒙開拓青少年義勇軍編成に関する建白書」を受けて、満蒙開拓青少年義勇軍を閣議決定。12・23拓務省の「満洲青年移民実施要項」により、農村更生協会の職員は年明けから担当する県に出向き、学校で募集の説明をした。早川は第一次募集が二〇〇名の鹿児島県内を担当、四六二名の応募があって全国で五番目の成績となった。

和二十六年第十回受賞。3・23柳田國男、日本民俗學講座婦人座談会で「婦人の問題」など話す。この集まりは後に女性民俗學研究會になる。

一三	一九三八	49	4・2～3石黒忠篤たちと長野県諏訪市へ。三日の朝、諏訪神社に参詣してから八ヶ岳修練農場（現・八ヶ岳中央農業実践大学校）へ行って開場式へ列席した。この日諏訪神社の寅年の御柱祭があった。7月『大藏永常』を文部省學術奨學費で刊行。この刊行で早川孝太郎は農村更生協会主事となる。五年後に資料を加え補訂版を刊行する。11・14～16農村更生協会主催の第三回「山村更生研究会」は「公有林と山村生活」の題で埼玉県高坂村、今宿村（現・東松山市）、同県名栗村（現・飯能市）の山をめぐって開催。早川は速記録を編輯した。	3・2柳田國男の弟で画家の輝夫（映丘）死去。五十六歳。
一四	一九三九	50	春日本橋の古書即売会で加藤三吾の『琉球の研究』を見つけ、著者の消息を探す。8・11～9・22石黒忠篤らと朝鮮、中国を旅。一緒に各地の遺跡を見てまわった後、早川は一人で分村移民した満洲の大日向村を訪れた。元村の長野県大日向村は最初に分村移民を実行し、満洲開拓移民、分村移民のモデル村として映画「大日向村」になった。その映画を見て続いたのだろう、満洲に渡った人は長野県が最も多い。	4・12米穀配給制度公布。この配給制度により日本人の誰もが米飯を食えるようになる。5・1澁澤敬三が高橋文太郎の協力で建てた、保谷町（現・西東京市）の民族学博物館開館。

一五	一九四〇	51	1・3夜遅く本郷町三ツ瀬（現・東栄町）の原田清家に着き、中在家の花祭の終わりの方の歌を聞いた。五日に窪田五郎が原田家に来て、「終日はなし」と日記に書いている。正月飾り長野県下伊那地方の正月飾りの写真をよく撮っている。満蒙開拓移民の打合せなどでこの地域をまわることが多くなったことから目についた。6・5松枝茂夫訳『周作人文藝随筆抄』が刊行される。早川の『猪・鹿・狸』を愛読書の一冊として取上げ高く評価している。7・24石黒忠篤は第二次近衛内閣の農林大臣に就任。翌年六月十一日に病気のため辞任。9・2召集令状の届いた長男・登が目黒の連隊に入営。だが病弱のため翌三日に除隊となる。10・9〜11・24朝鮮、中国を旅する。朝鮮の農作物を精力的に調査している。「朝鮮の穀神――収穫祭に關聯して」、「北鮮火田に於ける凍寒馬鈴薯澱粉について」を執筆。	1・6拓務省、満洲開拓団員の花嫁一万人を募集。各種の婦人団体が全国で花嫁候補にあたり、女子拓務訓練所第一期生一六人が、満洲開拓団員と一月十六日に合同結婚式を行った。8月内務省、人口増加のため結婚奨励運動開始。
一六	一九四一	50	1・3中在家の花祭を見る。5・5九州帝国大学留学の時、早川の資料カード作りなどを手伝い、東京にきていた深尾松子が病死。葬式から七七日まで早川が一切を行った。深尾松子への愛のノートが残さ	この年、戦前の結婚数が最高の七九万一六二五人。一〇〇〇人に一一パーセントの割合。男子三十歳、女子二十五歳、結婚式

一七	一九四二	51	れている。7・23『農と農村文化』刊行。この編集を担当した出版社「ぐろりあ・そさえて」の宮崎智恵と文通が始まる。旅先からも怠らず、恋文ではあるがその手紙は日記の代わりのようになっている。1・2〜3中在家の花祭に息子（啓か）を連れて行く。三日の朝一一時に帰る、と原田清は日記に書いている。連載『少女倶樂部』（講談社）の一月号から翌年の三月号まで、行事や生活のことを連載する。前年の五月五日に亡くなった深尾松子の子、純ちゃんのために書いたという。2・1〜3・14興亜院の委嘱で中国へ行き、主な議題が食糧問題の北京での会議に出席する。その会議と続く毎日の宴会にいささか閉口、と宮崎智恵への手紙に書いている。2・11北京大学教授になっていた周作人の楽しい招待会、そして北京大学文学院での講義を頼まれる。3・5〜7文学院ではなく北京大学としての講義となり、早川は「日本民俗學の現状」の表題で三日間にわたり話をした。5・13長野県下伊那郡下條村鎮西に借りる松屋敷（屋号）の家に入り第一夜を送る。早川は翌朝から宮崎智恵と生活するための準備を始める。
			費用は平均二〇〇〜三〇〇円。2・1味噌・醬油・塩が配給制となる。理容業者がパーマネントの名称を変更。京都は興亜髪、大阪は淑髪、神戸は電髪とした。この年、アチックミューゼアムは敵国語として、日本常民文化研究所と改称。10・8農林省、米飯に玉蜀黍の引割を混ぜて炊くように指導。米が不足気味になっていたため。

			四月末日に「ぐろりあ・そさえて」を退職し、母と姉の住む山口市に帰っていた宮崎智恵は数日後に下條村にきて、二人は新生活にはいる。6・20宮崎智恵が最初に編集を手がけた『農と祭』が刊行される。8・20智恵との長女、頴子が生まれる。村人下條村や近隣の村からの講演依頼をこなしながら、村人の話を聞く。訪ねて来て長話しをしていく村人も次第に多くなる。	
一八	一九四三	54	4・22『大蔵永常』の補訂版二部届く。奥付の発行日は三月五日。8・8宮城県南方村（現・登米市）にある海島（雲南島）の雲南権現を参拝。雲南は水の神の鰻として「鰻と水の神」、「鰻と蛇――雲南・資料」などを書いている。**新田村**この年宮城県登米郡新田村の、農業に精通した星東三郎家によく行っている。得るものが多かったからである。	3・1ビールが配給制になり、銘柄・商標が廃止されて「麦酒」と統一される。11・25東京に大陸の花嫁を養成する拓務訓練所、十七～三十歳の女子を合宿で訓練、仕度金一〇〇円支給。
一九	一九四四	55	4・28日記に「昨日来この部落の空気実にいやになり狭い了見で他人を動心者にする心理にくむべし」とある。スパイなどといわれた。5・15日記に「下諏訪の御柱祭十四、十五日」とある。中年の祭りだが、戦時中で男たちが少なかったからどのような御	

二〇　一九四五　56

柱祭だったのだろう。7・30潁子、急性胃腸カタルで〇時三〇分に亡くなる。医者の不手際があった。三十一日葬式。悲しみは終生にわたり続いた。

1・3午後九時一五分、下條村で時計の振子が止まりかけるほどの地震があった。戦局山里にいて早川はよく摑んでいる。4・7石黒忠篤、鈴木内閣の農商大臣に就任。4・17農産省より急遽上京せよという電報を受けて上京、石黒邸が丸焼けになっているのに呆然とする。四月十三日から続いたB29の空爆によるもので池袋の家も丸焼け、日記に「万事休す」とある。5・10農村更生協会の石田君が留守中に下條村に来る。早川は智恵との生活が表沙汰になるかもしれないと心痛する。5・29智恵との長男、忠比古が生まれる。7・4予科練（海軍飛行予科練習生）に行った次男の啓から、福岡に出勤という葉書が来る。日記に「生前にも一度あへざりしか、残念なれ共いたし方なし」とある。8・4農産省の課長連に焼畑の要点を話す。8・5新宿から中央線の汽車で帰る途中、小仏トンネルのあたりで米軍機の機銃掃射を受け、左上肩を撃たれる。鎮西に疎開し

1・10戦時下の食糧と、軍用液体燃料の生産確保のため、特攻魂でサツマイモなどの二倍増産をめざすと、閣議で芋類増産対策要項を決定。4・13米大統領ルーズベルト死ぬ。5・5ドイツのヒトラー死ぬ。この年、大正・昭和の最大の凶作となり、食糧危機がさらに増大す。米の収穫量前年の六八・八パーセントの五八七万トン、供出実績は予定の二三パーセントにとどまる。

二一　一九四六　57

ていた千葉医大の先生の適切な治療で早く治った。8・15日記に「十二時に重大報道ありといふニ、いよいよ最後至りしことを思ふ。陛下　国民に愬へ給ふなり」とある。10・9澁澤敬三、幣原内閣の大蔵大臣に就任す。早川は三日後の日記にそのことを書いている。10・30泰阜村役場で村長と満洲開拓移民の帰還対策につき相談する。11・1「内原」が通称の茨城県鯉淵村には、昭和十四年設立の満蒙開拓幹部訓練所と昭和十八年設立の満蒙開拓指導員養成所があった。二つは九月三十日をもって閉鎖、そのほぼ一カ月後に、満蒙開拓幹部訓練所跡地に全國農業會高等農事講習所（以下農事講習所と記す）が創設され、早川孝太郎が九州帝国大学で教えを受けた小出満二が所長になった。

1・1試筆で南天（口絵2頁）と鍬を描くと日記に書いている。1・5中在家の花祭。原田清の日記に「早川、夏目氏終日滞在再泊」とある。1・18農村更生協会より農事講習所へ転任の通知がくる。日記に「ゆきたくなけれ共、石黒さんその他の好意を思ひ、ゆかざるべからざるか…」とある。2・2農事

4月大学新聞に初めてアルバイトという言葉が載る。この頃の日当は三〇円。10・21農地改革の関連法が公布される。農地開放で、早川らが接してきた大地主や小作人が次第にいなくなる。

二二

一九四七

58

講習所で最初の講義をする。3・13〜14仕事の関係で村外にいた松屋敷の一家が村に戻ることになり、早川一家は同じ下條村内の井澤練平家に移る。4月二月頃より準備していた酵素肥料に力を入れるようになる。酵素は皇祖に通じるとした。5・4下條村鎮西で「酵素肥料の組合設立のよし悦ぶ」と日記に書いている。6・25「東京の食糧事情いよいよつまりしを思ふ。夏大根一把五円、枇杷四個十円、南瓜一個二十五円など」と日記に書いている。

1・10三月に出産予定の智恵は、下條村では医者が遠いという不安があって、忠比古と母と姉のいる山口市に移り住むことにする。早川は以後、この智恵と子供のいる山口市へ通う。3・28智恵との次男、彌比古が生まれる。4・1山口市へ行く汽車の中で、土産の卵の包みを盗られる。この後も革靴を盗まれたり、汽車の網棚においた書類が、居眠りをしている間に無くなっていたりする。4月から農事講習所の独身寮で自炊し、そこから旅に出ることが多くなる。8・6本郷町三ツ瀬の原田清病気。日記に「よからず」。11・4長野県山本村箱川（現・飯田市）

3・23昭和九年から三〇〇回ほど続いた柳田國男家での木曜會を解消し、書斎を民俗學研究所として、以後毎月第二・第四日曜日の午後に研究会を開く。6・5東京で喫茶店が復活する。コーヒー一杯五円。12・1配給だった酒が自由販売になるが、ビールの配給は続いた。

二三	一九四八	59	の肥後家を訪れる。同家は九州の菊池家の別れという。**12・31**本郷町三ツ瀬の原田清亡くなる。翌年一月三日に下條村の井澤練平からの連絡で知った。**1・22**本郷町三ツ瀬で原田清葬式。日記に「役つとむ」とある。**2・11**より四カ月間、水戸市の農学校で農事講習所が「新農村建設展覧会」を開催。その民芸室に早川が蒐集した民具を展示。十一日に早川も行って見た。**2・19~20**澁澤敬三、原田清の墓参りをする。**6・1**全國農業會の解散に伴い、高等農事講習所は「農民教育協会高等農事講習所」と改称され、また教育部門と事業部門が分離された。**8・2**高松宮様が農事講習所にお出でになる。夜、座談会。翌日、雨の中を宮様は傘をさして御巡視。**10・22**味土野（現・京都府京丹後市）のガラシャ夫人の遺跡を見る。	**8・21**初の日本芸術院賞受賞式。折口信夫、伊東深水、藤原義江、杉村春子ら。
二四	一九四九	60	**1・3~5**澁澤敬三、中在家の花祭へ。澁澤敬三が花祭を現地で見た最後。**1・28**長男の登、青酸カリを飲む。二月一七日に連絡を受ける。二月二十一日に次男の啓に会い、登の死の様子を聞く。**学園**「農民教育協会高等農事講習所」は長くて不便というこ	**1・15**初の成人式が行われる。**4・1**「民間傳承の會」を「日本民俗學會」と改称。

			とで「鯉淵学園高等農事講習所」と改称。しかしこれでもまだ長いので、公式の場以外では「鯉淵学園」と呼ぶことにした。翌年四月に「高等農事講習所」を除いて「鯉淵学園」が正式な名称となる。学園は農業普及員の養成に力を入れる。4・30「農事講習所　今日限り辞職す」、5・30「講師決定。來週講義」、6・7「退職手当、二万円もらう」と日記に書いている。	
二五	一九五〇	61	2・10大井町（現・東京都品川区）に折口信夫を訪ね、『日本文学の発生』と、「やまやまをめぐりてわれは老ひにけ里山のさびしさをわれに語れり」と書いた短冊を貰う。短冊は後に礒貝勇に贈った。10・7岩手県大田村山口（現・花巻市）に住む詩人で彫刻家の高村光太郎を訪ねる。その時の様子は智恵への手紙に書いている。	7月澁澤敬三提唱による八学会連合（翌年九学会）が対馬（長崎県）を調査。
二六	一九五一	62	5・1鯉淵学園で新年度第一回民俗研究会。十人ほど参会、うち女子二人。6・24「油揚五、胡瓜三本、三四円なり」。7・5文部省より研究助成三〇〇〇〇円来る。7・28郷里の長篠中学校で講演。同校文化部の『懐城』に「長篠の船――郷土随筆」を書く。	6・20澁澤敬三の公職追放解除。追放されたのは昭和二十一年五月で、この追放期間を自らニコボツ時代と呼んだ。

二七　一九五二　63

12・9國民高等学校二十五周年記念祭参列。那須浩、石黒忠篤、小出満二、加藤完治たちに会う。2・28北設楽郡郡誌編纂会に出席。そこで夏目一平の父が亡くなり葬儀の報を聞く。3・26澁澤敬三に会い、日清製粉から依頼のあった食生活研究会の打合せをする。これは農村食生活実態調査をするもので、早川は三十日から調査項目の作製と調査集落の選定にかかり、四月三日に試作を澁澤敬三に送った。6・3藤井米三と日清製粉に行って食生活研究会担当の田中安治に会い、社長の正田英三郎（皇后美智子の父）にも会った。8・8〜13「対馬総合開発診断」の一員として対馬に渡り、島内をまわった。一行は参議院議員の石黒忠篤を代表に国会議員、農林・水産の代表者、県庁の担当者の二十数名。目的は離島振興法制定で、それは翌昭和二十八年七月二十二日に公布施行された。早川は対馬に続いて壱岐、平戸をまわった。9・29智恵からの葉書に、新村出博士が『花泉』は佳名と言ったとあり、「気分よし」と日記に書いている。『花泉』は早川が考えた智恵の第一歌集の書名である。11・14二人の子供が小学

3・29文化財保護委員会、初めて無形文化財を指定。能や歌舞伎など芸能関係が一一件、福島県相馬市の野馬追いなど郷土の祭事、芸能など九十八件、工芸技術が三十五件。4・1十三年ぶりに砂糖が自由販売になる。5・12四月二十八日に講和条約が発効し、日本が占領から解放された二週間目に、東京の神田明神の風輦渡御が十年ぶりに復活し、三日間にわたり十カ町を練り歩いた。

			校に上がるので、東京都武蔵野市に家を購入。資金の援助を夏目一平と原田清夫人に仰いだ。12・4智恵と二人の子供が買った武蔵野市の家に入り、ようやく家族四人がそろって暮らすようになる。	
二八	一九五三	64	4・25妻てる死亡。五月五日に次男の啓のところへ行って亡くなるあたりの様子を聞く。てるは安心して死んだということだった。8・16秋田県山内村（現・横手市）を旅する。9・1澁澤敬三に花祭の映画製作の話のあることを話しておく。9・3折口信夫が胃癌で亡くなる。六七歳。日記に「いよいよ孤立せり。友なし」と書いている。9・4大森に悔やみに行き、久しぶりに折口信夫につながる人々に会った。9・5花祭の映画の構想を練る。9・6折口信夫の葬儀。角川源義に「折口さんがあなたの事はなしていた」と言われ、「あたまについてはなれぬ」と日記に書いている。10・19石黒忠篤に対馬の陶山訥庵と著作の原稿を渡した。12・10古戸（現・東栄町）の花祭の映画撮影に立会い、最後まで見守った。	電気冷蔵庫、洗濯機、掃除機が「三種の神器」の呼ばれる。これらの機器の性能の向上も進んだ。9・12柳田國男、折口信夫の追悼式に出席。
二九	一九五四	65	1・2御園（現・東栄町）の花祭の映画撮影を家にいて安ずる。1・14上映時間二十分の映画「奥三河	この年の下宿代、東京の本郷で五五〇〇円。新聞代、朝夕刊で

三三〇円。長靴は七二五円。

年号	西暦	年齢	事項	社会
三〇	一九五五	66	の花祭」をまず三河の人たちに見てもらい、一日おいた十六日に澁澤敬三、岡茂雄らを迎え、岩波映画社で試写会を行った。4・25鯉淵学園の「村落社会研究室」か漏電で全焼した。早川が蒐集、あるいは学生が家から持って来てくれた民具すべてが焼失。早川の落胆は大きかった。10・22小山富士夫に持っている陶器を鑑定してもらう。黄伊羅傳茶碗と汝窯は十五万円、朝鮮白磁合子六、七千円。11・13鯉淵学園長の小出満二の喜寿の祝いをする。 7・26電車の網棚においた風呂敷包み盗まれる。包んであったのは食生活報告書三冊と日記式の職員手帳で、それまでの日記を失った。次の五月までの年譜は他の資料を参照した。3・1文化財専門審議会臨時専門委員に委嘱される。所属は第三分科会で、四月一日から臨時ではない正式な委員となる。3・10映画「奥三河の花祭」は、日本国有鉄道全国観光連盟と日本交通公社共催の、昭和二十九年度観光映画コンクールで優秀賞となり、日本橋の白木屋ホールで発表会が行われた。5・29鯉淵学園長、小出満二逝去。七十六歳。10・6上野博物館での文化財指	1・27前年、文化財保護法が改正され、「重要」の二字が付くようになり、初めての重要無形文化財に芸能関係十件十二人、工芸技術関係十五件十八人が指定された。この年、東芝が自動炊飯器（電気釜）を発売した。タイムスイッチでセットした時間にご飯が炊き上がるもので三二〇〇〇円だった。だが社内から、「寝ている間に飯を炊こうなん

三一	一九五六	67

導者講習会で講義をする。11・13風間書房より『花祭』再刊の話があった。11・27日本青年館で琉球舞踊を見る。日記に「感激多かりき」と書いている。12・21愛知県田口町（現・設楽町）で石黒忠篤を囲む会を開催。石黒忠篤の参議院選挙にそなえたもので、早川の友人、知人三十名ほどが参会した。以後、翌年の六月頃まで、全国各地の友人、知人に連絡を取って、石黒忠篤の選挙対策としての集会を開いた。

2・1文化財審議会委員として、福岡県吉富町の古表神社に伝わる傀儡人形と、大分県中津市伊藤田の古要神社のやはり傀儡人形を調査した。2・4～5次いで宮崎県東米良村（現・西都市）で狩猟用具を調査。美しい神楽の舞を伝える同村の銀鏡にも足を運び、銀鏡神社の濱砂正衛宮司に会って話を聞いた。

6・1～3秋田県本庄市（現・由利本庄市）と川添村（現・秋田市）で田植習俗調査の指導をする。

7・26レントゲン写真により、右胸の腫瘍がかなり進行していることがわかり、入院をすすめられる。

8・12警察病院（千代田区富士見町にあった）に入院する。病名は右肋膜内被細胞腫瘍。12・20智恵は

て、そんなだらしのない女のことをわが社が考える必要があるのか」という声があった。

この年、広島県も新藤久人を記録担当者として、田植習俗の調査を行った。この頃はまだ、昔からの田植の習俗を守っている地域が多かった。

六十七歳の誕生日にフランス料理などで祝った。

12・23意識あるまま朝を迎える。午後二時急変、永眠。二十四日に茶毘に付し、三十日に池袋の祥雲寺で告別式を行った。

徳富蘇峰　杉原志啓
*竹越与三郎　西田　毅
内藤湖南・桑原隲蔵　礪波　護
*廣池千九郎　橋本富太郎
岩村　透　今橋映子
*西田幾多郎　大橋良介
*金沢庄三郎　石川遼子
柳田国男　鶴見太郎
厨川白村　張　競
天野貞祐　貝塚茂樹
大川周明　山内昌之
西田直二郎　林　淳
折口信夫　斎藤英喜
シュタイン　瀧井一博
*西　周　清水多吉
*福澤諭吉　平山　洋
成島柳北　山田俊治
福地桜痴　山田俊治
島田三郎　武藤秀太郎
田口卯吉　鈴木栄樹
*陸　羯南　松田宏一郎
黒岩涙香　奥　武則
長谷川如是閑　織田健志
*吉野作造　田澤晴子
山川　均　米原　謙
*岩波茂雄　十重田裕一
*北　一輝　岡本幸治
*穂積重遠　大村敦志

中野正剛　吉田則昭
*満川亀太郎　福家崇洋
エドモンド・モレル　林田治男
*北里柴三郎　福田眞人
高峰譲吉　木村昌人
田辺朔郎　秋元せき
*南方熊楠　飯倉照平
石原　純　金子　務
*辰野金吾　河上眞理・清水重敦
*七代目小川治兵衛　尼崎博正
ブルーノ・タウト　北村昌史

現代

昭和天皇　御厨　貴
高松宮宣仁親王　後藤致人
*李方子　小田部雄次
吉田　茂　中西　寛
マッカーサー　柴山　太
石橋湛山　増田　弘
重光　葵　武田知己
市川房枝　村井良太
*池田勇人　藤井信幸
高野　実　篠田　徹
和田博雄　庄司俊作
朴正熙　木村　幹

田中角栄　新川敏光
竹下　登　真渕　勝
*松永安左エ門　橘川武郎
鮎川義介　井口治夫
*出光佐三　橘川武郎
松下幸之助　米倉誠一郎
渋沢敬三　井上　潤
*本田宗一郎　伊丹敬之
井深　大　武田　徹
*佐治敬三　小玉　武
幸田家の人々　金井景子
*正宗白鳥　大嶋　仁
大佛次郎　福島行一
*川端康成　大久保喬樹
*薩摩治郎八　小林　茂
坂口安吾　千葉一幹
太宰　治　安藤　宏
松本清張　杉原志啓
安部公房　鳥羽耕史
*三島由紀夫　島内景二
井上ひさし　成田龍一
R・H・ブライス　菅原克也
柳　宗悦　熊倉功夫
バーナード・リーチ　鈴木禎宏
イサム・ノグチ　酒井忠康

熊谷守一　古川秀昭
川端龍子　岡部昌幸
藤田嗣治　林　洋子
*井上有一　海上雅臣
*手塚治虫　竹内オサム
古賀政男　藍川由美
*吉田　正　金子　勇
武満　徹　船山　隆
*八代目坂東三津五郎　田口章子
*力道山　岡村正史
*西田天香　宮田昌明
安倍能成　中根隆行
サンソム夫妻　平川祐弘・牧野陽子
和辻哲郎　小坂国継
矢代幸雄　稲賀繁美
石田幹之助　岡本さえ
*平泉　澄　若井敏明
*早川孝太郎　須藤　功
安岡正篤　片山杜秀
島田謹二　小林信行
田中美知太郎　川久保剛
前嶋信次　杉田英明
唐木順三　澤村修治
保田與重郎　谷崎昭男
*福田恆存　川久保剛
井筒俊彦　安藤礼二
佐々木惣一　伊藤孝夫
小泉信三　都倉武之

*瀧川幸辰　伊藤孝夫
矢内原忠雄　等松春夫
式場隆三郎　服部　正
*フランク・ロイド・ライト　大久保美春
*中谷宇吉郎　杉山滋郎
大宅壮一　有馬　学
今西錦司　山極寿一
清水幾太郎　庄司武史

*は既刊
二〇一六年十一月現在

大村益次郎　竹本知行
河合継之助　小川和也
西郷隆盛　家近良樹
*塚本明毅　塚本学
*月性　海原徹
*吉田松陰　海原徹
*高杉晋作　海原徹
久坂玄瑞　一坂太郎
ペリー　遠藤泰生
ハリス　福岡万里子
オールコック　佐野真由子
アーネスト・サトウ　奈良岡聰智
緒方洪庵　米田該典

近代

*明治天皇　伊藤之雄
*大正天皇　F・R・ディキンソン
*昭憲皇太后・貞明皇后　小田部雄次
大久保利通　三谷太一郎
山県有朋　鳥海靖
木戸孝允　落合弘樹
井上馨　伊藤之雄
*松方正義　室山義正
北垣国道　小林丈広
板垣退助　小川原正道
長与専斎　笠原英彦

大隈重信　五百旗頭薫
伊藤博文　坂本一登
井上毅　大石眞
*井上勝　老川慶喜
*桂太郎　小林道彦
*渡邉洪基　瀧井一博
*乃木希典　佐々木英昭
星亨　小林道彦
林董　奈良岡聰智
*児玉源太郎　小林道彦
*高宗・閔妃　木村幹
山本権兵衛　室山義正
*金子堅太郎　松村正義
高橋是清　鈴木俊夫
小村寿太郎　簑原俊洋
*犬養毅　小林惟司
*加藤高明　櫻井良樹
牧野伸顕　小宮一夫
田中義一　黒沢文貴
内田康哉　高橋勝浩
石井菊次郎　廣部泉
平沼騏一郎　堀田慎一郎
*鈴木貫太郎　小堀桂一郎
宇垣一成　北岡伸一
*宮崎滔天　榎本泰子
*浜口雄幸　川田稔
幣原喜重郎　西田敏宏
関一　玉井金五
水野広徳　片山慶隆

広田弘毅　井上寿一
安重根　上垣外憲一
*グルー　廣部泉
*永田鉄山　森靖夫
東條英機　牛村圭
今村均　前田雅之
蔣介石　劉岸偉
石原莞爾　山室信一
木戸幸一　波多野澄雄
*岩崎弥太郎　武田晴人
伊藤忠兵衛　末永國紀
五代友厚　田付茉莉子
大倉喜八郎　村上勝彦
*安田善次郎　由井常彦
渋沢栄一　武田晴人
益田孝　鈴木邦夫
山辺丈夫　宮本又郎
武藤山治　阿部武司・桑原哲也
池田成彬　松浦正孝
西原亀三　森川正則
小林一三　橋爪紳也
大倉恒吉　石川健次郎
大原孫三郎　猪木武徳
*河竹黙阿弥　今尾哲也
イザベラ・バード　加納孝代
*林忠正　木々康子
*森鷗外　小堀桂一郎
*二葉亭四迷　ヨコタ村上孝之

夏目漱石　佐々木英昭
徳冨蘆花　半藤英明
巌谷小波　千葉信胤
樋口一葉　佐伯順子
*島崎藤村　十川信介
泉鏡花　東郷克美
上田敏　小林茂
*有島武郎　亀井俊介
永井荷風　川本三郎
北原白秋　平石典子
菊池寛　山本芳明
芥川龍之介　髙橋龍夫
*宮沢賢治　千葉一幹
正岡子規　夏石番矢
高浜虚子　坪内稔典
与謝野晶子　佐伯順子
*種田山頭火　村上護
*斎藤茂吉　品田悦一
*高村光太郎　湯原かの子
石川啄木　先崎彰容
萩原朔太郎　エリス俊子
*原阿佐緒　秋山佐和子
*狩野芳崖・高橋由一　古田亮
*小堀鞆音　小堀桂一郎
竹内栖鳳　北澤憲昭
黒田清輝　高階秀爾
中村不折　石川九楊
横山大観　高階秀爾

*橋本関雪　西原大輔
小出楢重　芳賀徹
土田麦僊　天野一夫
岸田劉生　北澤憲昭
*山田耕筰　後藤暢子
松旭斎天勝　川添裕
中山みき　鎌田東二
佐田介石　谷川穣
*ニコライ　中村健之介
出口なお・王仁三郎　川村邦光
島地黙雷　阪本是丸
*新島襄　太田雄三
新島八重　佐伯順子
木下広次　冨岡勝
海老名弾正　西田毅
嘉納治五郎　クリストファー・スピルマン
柏木義円　片野真佐子
津田梅子　田中智子
*澤柳政太郎　新田義之
河口慧海　高山龍三
山室軍平　室田保夫
大谷光瑞　白須淨眞
*久米邦武　髙田誠二
フェノロサ　伊藤豊
井上哲次郎　井ノ口哲也
三宅雪嶺　長妻三佐雄
*岡倉天心　木下長宏
志賀重昂　中野目徹

恵信尼・覚信尼　西口順子
覚如　今井雅晴
*道元　船岡誠
叡尊　細川涼一
*忍性　松尾剛次
*日蓮　佐藤弘夫
一遍　蒲池勢至
夢窓疎石　原田正俊
*宗峰妙超　竹貫元勝

南北朝・室町

後醍醐天皇　上横手雅敬
*護良親王　新井孝重
*赤松氏五代　渡邊大門
*北畠親房　岡野友彦
楠正成　兵藤裕己
*新田義貞　山本隆志
*光厳天皇　深津睦夫
足利尊氏　市沢哲
*足利直義　亀田俊和
佐々木道誉　下坂守
円観・文観　田中貴子
足利義詮　早島大祐
足利義満　川嶋將生
足利義持　吉田賢司
足利義教　横井清
大内義弘　平瀬直樹
伏見宮貞成親王　松薗斉

*山名宗全　山本隆志
細川勝元・政元　古野貢
足利成氏　阿部能久
世阿弥　西野春雄
雪舟等楊　河合正朝
宗祇　鶴崎裕雄
*満済　森茂暁
一休宗純　原田正俊
蓮如　岡村喜史

戦国・織豊

北条早雲　家永遵嗣
北条氏政　黒田基樹
大内義隆　藤井崇
斎藤氏三代　木下聡
*毛利元就　岸田裕之
*毛利輝元　光成準治
*今川義元　小和田哲男
六角氏五代　村井祐樹
*武田信玄　笹本正治
*武田勝頼　笹本正治
*真田氏三代　笹本正治
*三好長慶　天野忠幸
*宇喜多直家・秀家　渡邊大門
*上杉謙信　矢田俊文
島津義久・義弘　福島金治
*長宗我部元親・盛親　平井上総

吉田兼倶　西山克
山科言継　松薗斉
*雪村周継　赤澤英二
正親町天皇・後陽成天皇　神田裕理
足利義輝・義昭　山田康弘
織田信長　三鬼清一郎
豊臣秀吉　藤井讓治
*北政所おね　田端泰子
*淀殿　福田千鶴
前田利家　東四柳史明
*黒田如水　小和田哲男
*蒲生氏郷　藤田達生
*細川ガラシャ　田端泰子
伊達政宗　伊藤喜良
*支倉常長　田中英道
*長谷川等伯　宮島新一
顕如　神田千里
教如　安藤弥

江戸

徳川家康　笠谷和比古
*徳川家光　野村玄
徳川吉宗　横田冬彦
*後水尾天皇　久保貴子
光格天皇　藤田覚
崇伝　杣田善雄
春日局　福田千鶴
宮本武蔵　渡邊大門

*池田光政　倉地克直
保科正之　八木清治
シャクシャイン　岩崎奈緒子
*田沼意次　藤田覚
*二宮尊徳　小林惟司
末次平蔵　岡美穂子
*高田屋嘉兵衛　生田美智子
*林羅山　鈴木健一
吉野太夫　渡辺憲司
中江藤樹　辻本雅史
*山崎闇斎　澤井啓一
山鹿素行　前田勉
*北村季吟　島内景二
伊藤仁斎　澤井啓一
貝原益軒　辻本雅史
松尾芭蕉　楠元六男
*ケンペル　B・M・ボダルト＝ベイリー
新井白石　大川真
荻生徂徠　柴田純
*雨森芳洲　上田正昭
石田梅岩　高野秀晴
白隠慧鶴　芳澤勝弘
前野良沢　松田清
平賀源内　石上敏
本居宣長　田尻祐一郎
杉田玄白　吉田忠
木村蒹葭堂　有坂道子
*大田南畝　沓掛良彦

菅江真澄　赤坂憲雄
*鶴屋南北　諏訪春雄
良寛　阿部龍一
*山東京伝　佐藤至子
*滝沢馬琴　高田衛
平田篤胤　山下久夫
国友一貫斎　太田浩司
シーボルト　宮坂正英
本阿弥光悦　岡佳子
小堀遠州　中村利則
狩野探幽・山雪　山下善也
尾形光琳・乾山　河野元昭
*二代目市川團十郎　田口章子
伊藤若冲　狩野博幸
鈴木春信　小林忠
*佐竹曙山　成瀬不二雄
葛飾北斎　岸文和
酒井抱一　玉蟲敏子
孝明天皇　青山忠正
*和宮　辻ミチ子
徳川慶喜　大庭邦彦
島津斉彬　原口泉
横井小楠　沖田行司
*古賀謹一郎　小野寺龍太
*永井尚志　高村直助
岩瀬忠震　小野寺龍太
*栗本鋤雲　小野寺龍太

ミネルヴァ日本評伝選

企画推薦
梅原猛
ドナルド・キーン
佐伯彰一
角田文衞

監修委員
上横手雅敬
芳賀徹

編集委員
石川九楊
伊藤之雄
猪木武徳
今谷明
今橋映子
熊倉功夫
佐伯順子
坂本多加雄
武田佐知子
竹西寛子
西口順子
兵藤裕己
御厨貴

上代

＊卑弥呼　古田武彦
日本武尊　西宮秀紀
＊仁徳天皇　若井敏明
雄略天皇　吉村武彦
継体天皇　若井敏明
＊蘇我氏四代　遠山美都男
推古天皇　義江明子
聖徳太子　仁藤敦史
斉明天皇　武田佐知子
小野妹子・毛人　大橋信弥
＊額田王　梶川信行
弘文天皇　遠山美都男
天武天皇　新川登亀男
持統天皇　丸山裕美子
阿倍比羅夫　熊田亮介
＊藤原四子　木本好信
＊柿本人麿　古橋信孝
＊元明天皇・元正天皇　渡部育子
聖武天皇　本郷真紹
光明皇后　寺崎保広
＊孝謙・称徳天皇　勝浦令子
藤原不比等　荒木敏夫
橘諸兄・奈良麻呂　遠山美都男
吉備真備　今津勝紀
＊藤原仲麻呂　木本好信
道鏡　吉川真司
＊藤原種継　木本好信
大伴家持　和田萃
＊行基　吉田靖雄

平安

＊桓武天皇　井上満郎
嵯峨天皇　西別府元日
宇多天皇　古藤真平
醍醐天皇　石上英一
村上天皇　京樂真帆子
花山天皇　上島享
＊三条天皇　倉本一宏
藤原薬子　中野渡俊治
藤原良房・基経　瀧浪貞子
菅原道真　竹居明男
＊紀貫之　神田龍身
源高明　所功
＊安倍晴明　斎藤英喜
藤原実資　橋本義則
＊藤原道長　朧谷寿
藤原伊周・隆家　倉本一宏
藤原定子　山本淳子
清少納言　三田村雅子
紫式部　竹西寛子
和泉式部　ツベタナ・クリステワ
大江匡房　小峯和明
＊阿弖流為　樋口知志
坂上田村麻呂　熊谷公男
＊源満仲・頼光　元木泰雄
平将門　西山良平
藤原純友　寺内浩
最澄　吉田一彦
円珍　岡野浩二
＊空也　石井義長
奝然　上川通夫
＊源信　小原仁
慶滋保胤　吉原浩人
＊後白河天皇　美川圭
式子内親王　奥野陽子
建礼門院　生形貴重
＊藤原秀衡　入間田宣夫
平時子・時忠　元木泰雄
平維盛　根井浄
守覚法親王　阿部泰郎
藤原隆信・信実　山本陽子

鎌倉

源頼朝　川合康
＊源義経　近藤好和
源実朝　神田龍身
＊九条兼実　加納重文
九条道家　上横手雅敬
北条時政　野口実
熊谷直実　佐伯真一
＊北条政子　関幸彦
北条義時　岡田清一
曾我十郎・五郎　杉橋隆夫
北条時頼　山本隆志
北条時宗　近藤成一
安達泰盛　山陰加春夫
平頼綱　細川重男
竹崎季長　堀本一繁
西行　光田和伸
鴨長明　浅見和彦
藤原定家　赤瀬信吾
＊京極為兼　今谷明
＊兼好　島内裕子
重源　横内裕人
＊運慶　根立研介
快慶　井上一稔
法然　今堀太逸
慈円　大隅和雄
明恵　西山厚
＊親鸞　末木文美士

刊行のことば

歴史を動かすものは人間であり、興趣に富んだ人間の動きを通じて、世の移り変わりを考えるのは、歴史に接する醍醐味である。

しかし過去の歴史学を顧みるとき、人間不在という批判さえ見られたように、歴史における人間のすがたが、必ずしも十分に描かれてきたとはいえない。二十一世紀を迎えた今、歴史の中の人物像を蘇生させようとの要請はいよいよ強く、またそのための条件もしだいに熟してきている。

この「ミネルヴァ日本評伝選」は、正確な史実に基づいて書かれるのはいうまでもないが、単に経歴の羅列にとどまらず、歴史を動かしてきたすぐれた個性をいきいきとよみがえらせたいと考える。そのためには、対象とした人物とじっくりと対話し、ときにはきびしく対決していくことも必要になるだろう。

今日の歴史学が直面している困難の一つに、研究の過度の細分化、瑣末化が挙げられる。それは緻密さを求めるが故に陥った弊害といえるが、その結果として、歴史の大きな見通しが失われ、歴史学を通しての社会への働きかけの途が閉ざされ、人々の歴史への関心を弱める危険性がある。今こそ歴史が何のためにあるのかという、基本的な課題に応える必要があろう。評伝という興味ある方法を通じて、解決の手がかりを見出せないだろうかというのも、この企画の一つのねらいである。

狭義の歴史学の研究者だけでなく、多くの分野ですぐれた業績をあげている著者たちを迎えて、従来見られなかった規模の大きな人物史の叢書として、「ミネルヴァ日本評伝選」の刊行を開始したい。

平成十五年（二〇〇三）九月

ミネルヴァ書房

《著者紹介》

須藤　功（すとう・いさを）

1938年　秋田県横手市生まれ。

民俗学写真家。

民俗学者の宮本常一に師事し，各地の日々の生活を写真で記録するとともに，生活史の調査研究を続ける。

日本地名研究所より第８回「風土研究賞」を受ける。


著　書　『西浦のまつり』未來社，1970年。

『葬式――あの世への民俗』青弓社，1996年。

『花祭りのむら』福音館書店，2000年。

『写真ものがたり　昭和の暮らし』全10巻，農文協，2004～07年。

『大絵馬ものがたり』全５巻，農文協，2009～10年。

『若勢――出羽国の農業を支えた若者たち』無明舎出版，2015年，など。

共　著　『アイヌ民家の復元　チセ・ア・カラ』未來社，1976年。
『昭和の暮らしで　写真回想法』全３巻，農文協，2014年，など。

編　著　『写真でみる　日本生活図引』全９巻，弘文堂，1988～93年。
『写真でつづる宮本常一』未來社，2004年，など。

ミネルヴァ日本評伝選

早《はや》川《かわ》　孝《こう》太《た》郎《ろう》

――民間に存在するすべての精神的所産――

2016年11月10日　初版第１刷発行　〈検印省略〉

定価はカバーに
表示しています

著　者　須　藤　　功
発行者　杉　田　啓　三
印刷者　江　戸　孝　典

発行所　株式会社　ミネルヴァ書房
607-8494　京都市山科区日ノ岡堤谷町１
電話代表（075）581-5191
振替口座　01020-0-8076

共同印刷工業・新生製本

ISBN978-4-623-07839-4

Printed in Japan

人名索引

※「早川孝太郎」は頻出するため省略した。

あ 行

芥川龍之介　6, 29
浅川政吉　226, 236
荒木貞夫（中将）　218, 219
有馬大五郎　94
有賀喜左衛門　29, 95, 109, 173, 296
安城三郎　296
井澤鍊平　249-251, 256, 271, 273, 274, 284, 287
石黒忠篤　iii, v, 30, 79, 171, 172, 204-207, 213, 215, 224, 230, 233, 247, 248, 269, 276, 279, 291, 293-295, 320, 322, 325, 335
石黒忠悳　172
石田英一郎　94
石田助右衛門　270, 271
泉鏡花　30, 31
礒貝勇　124, 143, 146, 148, 150, 153, 157
市村咸人　85
伊波普猷　108
今泉忠義　296
岩崎卓爾　iii, 195, 196, 201, 202
岩田正巳　74
上野耕三　297
宇野圓空　129, 176
氏原智　300-302
江崎悌三　176
榎並喜義　176
遠藤武　157
大川四郎左衛門　117
大藏永常　105, 203, 230, 366
大藏公望　224
太田白雪　82
大西伍一　105, 171, 176
大藤時彦　5, 86, 297, 325
小井川潤次郎　174
岡茂雄　6, 68, 296, 302
岡正雄　94, 157, 296
岡村千秋　4, 69, 71, 72, 108
岡本信三　96, 129
小川徹　129, 131, 133, 134, 136, 143, 153, 157, 171, 176, 178
小口芳昭　280, 325
小熊計太郎　209, 212
小田島邦夫　314
織田信長　57
小野武夫　172
折口信夫（釈迢空）　ii, iii, vi, 2, 3, 9, 29, 30, 71, 79, 80, 86, 109, 142, 189, 296, 297, 325

か 行

花山天皇（花山院）　9, 10
梶山與一郎　208, 210
加藤完治　217-220, 224, 225, 229, 279, 289
加藤長一郎　208
角川源義　296, 297
川端玉章　66
川端龍子　66
河井寛次郎　94
川合玉堂　69
木川半之亟　129

菊地慶治　207
喜舎場永珣　202
木村修二　176
金田一京助　30, 71, 109, 296
楠正克　272, 325
国枝益二　325
窪田五郎　29, 81, 85, 193
熊谷丘山　2
鞍田純　280, 283, 291, 325
胡桃澤勘内　72, 73, 105, 108
黒木盛衛　115, 166
黒田清輝　65, 66, 70
小泉信三　294
香坂昌康　224
興梠庄四郎　165
小出満二　iv, v, 91, 163, 168, 176, 178, 189, 279, 303
古在由重　219, 220
小平権一　217
後藤捷一　157
小林古径　30
五來重　49
今野円輔　86
今和次郎　124, 129, 172, 215

さ　行

斎藤善助　173, 174
酒井仁　96
佐々木嘉一　29
佐々木喜善　iii, 98-105
佐々木清文　26
佐々木若　102
笹森儀助　196
櫻田勝徳　iv, 139, 157, 164-167, 176, 178, 180, 296
佐藤功一　215
澤田四郎作　94
塩田定一　210
柴田十四生　268, 281, 282, 293, 325
澁澤榮一　11, 27, 99, 116, 172
澁澤敬三（祭魚洞）　ii-v, 9, 11, 26-28, 30, 31, 56, 77, 79, 80, 88, 90, 95-99, 105, 109, 116-119, 122, 124, 126, 128-130, 143, 144, 146, 150, 151, 153, 155, 161, 163, 171, 174, 175, 180, 184, 188, 189, 287, 288, 293, 296, 302, 314, 322, 335
志村義雄　94
島袋源一郎　191, 193
島袋源八　191
釈迢空　→折口信夫
周作人　6, 234, 242, 243
正田英三郎　294
昭和天皇　36, 174, 248
白井一二　95
新村出　30
菅江眞澄　95, 107-109, 325, 338
菅沼昌平　84
鈴木貫太郎　247
鈴木金太郎　296
鈴木醇　176
鈴木棠三　iii, 223, 337
瀬川清子　290
芹沢光治良　172

た　行

高木敏雄　4
武井正弘　337
竹下角治郎　297, 301
高崎正秀　296
高橋是清　220
高橋文太郎　96, 121, 129, 153, 159, 161-163, 171, 180
高村光太郎　288
竹内利美　125, 157
竹内芳太郎　94

竹内亮　176
武田勝頼　57
忠比古　→宮崎忠比古
龍野壽男　164
田中安治　293
谷口熊之助　176
田原久　308, 309
土屋喬雄　29
東宮鐵男　217
陶山訥庵　295
徳川家康　57
富木友治　314

な　行

内藤友明　278
長井幸三郎　67
永井亀彦　176
永井龍一　176
中瀬淳　166
中道等　109
中山太郎　71
那須定蔵　165
那須皓　176, 224
那須大八郎　165
夏目一平　iv, 29, 78, 81, 83, 85, 87–90, 106, 110, 116, 123, 126, 290
夏目義吉　29
奈良環之助　314, 316, 319
西尾善介　302
西角井正慶　296
新渡戸稲造　172, 204, 205
二宮尊徳　172, 204
額田巌　157
沼口武久　176
能田多代子　289
野口孝徳　94
野間吉夫　125, 167
野村傳四　124

は　行

箱山貴太郎　109–111, 114
橋浦泰雄　108
橋本傳左衛門　224, 233
長谷川路可　74
浜田庄司　94
祝宮静　304, 309, 312
早川顯子　252–262, 266, 286, 339, 341
早川朝子　67, 267
早川さと　59, 60
早川志ん　59, 60
早川セツ　68
早川てる　66, 67, 267, 268, 296, 337
早川照治　59, 65–67
早川多だ　59, 224, 278
早川登　67, 265, 266, 273
早川ふじ子　265, 267
早川啓　70, 265–268, 296
早川まさ　59, 63
早川彌比古　286, 289
早川芳次郎　59, 60
早川勇右衛門　60
早川要作　59, 60, 66
濵砂正衛　308–312
林魁一　94
原田清　28–30, 74, 77, 81–84, 94, 106, 107, 116, 159, 176, 287, 288, 290
日高正晴　308, 310
肥後和男　94
深尾松子　188, 189, 191, 216, 241, 242, 265, 266
深尾純子（純ちゃん）　189, 241
藤井米三　265, 322, 325
藤木喜久磨　129
藤田秀司　314, 315, 319
古野清人　94
文園彰　176

本田安次　9, 10, 15, 35
堀川清躬　234

ま　行

牧田茂　86
松岡映丘　68, 69, 73, 74
松田信行　283
松本信広　296
三隅治雄　vi
南方熊楠　289
源武雄　193
南義友　176
三宅宗悦　176
宮田登　336
宮本勢助　71, 129
宮本馨太郎　31, 94, 143, 153, 157, 171, 176, 178
宮崎忠比古　271, 284-286, 289
宮崎智恵　62, 105, 216, 241-243, 249-252, 254, 256, 262, 264, 265, 268, 273, 274, 284, 290, 321, 322, 325, 388, 339
宮本常一　v, 115, 118, 119, 145, 155, 157, 163, 294, 325, 336
武藤鐵城　313, 314
村上清文　94, 129, 161, 171, 176, 178
物井君八　211, 212
森銑三　252

や　行

柳宗悦　94
柳田國男　ii, iii, vi, 4-9, 30, 55, 67-69, 73, 74, 79-83, 85-87, 95, 98, 103-109, 122, 164-166, 172, 188, 189, 204, 205, 215, 247, 267, 325
八幡一郎　157
彌比古　→早川彌比古
吉田晶子　128
吉田三郎　157, 172

ら・わ　行

魯迅　6, 234
渡部小勝　314

事項索引

あ　行

愛のノート　265
藍　185
愛知県北設楽郡町村会事務局　297, 300, 301
アイヌチセ　153
葵橋洋画研究所　65
青垣山　74
赤マタ黒マタ　197
上り口説　191
秋田大黒舞　318
「秋田県の田植習俗」　v, 319
「悪石島見聞記」　185, 187, 362
「悪石島正月行事聞書――鹿児島県十島村」　362
悪態　11, 43
悪態祭　10, 43
悪霊　25
麻のオグソ　210
浅間温泉　106
浅間山南麓　228
足半草履研究　143
あじさい　262
小豆　169
アチック　95, 98, 128, 143, 150, 151, 154–157, 165
「アチック根元記」　125
アチック同人　iii, 29, 121, 143, 163
アチックの成長　56, 91, 124, 129
『アチックマンスリー』　203
アチックミューゼアム　iii, 27, 95, 98, 122
――彙報　117, 314
――ソサエティ　122
――ノート　130
アチック例会　iii, 116
あの世　51
アネコモッペ（下衣）　316
あまの番　20
奄美群島　174
「新城島聞見記」　198
アルコール中毒　257
粟　169, 183, 185, 186
アワヤマ　185, 186
飯田線　58, 250
家購入費用　290
硫黄島の聞き書き　182
イガバカマ　168
藺草　192
池袋の家　69, 70
石垣島測候所　195
『石黒忠篤』　217
石神　172–174
遺児教育資金　324
「鼬の話」　6
一人役とキジ　111
一力　27
一力花　15, 19, 26, 27
――を勧請執行　30
一本箸の飯　50
稲作　63, 247
伊那節　107
稲ニホ　240
稲の花　9
猪　57, 311

猪頭　311
『猪・鹿・狸』　ii, 6, 29, 234, 309, 350, 367
『茨城縣農會史』　291
イビ（御嶽）　198, 201
妹多だの家族　224
入会村　92
入混り村　92-94
——地図　92
「色々の蛇」　6
『岩崎卓爾一巻全集』　196
「岩手県二戸郡荒沢村浅沢見聞記——斎藤善助家にて」　173, 362
岩波映画製作所　298-301
引導　51
色鍋島の七寸皿　290
「羽後角館地方に於ける鳥虫草木の民俗学的資料」　314
『羽後飛島圖誌』　6, 96, 349
氏神　17, 35, 46
氏子総代　17-19, 21
御主前　196
臼を尊重する習慣　5
「臼のこと」　6
嘘　106, 107
宇津峠　163
「鰻と蛇——雲南・資料」　369
「鰻と水の神」　110, 369
産湯　52
ウマカタ　317
生まれ清まり　47, 48
生まれ子　48
閏年　21
雲南権現社　111
雲南様　111
映画「大日向村」　228
映画「花祭」　297
映画「奥三河の花祭」　301, 302, 376, 377
H賞　74, 353
恵比須講　212
恵比寿さま　46
絵馬堂　153
えんぶり　174
扇　24
扇笠　48, 50
『大藏永常』　vi, 214, 254, 369
大崎屋　29
大澤温泉　211
大島諸島　174
王入　10
皇入　10
大入川　32
大入系　32
大千瀬川　32
「大日向山村座談会」　228
大日向村で聞き書き　234
大的　45
『奥民圖彙』　211
大山田神社　277
大草鞋　97
『男鹿寒風山農民手記』　172
翁　23
沖縄の踊り　191
オシラ遊び　174
お玉の舞　42, 43
おつりひゃら　23
おとら狐　64, 106
『おとら狐の話』　ii, 6, 70, 347
「おとら狐後日譚」　64, 344
「踊りの着物——薩南十島にて」　178, 360
おとり持ち　60, 61
鬼　1, 19
おにさま　8
斧作　19
生保内線　313

お目見え　37
オモト岳　195
『おもろさうし』　347
「折口さんと探訪旅行」　2, 350
折口信夫死亡　296
お嫁さん　240
『女学世界』　68

か　行

懐城　373
『貝の穴に河童のいる事』　31, 354
会所　15, 20
開拓　228
開拓団　228
「還らぬ人　菅江眞澄の故郷」　95
「案山子のことから」　110
かぎゃで風　191
神楽　6, 55
神楽子　48
鹿児島港　188
『歌集　草花帳』　262, 264
風除け　194
片付け　20
かたなだて　43
郭公　251
火田　239
歌舞伎　7
「川平紀行」　201, 202, 362
華北鉄道　246
竈　15, 19, 25, 88
竈祓い　18, 23, 52
釜塗　19
神入れ　18
神子　48, 50–52
雷　194
神の手の内　47
神寄せ　42
カメといふ犬　112
茅葺屋根　214
カライモ　185, 187
がらん様　42
川端画学校　66
川湊　58
神座（かんざ）　15, 21, 35
願懸け　45, 46
寒狭川　57, 58
ガンシナ　193
甘藷の配給　275
願果し　45, 46
関東軍　221
関東大震災　2, 205
神部屋　15, 18, 19, 22
『紀伊國名所圖繪』　211
生糸相場の暴落　222
『聴耳草紙』　99
キジ　111, 112, 115, 116
キジキジ　116
キジマダラ　116
機銃掃射　272, 273
気象研究生　195
北設楽郡教育會講演　79, 81
『北設楽郡史』　291
「北津軽の民俗」　97
牛車　240
記念物課　304, 308, 313
木の根祭り　10
器物　123
「器物の名称について」　110
義勇軍　225
九学会連合　294
九州帝国大学　iv, 91, 104, 151, 163, 181, 188, 196, 203, 216, 241, 279
——農学部　91
義勇隊　225
急性胃腸カタル　256
旧暦（太陰太陽暦）　35, 44, 187

楞嚴寺　213
凶作　205
郷土会　80
『郷土研究』　ii, 4-6, 68, 205, 346, 347
郷土研究社　68, 71, 72
「郷土資料　民具展覧會」　125
漁具　157
漁夫　150
切草　10, 15, 18, 27
キリハタ　185
切華　10, 15
記録映画社　297-300
空襲　263
空襲警報　272
傀儡人形　307-309
区長　21
『熊谷家傳記』　81, 83-85, 352
熊野修験者　9
熊の肉　315
くも　49, 51
車井戸　153
ぐろりあ・そさえて　242, 251
『クロワッサン』　325
桑の木（屋根に）　194
警戒警報　254, 255, 263
経済恐慌　205
芸能史　2
下駄履き　218
ケタビ　162
外道狩り　18
ゲル（パオ）　229
鯉淵学園　v, vi, 154, 155, 268, 280, 283, 289, 291, 303, 320
『鯉淵学園二十年史』　282
興亜院　233, 234, 242-245
　——長官　246
耕運機　237
考現学　215
「高原の村・家・人」　168, 169
鉱山師　228
荒神祭り　18
酵素（コウソ）肥料　283, 284
コウタロウサマ　62, 63
郷土会（ごうどかい）　172, 204, 205, 215
『郷土會記事』　204, 215
「公有林と山村生活」　213, 364
子鬼　37, 38
國學院　79, 80, 85
国防婦人会　267
ごけまち　182
国立民族学博物館　154
五穀の種　46
五穀祭り　18
小作人　241
御祝儀　15, 19, 20
『五十年のあゆみ——農村更生協会設立50周年記念誌』　204, 224-226
御前会議　248
古代遺跡　309
古代村落　184
『古代村落の研究——黒島』　vi, 183, 361
『炬燵話』　81, 83, 84
御殿山　18, 22
骨董農村史　280
子供の墓　190
この世　52
コバ　185
股份　245
古文書の整理　116
小仏トンネル　273
駒鳥　168
米作りの過程　41
菰作　19
小屋掛　20
権現山　42, 43

さ 行

綵花 10, 15
祭魚洞祭 31
祭日の変更 36
採集品目録 199
祭典係 18, 19, 21
『坂垣一統記』 83, 84
榊鬼 1, 18, 20–22, 31
榊様 1, 22, 24, 25, 31, 109
榊取 20, 21
榊葉 42
榊屋敷 18
『佐賀県稲作坪刈記録』 363
相模湖駅 273
佐久間ダム 34
佐々木喜善死亡後の相談 105
座敷乞食 11
ざぜち 16
五月節 318, 319
「薩南十島を探る」 178, 360
薩南十島探訪 150, 157, 176, 181, 186, 187, 360, 361
——の巡航路 175
薩南十島めぐり 176
薩南諸島 174
札幌一等測候所 195
紗綾市の大絵馬 211
三界に家なし 50
参籠者 44
参籠堂 43
「三州長篠より」 5, 346
『三州横山話』 ii, 6, 8, 57, 61, 62, 70, 347
三線（三味線） 201
三途の川 49
「山湊馬浪」 58, 110
山村更生研究会 206, 211, 213, 214, 365
『山村生活と国有林』 206, 364
『山村生活と指導』 211, 365
三幅前掛け 317
残留孤児 221
椎茸 35
「椎葉聞書」 166
「椎葉紀行」 166
鹿 45, 57
鹿打ち 41, 45, 46
地固め 87, 88
地狂言 2, 7–9
『地狂言雑記』 8, 55
地狂言の舞台 7
ししとぎり 310
地震 268
『設楽』 105, 355
『設楽叢書』 82–85, 87, 352
設楽民俗研究會 105, 106
信濃村開拓団 222
支那の民衆 244
ジバタ 190
地機 196
シバヤ 180
試筆 277, 278
渋沢史料館 31
紙幣 170
死亡届 268
『島』 358
「島の生活——ふたたび羽後飛島に渡って」 96, 355
下津具の花祭 78, 80
霜月 9, 35, 36
霜月神楽 35, 116
社会学的経済史的 91
社会経済史学 163
社会経済史的 91, 92
ジャンク 193
『周作人文藝随筆抄』 6, 367
十五童の舞 46, 47

蒐集物　123, 128
『蒐集物目安』　iii, 126, 128, 130, 131, 142, 144, 351
狩猟　101
狩猟具　102, 309
狩猟用具　v, 308
上位二十府県　226
浄土入り　48, 49, 52, 53
祥雲寺　322
『少女倶樂部』　241, 368
「少女の民話」　241
昭和恐慌　222
書記　20
職業婦人　243
食生活研究会　291, 293
「食と伝承」　110
「食糧危機突破」　248
食糧事情　247
食糧不足　247, 273
食糧問題　233, 244, 245, 247
『女性と民間傳承』　104, 358
上布　196
所蔵陶器　145
ショトメ　316
三味線踊り　180
虱・蚤　210
尻ふき　238
宗教学的　91
銀鏡神楽　311
銀鏡神社　309, 312
神宮皇学館　106
新興大和絵会　69, 73-75, 81
——出展　74, 75
——会友　74
新豊根ダム　33
新日本画頒布會　70, 73
新暦（太陽暦）　35
水田　185, 191, 192
水車　153
「菅江眞澄遊覧記信濃の部」　108, 109
助太夫　38
『豆州内浦漁民史料』　117, 118, 358
筋書説明　297, 299
頭上運搬　159
ス　182
スパイ　264
住吉様　42
諏訪社　45, 46, 108
諏訪神社　34
精神的所産　i, ii
製茶　63
庭燎（せいと）　15, 16
せいとの衆　16, 37, 38
世襲花屋敷　18
瀬戸物類　144
疝気　209
戦局　269
「戦争指導基本大綱」　248
全國農業會　279
——高等農事講習所　v, 279
饌所（せんじ）　15, 17, 20
センブリ　210
葬式　241
総墓　317
総檜造り　69, 70, 265
草履　21
僧侶　51
添花　15, 19
疎開船　187
造形物　123, 128
宙　18
「村落社会」　280
村落社会研究室　155
村落調査　215

た　行

田遊　2, 6, 7, 41
大神楽　47–49, 52
大家族　173, 174
ダイガラ　239
太鼓　18, 19, 22, 34, 35, 51, 180
太鼓踊り　2
大黒舞　318
太子講　263
大豆　169
大典記念博覧会　80
大東亜省　234
袋風荘　195
松明　20, 21, 51
田植歌　319
田植習俗　v
　——記録　313
田植に関する習俗　312
「田植の儀礼性」 110
『田植の習俗３』 319
高尾駅　273
高倉　153
高嶺祭り　18, 42
「滝に関する話」 6
滝祓い　18
『田口炬燵話』 83
拓務省　220, 234
武田軍の残党　59
竹に花　187
竹笛　168
凧　60, 61
凧揚げ　61
凧張り　61
他所者を排斥　263
駄賃付　58
龍頭　49
棚田　181
種取り　41, 46
狸　57
『旅と傳説』 95, 114, 178, 355
誕生式　48
段畑　181
ダンナドン　186
中央気象台附属　195
中国の暦法　247
中国の思想　247
ちうひ　89
中馬（三河馬） 58, 91
稚児の舞　74
張作霖爆殺事件　217
『朝鮮及び満蒙の稗』 206
朝鮮三島の皿　290
「朝鮮の穀神——収穫祭に關聯して」
　　367
弔辞　322
徴兵検査　66
チョマ　194
「津軽の旅」 97
ツカサ（司） 198
槻神社　18, 21
月の花祭の次第　22
月の一役　19
津具郷土資料保存會　123
辻固め　18
「対馬生活記録」 295
対馬総合開発診断　294, 295
対馬丸　187
鶴富屋敷　165, 166
テウェ（手甲） 317
適正農家（適正農地） 220
敵キにヤラレ　273
手縄　20
「寺川郷談」 168, 360
寺小屋　60
てると子供たち　266

丁稚奉公　66
田楽　2, 6–8, 41, 55
天井裏　21
天文屋　196
天覧　3, 30
天龍川　6, 7, 9, 10, 32, 55
　——中流域　35
天領　57
問状の項目　109
問状による論考　113
東亜文化協議会　242, 244
陶器を楽しむ　145
東京大空襲　214, 265, 269
東京花祭り　37, 39, 40
東京美術学校　69
道祖神　251
『遠野物語』　98, 166, 205, 247, 346
『東栄町誌　伝統芸能編』　44
豆腐　192
「東部三河の農村の正月」　6
玉蜀黍　168, 238
陶山訥庵と対馬　295
「吐噶喇列島の民具」　155–157
トキ　210
『土佐群書類従』　168
十島丸　175, 176, 182, 185
「十島村航路改善ニ關スル意見書」　174
十島村資料　176–178
土俗学　124
土俗品　124
飛島の干物　251
伴鬼　51
豊川　58
豊橋素修学校　64, 65
ドラ猫　115
鳥打帽子　218
「鳥に関する俗信」　6
鶏舞　174
採り物　24

な　行

ナイト　242
長篠合戦　57, 64
長篠城趾　57
長篠尋常小学校　62
『長篠村誌』　64, 66, 345
「長篠の船——郷土随筆」　58, 374
長篠中学校　289
ナガテヌゲ　317
ナカニオブウ　209, 210
中在家の花祭　29, 31, 80
名瀬港　188
夏目一平へ問い合せ　87, 88
七つ山　165
奈根川　32
奈良家　316
『南嶋探検』　196
南部叢書　82
『南部二戸郡石神村に於ける　大家族制
　　度と名子制度』　173
新嘗祭　36, 164
新野峠　3
濁酒の密造　211, 212
二十年前の薩南十島巡り　178, 180
日輪兵舎　229
日清製粉　v, 291, 294
日中戦争　213
荷船　193
ニホ　240
日本観光文化研究所　145
日本國民高等学校　217, 229, 289
日本常民文化研究所　368
日本青年館　79
『日本美術年鑑』　74
『日本の祭と藝能』　9
『日本の民家』　215

『日本の民具』 155, 157
『日本文学の発生』 374
日本民族学会 153
「日本民俗学の現状」 234, 246, 368
日本民俗研究資料 124
「日本民族の食糧生活と大豆」 111
入植地 222
人形芝居 v
『人間の運命』 172
「猫を繞る問題」 110, 113-115
猫も杓子も 87
眠い・寒い・煙い 56
年行事 18, 21
念仏踊り 6, 7
『農業茨城』 291
農家簿記運動 206
農学院 246
農學賞 118
農業移民 218
農業経済学 164
農具 157
農耕馬 206
農政学 205
農政の神様 172, 320
『農政落穂籠』 248
農村経済更生運動 220
『農村更生時報』 206, 364
農村更生協会 v, 203, 204, 206, 213, 216, 221, 230, 247, 264, 268, 270, 283, 322, 323
農村雑学史 280
「農村食生活実態調査」 v, 291-293
『農と稗』 110, 206
『農と農村文化』 vi, 242, 368
『農と祭』 vi, 110, 251, 369
農事講習所 278-280, 283, 284
『農業本論』 205
農業普及員 279
「農村社会における部落と家」 110, 113
農村地理学的 91
農夫 150, 194
農本主義者 217
『能美郡民謡集』 6, 70, 348
農民伝承物 100, 102
『後狩詞記』 166, 205, 346
野鼠 186, 187
蚕 208, 210
野良着 317

は 行

ハイショ 190
『破戒』 344
白山 48-52
白山権現 43
白山神社 42
白山祭り 41, 42, 44, 45
白馬会洋画研究所 65
白茅会 215, 347
『柏葉拾遺』 30
芭蕉布 191
鷲ぬ鳥節 201
畑作 247
八学会連合 294
八郎潟 208
八月踊り 179
八幡神社 45, 46
初午 45, 46
『初雁』 252
初節供 60, 61
八月十五日 274
発病する人 222
初矢 46
花 i, 1, 8-11, 13, 24, 26, 27, 38, 43
『花泉』 375
花神楽 47
花笠踊 191

花頭　18, 19, 21
『花影』　262
花狂い　27
話をきく會　73, 105, 106, 108, 109
初ショトメ　315, 316
ハヅキ（入れ墨）　192
花育て　9, 27, 50
ハナガオ　316, 317
花太夫　17, 18, 21, 35, 39, 42
花の舞　17, 22, 24, 31, 36, 38, 39, 47
花張　19
花屋　13
花役　18–21, 37
花宿　13–15, 20, 26, 43
花山権現　9
花山祭り　9, 10
パナマ帽　321
パナリ焼き　197
はねこみ　2
浜千鳥　191
「早川さんを偲ぶ」　28, 91
「早川さんの島の旅」　163
花祭　iii, 1–3, 7–9, 11, 26–28, 30, 31, 35–37, 43–45, 47, 51, 52, 55, 56, 73, 78, 80, 82, 85–87, 92, 94, 95, 105, 107, 116, 163, 288, 301
『花祭』　i, iii, iv, 1, 3, 26, 28, 30, 32, 41, 55, 68, 77, 86–88, 90–93, 95, 105, 128, 159, 163, 223, 264, 265, 352–354
花祭映画筋書　297
『早川孝太郎』　vi
ハヤツクデン　191
腹あぶり　209
漲水湾　193
『春雨咄』　82
頒布会　73
ひいなおろし　27
稗　169, 236
稗栽培運動　206
稗叢書　206
『稗と民俗』　110, 206
稗ニホ　239
東米良村の狩猟用具　310
彼岸　266
「肥後めぐり」　165
聖様　42
聖の舞（玉の舞）　50
匪賊　246
「ひとつの回顧」　123, 126, 142, 143, 145
一役　18, 19
一役花　26
人吉の民具　152
一人ボッチ　112
火番　19
白蓋（びゃっけ）　15
平良港　193
百年の計　214
『風俗画報』　343
笛　18, 19, 22, 51
笛吹　18, 19, 21
『武士道』　205
『婦人之友』　345
古戸田楽　41
仏法僧　251
舟着山　58
踏臼　239
不用品展覧會　124
振草川　29, 32
振草系　32, 87
文学院　246
文化財審議委員　v, 304, 307, 312
　——臨時専門委員　303
文化財保護委員会　303, 304, 308, 309, 313
『文藝春秋』　346
分村移民　220, 228, 233

幣串　19, 21
閉村式　161
北京大学　234, 246
別居　267
蛇　57
部屋割　15, 17
へんべえ　1, 8, 22, 52
反閇　1, 25
「北鮮火田に於ける凍寒馬鈴薯澱粉について」　367
『方言採集帳』　81
豊作貧乏　205
『鳳來山の叱尿』　6
「鳳來寺縁起」　83
豊猟　46
「簿記記帳部落の性格」　206
ボゼ　187
北海道移住　160
盆　24
盆踊り　7

ま　行

舞上（花の舞）　50
舞下し　50
舞戸（まいと）　15, 18, 19, 22, 25-27, 36
舞屋　13
枕飯　50
薪　21
牧畑　180
鉞　1, 19, 52
マタギ　315
——狩猟用具　311
松屋敷　249, 250, 264, 284
松割　20
マミ的　45
満願　43
満洲移民　v, 217-220, 223-226, 250
満洲開拓民　275
満洲国　221
満洲拓殖公社　221
「満洲青年移民実施要項」　224, 365
満洲農業移民　226
——百万戸移住計画　220
満蒙開拓青少年義勇軍　v, 217, 224-226, 228, 229, 279
満蒙移民事業　220
「満蒙開拓青少年義勇軍編成に関する建白書」　224, 365
満蒙開拓幹部訓練所　279
満蒙開拓団事業　220
三面集落　162
三面ダム　161
御神楽　41, 45-47, 55
三河大神楽　49
三河中学校　65
「三河の院内に就いて」　6
「三河南設楽郡より」　6
右肋膜内被細胞腫瘍　v
御輿　43
みさき様　42
ミジカ（上衣）　316
水恋鳥　251, 319
水向け　51
御園峠　4
御岳　186
三ツ舞　24, 56
三椏　169, 170
「南方先生を訪うの記」　289, 358
南アルプス　252
ミナミタカシマ　185
源為朝上陸　191
『宮崎縣文化財調査報告書第一輯』　308
御幸神社　34, 35
苗字のこと　93, 94
宮人（みょうど）　17-19, 21, 23, 35, 42, 89

ミヨホリ　58
民間信仰対象物　101
『民間傳承』　4, 5, 86, 103, 361
民間傳承の採集　i, 121
「民間傳承論大意」　109
民具　iv, 122-126, 129, 154, 155, 157, 196, 198, 303
『民具概論』　155
『民具学の提唱』　144
『民具研究あの頃その頃思い出話』　348
民具の濫澤　122
民具蒐集　102, 123, 145
「民具蒐集要目」　131, 139
「民具蒐集調査要目」　130, 143, 144, 146, 151
民具収蔵庫　154
民具資料　121
『民具図彙』　129, 130
「民具調査要目」　139
民具展覧會　125
『民具問答集』　130
民俗　i
『民俗学』　86, 147, 150, 351
「民俗学と石黒さん」　171
「民俗学の方法論」　246
「民俗學の過去と將來　座談会」　5, 86
民俗芸能と農村生活を考える会　38
民俗芸能の宝庫地帯　6
民俗資料　304, 305, 307
民俗資料部　304
「民俗資料編」　291
民俗展覧會　125
民俗品　iv, 122-126, 129, 148, 159
（広島県）　148-150
『民族』　349, 353
民族学協会　154
『民族学研究』　130
民族学博物館　154
麦　183
『武蔵野』　343
武蔵野民家　153
武蔵野の家　290
娘が売られた　205
無明の橋　49-52
『村』　206, 214, 215, 224, 225, 241, 281, 283, 286
——表紙　214-216, 286, 363
——表紙サイン　215, 216, 241
『村松家作物覺帳』　355
室鎮め　74, 81
ムンチュウノハカ（門中墓）　190
迷信　219
飯焚　19
飯茶碗　144
飯盛り　44
藻の布団　208
モクブトン　208
物置小屋の屋根裏　122, 153
「物を容れ運ぶ器のことなど」　150
木棉綿　210
桃太郎　111, 113
森（槻神社）　20
文部省史料館　154
モンペ　218

や　行

八重山の民具　198
焼畑（ヤキハタ）　169, 170, 185, 186, 273
薬種問屋　67
『泰阜村誌』　222
柳田國男の話　81, 109
柳田國男の座談会　5, 86
屋根裏博物館　iii
屋根にビール瓶　194
山藍　191
山妻　101

山里　74
山仕事　35, 36
山住　64
山立　50
「山と蒼空」　60
「山と農業」　161, 359
山の神　42
山見鬼　51, 52
ヤマミチ　317
槍ヶ岳　188
ユイ（結）　113
床のなき家　208
雪の家　74
雪祭り　2-4, 9
湯瀬温泉　173
湯立て　18
湯立神楽　6
ゆたぶさ　25
湯桶　24
湯囃子　13, 19, 24, 25
湯蓋（ゆぶた）　15, 18, 19
湯蓋割　19
湯水　13
湯山峠　167
用意された十島村の資料　176
養蚕　13, 35, 63
予科練　267
横尾峠　165
吉田城下　58
四ツ舞　24, 50, 56
夜衾　207, 210
蓬　239

ら　行

来訪神　187
来客　19
裸体就眠　210
ラッキョウ　182
陸軍省　218, 221
離婚　250
リュックの中身　264
離島振興法　295
龍王　18
『琉球の研究』　366
龍房山　309, 310
林業　35, 170
冷害　187
盧溝橋事件　213
爐辺叢書　8

わ　行

若勢　320
「わたくし雨，わたくし風」　110
和服姿　321
わらじ　20
蕨峠　163
悪者　1
藁算　198
藁のミゴ　208

地名索引

北海道

新十津川町　160

青森県

五所川原市　97
小泊　97
十三潟　208
十三湖　97
三戸　173
龍飛崎　97
津軽　97
西津軽　207
八戸　171, 174
弘前市　97

秋田県

秋田市金足　316
阿仁町　311
男鹿　171
男鹿半島　210
角館町　104, 115, 313, 314, 338
川添村水沢　315-317, 319, 320
北秋田郡扇田　313
仙北郡　207
鳥海町　319
二ツ井町　208
東成瀬村　207, 292
本荘市鮎瀬　318
本荘市石沢　315-317, 320
由利郡　207
山本郡粕毛村　208

岩手県

荒沢村　173
石神村　171, 173, 174
宇部村　116
太田村山口　288
沢内村　314
土淵村　98, 99
湯口村　211

山形県

飯豊町　123
小国町　163
飛島　96, 97, 121
西置賜郡鮎貝村　208
最上郡西小国村　208
最上町　206, 209

宮城県

仙台市　98
新田村　283, 292

栃木県

茂木町　293

茨城県

霞ヶ浦　267
友部町　217, 286
鯉淵村
　——内原　217, 222, 279, 284, 285

群馬県

桐生市　211

高崎市　67

埼玉県

名栗村　213

東京都

飛鳥山　31, 98
飯田橋　321
池袋町　69, 250, 264–266, 270
上野　67
大手町　38
牛込区市ヶ谷加賀町　69
牛込揚場町　219
小石川　219
北区　31
北多摩郡砧村　69
小金井市　37, 39
下谷仲御徒町　266
芝区三田　30, 79, 105, 144
西荻窪　289
西ヶ原　272
練馬区桜台　267
東久留米市　37, 39
保谷町　153
武蔵野市　285, 290
茗荷谷町　71, 72
三宅島　203

神奈川県

内郷村　215

山梨県

甲斐　57
韮崎　266
山梨郡松里村　293

長野県

飯田市　222, 223, 250
伊那地方　223, 224
大日向村　228
上久堅村　221
川島村　125
神原村　159
信濃　6, 43, 109
下伊那郡旦開村新野　2–4, 9
下條村　223, 250, 252–254, 263, 264, 268–270, 277, 284, 285
——鎮西　249, 250, 256, 284
洗馬村　109
天龍村坂部　84, 116
千代村　221
豊里村　109
筑摩　106
松本市　72, 73, 105, 107–109
泰阜村　221, 222, 275

静岡県

伊豆三津　109
豆州内浦六ヶ村（重寺，小海，三津，長浜，重須，木負）　117
遠江　6, 43
沼津市内浦三津　116
西浦村　117
浜松市　272
三方原村　272

愛知県

奥三河　i, iii, iv, 1, 3, 6, 8, 9, 13, 32, 35, 41, 47, 74, 77, 105, 146, 287
かきのそれ（柿ノ沢宇連）　91, 92
岡崎市　194
北設楽郡　1, 7, 91, 146
三州設楽郡月村　92, 93
三州設楽郡粟世村　92
三州設楽郡別所村　92, 93
設楽町　32

――田峯　2, 8
下津具村　iv, 32, 33, 47, 48, 78, 80, 81, 91, 106, 123, 159
新城市
――有海岩出　58
――大海　58
――乗本　58
滝川村　57
田口町　320
――字長江　293
東栄町　32
東部三河　6
富山村大谷　116
豊根村　32, 34, 92
――大字大立　33, 34
――大字上黒川　28, 29, 33, 48, 80
――大字古真立　33, 47, 48
――大字古真立分地　26, 34
――大字坂宇場　33, 48
――大字下黒川　33, 48, 49
――大字三沢　33
――大字三沢山内　2, 9, 33, 56, 80
――字間黒　33
豊橋市　34, 58, 60, 63, 64, 184, 250, 285, 335
――西幸町　34
名古屋　264, 270
南設楽郡　1, 7
――長篠村横川字横山　ii, 57-59, 68
三輪村大字奈根　33, 93
八名郡吉田村　60
三河　6, 43, 79, 86, 87, 146, 290
三河の院内　6
三河大野　63
三河國設楽郡樫谷下村　92
三河南設楽郡　6
御津町　106
御殿村
――大字月　32
――大字中設楽　32, 48, 84, 93, 94
――大字布川　33
園村
――大字足込　33
――大字大入　9, 10, 33, 35
――大字東園目　33
――大字御園　33, 92, 184, 298, 301
東栄町
――足込　29, 41
――河内　41
――月　14-19, 21-25, 36, 335
――奈根　93
――中設楽　41, 93
――西園目　41
――東園目　29, 41
――古戸　29, 41-46, 48
――御園　29, 36-41, 301
――三ツ瀬　28, 41, 74, 93, 287, 288
――寄近　93
振草村
――大字小林　33
――大字下粟代　33
――大字古戸　32, 298, 301
本郷町　4, 29, 82, 106
――大字中在家　28-31, 33, 90, 94, 95, 105, 287, 288

新潟県

朝日村三面　161-163
粟島　163
津有村　292

石川県

能登　184, 240
能美郡　208

福井県

敦賀　222, 223

三重県

伊勢市　106
古泊　159
名張市　292

京都府

綾部市　293, 320

奈良県

十津川村　160
奈良市　320

和歌山県

紀伊半島　159, 160
田辺市　289

大阪府

大阪市　115
吹田市　154

兵庫県

淡路・都志町　149

島根県

隠岐島　v, 180, 181
津和野町　242, 320
松江市　320

広島県

安藝国安藝郡倉橋島　150
安藝国安藝郡坂村　149
安藝国安佐之郷飯室村　149
安藝国佐伯郡石内町　149
安藝国佐伯郡大竹町　149
安藝国佐伯郡観音村　149
安藝国山縣郡大朝町　149
安藝国山縣郡加計町　149
安藝国山縣郡中野村　149
庄原市　292, 320
広島市　148, 150

山口県

嘉年村　292
周防大島　115
平郡島　150
山口市　249, 251, 252, 254, 265, 284, 285, 287, 289, 290

香川県

綾歌郡久万玉村　292

徳島県

阿波国美馬郡一宇村　149

高知県

吾川郡・椿山　168-170
本川村寺川　168, 169

福岡県

志賀島　164, 184
福岡市　164
——箱崎町　163
吉富町　307

佐賀県

佐賀市　320
馬渡島　181
呼子町　181

長崎県

壱岐　203
北松浦郡平戸町　293, 320

佐世保市　320
対馬　294
豊玉町　295
長崎市　320

熊本県

上益城郡浜町　152
五家荘　152, 184
　——久連子　152, 184
　——葉木村　152
　——樅木村　152
熊本市　320
下益城郡砥用町　152
肥後人吉　151
八代市　320

大分県

大分市　308
庄内町　203
中川村　203
中津市　307
日田市　184, 320

宮崎県

鞍岡村　164
椎葉村　115, 165–167
高千穂村　165
妻町　308, 310
七つ山　165
東米良村　308, 309, 311
　——大字尾八重字大椎葉　308
　——大字尾八重字湯久保　308
　——大字銀鏡　309, 310
椎葉村
　——大河内　165
　——尾八重　165
　——上椎葉　165
　——上福良　165
　——桑弓野　165
　——小崎　165
　——嶽枝尾　165
　——十根川　165

鹿児島県

悪石島　157, 181, 184–187
奄美大島　153, 176, 177, 180
硫黄島　176, 177, 181, 182, 270
請島　188
加計呂麻島　176, 180, 188
鹿児島市　125, 176, 180, 185
口永良部島　176
口之島　176
黒島　157, 181–183, 187
小宝島　176, 177
古仁屋　180
薩摩半島　159
諸鈍　180
諏訪之瀬島　176, 179
平島　176
宝島　176
竹島　176
十島村　176
中之島　176, 177, 182
名瀬　177, 180, 188
西櫻島村　178
東方村　177
百引村　139
大和村　177
与論島　188

沖縄県

石垣島　195, 197
　——・四箇　199
　——・白保　198, 200
　——・川平　201
　——・宮良　197

西表島・古見　197
糸満　192, 193
沖縄　v, 108, 188, 198, 270-272, 317
沖縄本島　199, 270
小禄村　192
首里　190
那覇　189, 191
漲水湾　193
宮古島　193
八重山　iii, 195, 196, 198, 201
与那国島　197
兼城村　192
大宜味村
——大宜味　190
——大保　190
——喜如嘉　190
——塩屋　190
——田港　190
国頭村
——辺土名　190
竹富村
——新城島　197-199
——西表島　195, 197
——黒島　197-200
——小浜島　197
——竹富島　195, 197
——波照間島　197, 198, 201
今帰仁村
——運天　191
——勢理客　190
——尾我地島　190
——与那嶺　191
名護市　191
——稲嶺　190
——源河　190
——呉我　190
——真喜屋　190
平良市
——狩俣　194
——西原　194
本部町
——伊豆味　191
——今泊　191
——謝花　191
——渡久地　191

国　外

北朝鮮
——雲興免　240
——慶徳嶺　240
——泥谷面　239, 240
——士雅里　240
——北部　238, 239
シンガポール　244
台湾
——基隆　v, 201, 202
——台湾　269, 272
中国
——済州島　238
——大連　249
——北京　233, 234, 242-244
満洲
——大日向村　226, 233-235
——朔州温浦洞　238
——三江省黒台　222
——三江省通河　221
——三江省桃原窪丹崗　221
——三江省依蘭大八浪　221, 222, 238
——東部内蒙古　217
——東北三省　217
——泰阜村　238